저는 이 책을 세 번 읽었습니다. 처음엔 의심과 호기심으로 읽었고, 두 번째는 감사와 감격의 마음으로 읽었으며, 세 번째는 회개와 기대의 마음으로 읽었습니다. 매년 성찬식을 인도하는 목회자이자 동시에 예수 그리스도의 살과 피로 인해 생명을 얻은 한 사람의 그리스도인으로서 이 책은 우리가 그동안 성만찬에 대해 오늘의 시각에서 피상적이고 편협하게 알고 있는 내용을 처음 그때의 시각으로 돌아가 넓고 깊게, 그리고 통합적으로 만나게 도와줍니다. 무엇보다 화체설, 기념설, 상징설 등 교리로 굳어 버려 죽은 시체처럼 여겨진 누군가의 살과 피가 아니라 바로 오늘 지금 여기에서 만나는 생명의 임재와 현존으로서의 예수 그리스도의 피와 살이 모든 그리스도인의 삶에 누려지기를 추구하고 있습니다. 좋아하는 색깔이 제각각 다른 사람들이라도 비가 온 후에 하늘에 그려진 무지개의 아름다움 앞에 모두 감탄하듯이, 이 책을 읽는 독자들이 추구하는 신학의 색깔이 아무리 다를지라도 브랜트 피트리 박사가 인생을 걸어 그려 놓은 성만찬의 무지개 앞에서 어떤 모양으로든 감동과 도움을 받을 수 있을 것입니다. 그리고 이 책을 읽은 다음에 맞이하게 될 성만찬뿐만 아니라 삶에는 분명히 욥이 고백한 것처럼 "귀로만 듣다가 눈으로 보게 되는" 그 일이 일어날 것입니다.
—강산, 풀어쓴 성경 시리즈 저자

만찬의 신비는 간단하다. 예수를 먹고, 예수가 우리의 밥이 되었듯이, 나 아닌 다른 누군가의 밥이 되는 것이다. 나는 이것을 만찬의 윤리라고 정의한다. 신비와 윤리 사이에 신학이 있다. 예수가 먹고 마셨던 마지막 만찬이 지닌 뜻을 온전히 밝히지 않는다면, 신비에서 윤리로 곧장 나아가는 것은 예수가 먹었던 그 만찬의 식감을 제대로 즐기지도 못하고 그냥 씹지도 않고, 음미도 하지 않은 채 꿀꺽 삼키는 것과 다를 바 없다. 피트리는 예수의 마지막 만찬이 지닌 의미를 설명하기 위해 구약 전체와 고대 유대교의 맥락을 최대한 동원한다. 전에는 보이지 않던 것이, 희미하던 것이, 제각각 따로 떨어져 있던 것이 퍼즐 조각 맞추듯이 꿰어진다. 그리고 우리 모두를 그 만찬의 자리로 초대한다. 이 만찬을 먹지 않는 자는 나와 상관없다는 말을 패러디해서 말한다면, 만찬의 신비를 풀어헤친 이 책을 읽지 않고는 만찬에 참여해도 제맛을 모른다고 해도 좋으리. 이 책, 꼭 먹으라!

—김기현, 로고스서원 대표

예수가 직접 기념하라고 명령한 유일한 명령인 '성찬'은 제자들의 일치와 화합을 위해 주셨지만, 그리스도교 역사에서 성찬은 상징과 실제라는 주제로 화합보다는 분열을 만들어내는 주제였다. 브랜트 피트리의 『성만찬의 신비를 풀다』는 그리스도교 2000년 역사에서 가장 민감한 주제인 '성만찬'을 1세기 유대교의 세계관에서 원의미를 친절하게 풀어냄으로 책을 읽는 독자들을 예수가 베푼 유월절 성만찬의 자리로 초청한다. 『성만찬의 신비를 풀다』는 성만찬에 담긴 풍성한 의미를 모르고 '의식'과 '습관'에 젖어 때가 되면 행하는 무미건조한 성만찬에 '생명'을 불어넣어 줄 것이다.

—신성관, 『심플리 바이블 플러스』 저자

그리스도는 성만찬에서, "새롭고 영원한 언약의 피" 안에서 옛 언약의 의식들을 성취하셨다. 브랜트 피트리 박사의 이 멋진 책은 그 성취의 구체적인 달콤한 내용들을 우리에게 보여준다. 우리가 과거의 일을 파악하려는 이유는 '이제와 항상 영원히 있을' 내용을 훨씬 더 분명하게 이해하기 위함이다. 이 책은 명쾌하고 심오하며 실천적이다. 이 책을 놓치고 싶지 않을 것이다.

—스콧 한, 스튜벤빌 프란시스대학교 교수

브랜트 피트리는 『성만찬의 신비를 풀다』에서 유대 성경과 유대 전통을 결합하여, 마지막 만찬에서 예수님이 하신 행위를 이해하기 위한 틀을 짜고 기독교 실천의 핵심인 성만찬을 바라보는 신선한 관점을 제시한다. 피트리는 우리 신앙의 유대적 뿌리를 재인식시킴으로써, 진설병과 만나, 마지막 만찬, 그리고 궁극적으로는 기독교 성만찬의 의미를 새롭게 바라보는 강력한 렌즈를 제공한다. 피트리는 성경과 유대교 전통을 숙달한 학자이기에, 예수님 사역의 절정인 마지막 만찬과 첫 성만찬을 이해하고자 하는 모든 사람에게 완벽한 안내자가 되어줄 것이다.
—팀 그레이, 어거스틴 연구소(Augustine Institute) 소장

그리스도인이 그리스도와 무관하게 자신을 이해할 수는 없는 노릇이다. 그리고 이 책에서 우리는 성만찬의 풍성함을 하나님이 유대인과 맺으신 언약에 비추어 이해하지 않고서는 그 의미를 제대로 인식할 수 없음을 알게 된다. 이 책은 성만찬을 그리스도와의 개인적인 만남으로, 첫 성만찬을 하나님과 인류 전체의 만남으로 보는 절묘한 관점을 제시한다.
—칼 앤더슨, 콜럼버스 기사단(Knights of Columbus)의 대기사(Supreme Knight), 뉴욕타임스 베스트셀러 *Our Lady of Guadalupe*의 저자

브랜트 피트리는 『성만찬의 신비를 풀다』에서 1세기 유대인의 삶의 실제를 조사해서, 성만찬의 그리스도를 가슴 두근거리는 역사적 상황 속에 자리매김시킨다. 신자나 불신자 모두 이 책을 읽고 나면, 나사렛 예수가 "내 살은 참된 양식이요, 내 피는 참된 음료로다"라고 처음 선언한 이후로 성만찬에 관한 이해가 도출되고 발전되는 데 풍부한 원천이 되었던 문화와 전통, 성경의 요소들을 더 잘 이해하게 될 것이다.
—엘리자베스 스칼리아, Patheos.com의 (가톨릭 부문) 책임 편집자, 블로거 Anchoress로 활동

매혹적이고 명쾌하며 설득력 있는 이 책은 성만찬이 예수님의 메시아 사역에서 핵심에 자리잡고 있었음을 보여준다. 피트리는 새 출애굽, 새 유월절, 새 만나, 새 성전을 향한 고대 유대인의 소망을 차례대로 독자들에게 안내한 후, 예수님의 성만찬 제정이 이러한 종말론적 기대의 성취였다는 사실을 차근차근 증명해낸다. 이 책은 성만찬의 성경적 토대를 연구하는 모든 사람에게 필독서다.

—에드워드 스리, 어거스틴 연구소의 학장, *Men, Women and the Mystery of Love* 저자

초심자와 학자가 공히 읽을 필요가 있는 책은 드물다. 그런데 브랜트 피트리가 그런 책을 집필했다. 재기 넘치는 문장에 심오한 통찰을 담아 성경의 의미와 상황을 풀어냈다. 우리는 피트리의 안내를 따라 새 유월절과 새 만나, 새 제사장-왕, 새 성전을 통해 원출애굽이 성취될 것을 기대했던 고대 이스라엘의 소망으로 들어간다. 피트리는 희생제물과 식사, 실제적 임재와 관련된 성만찬에 관한 해묵은 논쟁이 복음서에 기록된 예수님의 모습을 통해 해명될 수 있음을 보여준다. 이 흥분되고 고무적인 책은 성경학계에 존재하는 큰 공백을 메워 준다.

—매튜 레버링, 먼델라인신학교 교수, *Sacrifice and Community: Jewish Offering and Christian Eucharist*의 저자

성만찬의 신비를 풀다:
예수와 성만찬의 유대적 뿌리

브랜트 피트리 지음

최현만 옮김

성만찬의 신비를 풀다:
예수와 성만찬의 유대적 뿌리

지음   브랜트 피트리
옮김   최현만
편집   김덕원, 박진, 이찬혁

발행처   감은사
발행인   이영욱
전화   070-8614-2206
팩스   050-7091-2206
주소   서울특별시 강동구 암사동 아리수로 66, 401호
이메일   editor@gameun.co.kr

종이책
초판발행   2024.01.31.
ISBN   9791193155332
정가   22,000원

전자책
초판발행   2024.01.31.
ISBN   9791193155363
정가   16,800원

Jesus and the Jewish Roots of the Eucharist: Unlocking the Secrets of the Last Supper

Brant Pitre

엘리자베스를 위하여

| 목차 |

추천사

스콧 한(Scott Hahn)

시간상 예수님 시대와 2,000년 이상 동떨어져 있는 우리는 예수님의 십자가 처형을 자연스럽게 희생제사로 이해하곤 했다. 그리스도인은 그런 식으로 말하고 기도하고 생각해 온 오랜 전통의 후예다. 하지만 예수님의 십자가 처형을 직접 목격한 1세기 유대인들은 그 사건을 희생제사로 보지도 않았으며 그렇게 볼 수도 없었을 것이다. 고대 세계의 눈으로 보면 십자가 처형에는 희생제사를 암시하는 어떤 특징도 없기 때문이다. 갈보리에는 제물을 바칠 제단도 없었고 자격을 갖춘 제사장도 없었다. 분명 죽음은 존재했지만, 그것은 유대교에서 희생제사를 위한 유일하게 적법한 장소인 성전에서 멀리 떨어진 곳에서 일어났고, 그마저도 거룩한 도시의 성벽 밖에서 일어났다.

하지만 사도 바울은 자신의 세대를 위한, 그리고 특별히 동료 유대인을 위한 한 설명에서 십자가 처형과 희생제사를 연결 짓는다. 그는 고린도전서에서 십자가의 도/말씀을 소개한 후(1:18), 그리스도를 '희생된 우리의 유월절 양'이라 부른다(5:7). 이렇게 바울은 마지막 만찬을 통해 기념되던 유월절을 갈보리의 십자가 처형과 연결해 설명한다.

그런데 실제로 예수님의 죽음을 단순한 처형에서 제사로 변화시킨 것은 다름 아닌 첫 번째 성만찬이었다. 예수님은 마지막 만찬에서 자신의 몸을 떼도록 내주고, 또 마치 제단에 붓듯이 붓도록 자신의 피를 내주셨다.

바울은 이 마지막 만찬 이야기를 수정해서 들려줄 때(고전 11:23-25), 희생제사와 관련된 언어로 그 사건을 설명한다. 바울은 예수님 자신이 그 사건을 '내 피로 세운 새 언약'이라 부르셨다고 인용한다. 이 표현은 모세가 소를 희생제사로 드릴 때 했던 말인 '이는 언약의 피니라'를 상기시킨다(출 24:8). 이전에 모세가 그렇게 이야기했고 이번에 예수님이 그렇게 이야기하셨다면, 언약을 비준하는 것은 바로 희생제물의 피인 것이다.

바울은 예수님이 그 식사를 '기념'이라 부르셨다는 사실도 인용한다. 이 말은 성전 희생제사 중 특정 종류(기념 제물[memorial offering])를 가리키는 또 다른 전문 용어다.

바울은 이런 의미의 연결망을 놓칠 것을 우려해서, 그리스도인의 만찬(성만찬)을 성전의 희생제사와 비교하고(고전 10:18), 심지어 이교의 희생제사와도 비교해서 설명해 준다(고전 10:19-21). 그는

모든 희생제물은 친교, 교제를 불러일으킨다고 말한다. 우상의 제물은 귀신과의 교제를 가져오지만, 그리스도인의 희생제사를 통해서는 예수님의 몸과 피에 참여하게 된다(고전 10:16).

그리스도의 수난을 바라보는 바울의 관점은 경탄할 정도다. 바울은 이 수난이 그저 예수님이 얼마나 큰 **고통을 당하셨는가**에 관한 이야기가 아니라, 그분이 얼마나 우리를 **사랑하셨는가**에 관한 이야기임을 보여준다. 고통을 희생제사로 변화시킨 것은 사랑이었다.

갈보리의 죽음은 단순히 유혈이 낭자한 야만적인 처형이 아니었다. 예수님의 죽음은 다락방에서 자신을 내준 그분의 자기희생을 통해 의미가 변화된다. 그분의 죽음은 흠 없는 유월절 제물이며, 타인의 속량을 위해 자기 자신을 내준 대제사장의 자기희생이었다. 그분은 제사장이요, 동시에 희생제물이었다. "그리스도는 우리를 사랑하여 우리를 위하여 자신을 버리사 하나님 앞에 향기로운 제물과 희생제물이 되셨기" 때문이다(엡 5:2). 자신을 선물로 온전히 내주는 것, 그것이 바로 사랑이다.

성만찬은 그 사랑을 우리에게 주입하여 우리의 사랑을 그리스도의 사랑과 하나로 묶고, 우리의 제물을 그의 제물과 하나로 묶는다. 사도 바울은 이렇게 설교한다. "그러므로 형제들아, 내가 하나님의 모든 자비하심으로 너희를 권하노니, 너희 몸들을 하나님이 기뻐하시는 거룩한 산 제물로 드리라. 이는 너희가 드릴 영적 예배니라"(롬 12:1). '몸'은 복수로, '제물'은 단수로 표현한다는 사실에 주목하라. 우리는 여러 명이지만 우리의 제물은 단번에 영원히 드려진 예수님의 제물 하나뿐이다(히 7:27, 9:12, 26, 10:10을 보라).

바울은, '성만찬은 십자가를 바라보고, 십자가는 부활을 바라본다'고 가르친다. 그리스도인이 성찬식 때 먹고 마시는 것은 십자가에 못 박히고 부활하신 예수님의 인성이다. 우리는 고난의 길을 통과해 성찬의 상으로 나아온다. 하지만 성찬식의 떡을 지속될 영광의 보증으로 받고 그 은혜에 힘입어, 고난을 괘념치 않고 나머지 인생을 견딜 수 있다.

이것은 성만찬을 첫 그리스도인에게 다가왔던 '처음 그대로의' 의미로 이해하는 법을 배운 후에만 충분히 이해할 수 있는 내용이다. 첫 그리스도인들은 친숙한 옛 세계가 막을 내리고 새로운 세계가 천상의 예루살렘으로서 내려오는 모습을 목도했다. 이 모습을 올바로 이해하기 위해 필요한 모든 내용이 브랜트 피트리 박사의 이 멋진 책에 담겨 있다. 이 책을 통해 '처음과 같이 이제와 항상 영원히' 있을 내용을 훨씬 더 명쾌하게 이해하게 될 것이다.

장차 올 세상에는 먹고 마심이 없을 것이다. ⋯ 하지만 의인들은 머리에 면류관을 쓰고 앉아, 밝게 빛나는 하나님의 존전에서 축제를 즐길 것이다. 그것은 "그들은 하나님을 뵙고 먹고 마셨더라"(출 24:11)고 말한 것과 같다. (바빌로니아 탈무드, 『베라코트』 17a)

[성전의 제사장들은] 금상을 들어 올려 그 위에 놓인 진설병을 축제에 참여하러 찾아온 사람들에게 보이고 그들에게 말했다. "보십시오, 당신을 향한 하나님의 사랑입니다!" (바빌로니아 탈무드, 『메나호트』 29a)

서문

그날을 결코 잊을 수 없을 것이다. 나는 대학교 2학년이었고 결혼을 약속한 상태였다. 어느 화창한 봄날 아침, 결혼할 신부와 함께 우리 고향을 가로질러 그녀의 목사님을 뵈러 갔다. 결혼식에 관한 이야기를 나누기 위해서였다. 우리는 더할 나위 없이 행복했다. 그저 작은 문제 하나가 있을 뿐이었다. 나는 모태로부터 천주교인이었고, 엘리자베스는 남침례교인이었다. 그래서 성경 해석에 대한 의견이 서로 달랐다. 하지만 의견이 다를 때도 상대의 신앙을 존중할 수 있었다. 이런 이유로, 우리는 두 가정의 전통을 모두 존중하는 '초교파적' 결혼식을 계획해 양가를 하나로 만들려는 큰 꿈을 가지고 있었다.

하지만 결혼식은 한 건물에서만 진행되어야 하니, 우리는 그녀의 교회에서 식을 올리기로 했다. 그래서 결혼식에 대한 논의를 하려고 그녀의 목사를 만나기 위해 가고 있었다. 원래 우리 계획은 교회 건물 사용 허락을 받기 위해 15분 정도 짧은 대화를 나누는 것이었다. 작고하신 그녀의 할아버지가 그 교회를 설립하신 목사셨고 직접 그 교회를 지으셨기 때문에, 우리는 대화가 술술 풀릴 것으로 예상했다. 교회당을 사용하도록 허락받는 데 아무런 문제가 없을 게 확실했다.

애석하게도 그것은 판단 착오였다. 그 교회는 얼마 전 새로운 목사를 세웠는데, 우리가 한 번도 만난 적이 없는 사람이었다. 그는 막 목사 안수를 받은 터였다. 신학교를 졸업한 지 얼마 되지 않은 때라, 복음의 불꽃으로 타오르는 사람이었다. 더 중요한 사실은, 그가 천주교에 별로 우호적이지 않았다는 것이다.

대화는 처음에는 예의 있고 편안하게 진행됐다. 하지만 이 목사는 거기서 결혼식을 올리도록 허락하기에 앞서 우리 개인의 신앙을 더 확인하려 했다. 이 시점에서 그 건물의 사용 허가를 받기 위한 15분짜리 대화가 **세 시간짜리** 신학 레슬링으로 바뀌었다. 그는 천주교 신앙에서 논란이 될 만한 모든 항목을 들이대면서, 끝나지 않을 것처럼 계속해서 나를 닦달했다.

"천주교인은 왜 마리아를 숭배하는 겁니까?" 나를 향해 포문을 열었다. "오직 하나님만이 경배의 대상이라는 사실을 당신은 모릅니까?"

"어떻게 연옥의 존재를 믿을 수 있죠?" 그가 말했다. "도대체 성경 어디에 연옥이라는 단어가 나오는지 알려 주세요. 이미 죽은 사람에게 기도하는 이유는 뭡니까? 그게 주술과 다를 바 없다는 사실을 모르나요?"

"중세 때 천주교가 성경에 다른 책을 **추가하려** 했다는 사실을 아세요?" 그가 물었다. "도대체 무슨 권위가 있다고 고작 인간이 만든 기관이 하나님의 말씀을 변경한단 말입니까?"

"교황에 대해서는 어떻게 생각하시나요?" 그가 물었다. "한낱 인간에 불과한 그에게 오류가 없다고 믿나요? 그는 **한 번도** 죄를 짓지 않았나요? 죄 없는 사람은 아무도 없습니다. 예수 그리스도 뿐이죠!"

이런 질문이 몇 시간 지속됐다. 다행히 나는 학구적인 사람이었고, 대단한 일은 아니지만 내가 속한 지역 교구의 교리문답 퀴즈 대회에서 상을 받은 적도 있다. 게다가 독서를 좋아해 대학교 새내기인 18살에 이미 성경을 통독했다. 그래서 나에게는 이 싸움에 내놓을 무기가 어느 정도 있었고, 내 의견을 설명하려 애를 썼다. 하지만 내가 설명을 할수록 그는 더 과격해질 뿐이었다. 결국 천주교 신앙을 변호하려는 나의 노력은 허사로 끝났다.

그날 대화에는 많은 주제가 등장했다. 그런데 내 기억 속에 유독 뚜렷하게 남아 있는 내용이 있다. 그것은 주의 만찬, 즉 천주교인들이 성찬 전례라 부르는 주제와 관련된 대화였다.

내가 하려는 이야기를 이해하려면, 천주교에서 성체에 대해 가르치는 내용을 이해하는 게 중요하다. 영어 **유카리스트**(Eucharist)의 어원은 헬라어 **유카리스티아**(eucharistia)로, 그 의미는 예수님이

마지막 만찬에서 '감사를 드리신'(*eucharistesas*) 행위(마 26:26-28)에서
처럼 '감사 드림'이다. 천주교 신앙에 따르면, 천주교 사제가 성찬
전례의 빵과 포도주를 들고 예수님이 마지막 만찬에서 하신 말씀
인 '이것은 내 몸이요, 이것은 내 피'라고 말할 때, 그 빵과 포도주
는 실제로 그리스도의 몸과 피가 **된다**. 맛이나 촉감 같은 빵과 포
도주의 **외양**은 그대로지만, **실제**는 더 이상 빵과 포도주가 존재하
지 않는다. 오직 예수님만이 존재한다. 그의 몸, 그의 피, 그의 영
혼, 그의 신성만이 존재한다. 이를 두고 성찬 전례에서는 예수님의
'실제적 현존'(Real Presence) 교리라 부른다.[1] 이 정도 설명이면, 내가
만났던 새로운 신학 논쟁 상대를 비롯해 많은 사람이 이 이야기를
믿기 어려워하는 이유를 이해할 것이다.

"그러면 주의 만찬은 어떤가요?" 그가 말했다. "어떻게 당신
천주교인들은 그 빵과 포도주가 실제로 예수님의 몸과 피가 된다
고 가르칠 수 있나요? 당신은 정말로 그 말을 **믿나요**? 말도 안 되
는 소리예요!"

"당연히 저는 그 사실을 믿습니다." 내가 대답했다. "성찬 전례
는 제 삶에서 가장 중요합니다."

내 말에 그가 반응했다. "만약 주님의 만찬이 정말로 예수님의
몸과 피라면, 당신은 예수님을 먹는 게 됩니다. 그건 식인입니다!"
그리고 나서 그는 극적인 효과를 위해 잠시 침묵한 다음 말했다.

---

1.   *Catechism of the Catholic Church*, second edition (Washington, D.C.: United
States Conference of Catholic Bishops, 1997), nos. 1373-78을 보라.

"정말로 예수님을 먹는 게 가능하다면, 당신이 **예수님이 된다**는 의미 아닙니까?"

나는 그 말에 어떻게 대답해야 할지 몰랐다. 그는 내 생각을 다 알고 있다는 듯 웃고 있었다.

분명히 그 당시 나는 이 문제에 어떻게 답변해야 할지 몰랐다. 그동안 성경을 읽어왔지만, 내 신앙을 구성하는 내용들이 성경 어느 본문에 들어있는지 전부 암기한 것은 아니었다. 내가 무엇을 믿는지는 어느 정도 알고 있었지만, 그것을 믿는 이유, 더 나아가 그 내용을 뒷받침하는 증거가 어디 있는지는 제대로 알지 못했다.

세월이 흐르면서 결국 나는 이 주제를 다룬 책이 여럿 있으며,[2] 그가 이의를 제기한 문제 모두에 대한 성경적 답변이 이미 제시되어 있다는 사실을 알게 됐다. 하지만 그 당시 나는 남동부 루이지애나의 천주교 우세 지역에서 성장한 터라, 이런 식으로 내 신앙을 변호해야 할 상황이 전혀 없었다. 물론 엘리자베스와 그녀의 식구들이 연옥 같은 주제에 대해, 그리고 천주교 성경에는 왜 개신교보다 더 많은 책이 있는지에 대해 물어본 적은 있다. 하지만 이런 식으로 천주교 신앙에 대해 성경을 동원한 총공격을 받은 것은 생전 처음이었다. 그 목사는 집요했고 결과는 참혹했다. 결국

---

2.   예를 들면, Peter Kreeft and Ronald K. Tacelli, S.J., *Handbook of Catholic Apologetics: Reasoned Answers to Questions of Faith* (San Francisco: Ignatius, 2009); Scott Hahn, *Reasons to Believe: How to Understand, Explain, and Defend the Catholic Faith* (New York: Doubleday, 2007); Karl Keating, *Catholicism and Fundamentalism* (San Francisco: Ignatius, 1988)을 보라.

나는 입을 다물었고 그가 날뛰도록 놔두었다.

마침내 그는 대화를 마무리하면서 내 신부를 향해 몸을 돌리고 이렇게 말했다. "유감이지만 당장 확답을 드리지는 못하겠습니다. 당신이 불신자 남편을 멍에로 져야 한다니, 심각하게 고민이 됩니다."

굳이 말할 필요도 없겠지만, 엘리자베스와 나는 엄청난 충격에 빠진 채 그의 사무실을 나왔다. 우리는 방금 일어난 일을 도저히 믿을 수 없어 눈물에 잠긴 채 집으로 향했다.

* * *

그날 밤은 끔찍했다.

잠을 자려고 노력했지만, 그날 논쟁한 내용이 머릿속에서 서로 경주를 벌이듯이 계속 떠올랐다. 반복해서 그 광경이 생각이 났다. 이 말을 했어야 했는데, 그 말은 하지 말았어야 했는데! 생각하면 생각할수록 내 마음은 더 침울해졌다.

더 침울해질수록 더욱더 선명해지는 사실은, 그 목사에게 공격받은 내 신앙의 여러 측면 가운데서도 가장 아픈 부분은 따로 있다는 것이었다. 나는 성찬 전례에서의 예수님의 실제적 현존이 모욕을 받았다는 사실이 가장 가슴 아팠다. 이 부분에 대한 생각은 멈출 수가 없었다. 내 인생 전체에서 성찬 전례는 신앙의 중심이었다. 어린 시절부터 어떤 사정이 있어도 절대 주일 성찬 전례

(천주교인은 보통 '미사'라고 부른다)에 빠진 적이 없었다. 나아가, 나는 성찬 전례가 진정 예수님의 몸과 피라는 사실을 믿지 않거나 의심한 적이 한순간도 없었다. 믿기 힘들지 모르지만 실제로 나는 그랬다. 나는 믿음으로 그 내용을 받아들였다. 나이가 더 들어 신학적인 의문들이 떠올랐을 때도, 성찬 전례 때 예수님의 실제적 현존에 대한 교회의 가르침이 성경적이지 않다거나, 나아가 사실이 아니라는 식의 생각이 떠오른 적은 단 한 번도 없었다. 그런데 여기 나보다 성경을 훨씬 더 잘 알고 있는 신학 석사 학위를 가진 한 목사가 그 믿음을 비웃고 있다.

그렇다면 나는 도대체 무엇을 찾아봐야 하는가? 나는 뭘 해야 하는가? 논리상 다음 단계는 성경으로 돌아가 스스로 확인해 보는 것이었다.

내 인생의 진로를 영원히 바꾸어 놓은 사건이 일어난 것이 바로 그때였다.

나는 침대에서 일어나 스탠드를 켰다. 책장으로 곧장 걸어가 가죽 표지에 금박이 된 New American Bible을 집었다. 그 성경책은 부모님께서 내 견진성사(성세 성사를 받은 신자에게 성령과 그 선물을 주어 신앙을 성숙하게 하는 성사—편주) 때 주신 선물이었다. 나는 필사적이었다. **예수님의 실제적 현존이 성경적이지 않다니, 가당키나 한 생각인가?** 나는 그 여부를 직접 확인할 수만 있다면 밤이라도 샐 작정이었다. 그런데 성경을 펼쳤을 때, 정말 놀라운 일이 벌어졌다. (분명히 말하지만, 이건 진짜로 일어난 일이다.) 성경을 훑어 넘기다 우연히 걸린 것도 아니다. 색인을 확인하고 펼친 것도 아니다. 그 당시 내 마음을 위로해 줄 본문을 찾으려던 것도 아니다. 나는 별생각 없이 성경을 펴고 내려다보았다. 그리고 빨간색으로 표시된 예수님의 말씀이 눈에 들어왔다.

> **내가 진실로 진실로 너희에게 이르노니, 인자의 살을 먹지 아니하고 인자의 피를 마시지 아니하면 너희 속에 생명이 없느니라.** 내 살을 먹고 내 피를 마시는 자는 영생을 가졌고, 마지막 날에 내가 그를 다시 살리리니, **내 살은 참된 양식이요, 내 피는 참된 음료로다.** (요 6:53-55)

나는 그날 두 번째로 눈물범벅이 됐다. 성경책을 제대로 볼 수 없을 정도였다. 하지만 이번에는 기쁨의 눈물이었다. 어린 시절 성찬 전례에 대해 가졌던 내 믿음이, 그 목사의 비난만큼이나 성경과 어긋난 것이 아니라는 사실을 발견한 기쁨이었다. 예수님 자신이 그분의 살과 피가 참된 양식이요, 참된 음료라고 말씀하셨다는 내용을 보자 마음이 들떴다. 게다가 제자들에게 영생을 얻으려면 이 살과 피를 받아야 한다는 명령까지 하시지 않았는가! 나는 생각했다. **뭐야? 이런 말이 정말로 성경에 있었단 말이야? 어떻게 나는 이 말씀을 한 번도 못 봤을까? 왜 이 말씀을 피해 간 걸까?**

솔직히 고백하건대, 그때 나는 그 목사의 전화번호를 알아내 전화를 걸어 따지고 싶은 유혹이 들었다. "이봐요, 요한복음 6장을 읽어 본 적 있어요? 거기 다 적혀 있단 말입니다! 예수님이 직접 말씀하셨네요. '**나를 먹는** 그 사람도 나로 말미암아 살리라.' 57절이니 확인해 보세요!"

하지만 그렇게 하지는 않았다. (유감스럽게도 다시 그와 대화를 나눌 기회는 없었다.) 나는 방금 발견한 내용에 완전히 도취된 상태로 성경을 덮었다. 생각하면 할수록 놀라움은 커졌다. 이미 배워서 알고 있었지만, 성경은 두꺼운 책이다. 나중에 알게 된 사실이지만, 성찬 전례를 다루는 본문은 소수에 불과하며, 그중에서도 성찬 전례에 예수님의 실제적 현존을 직접 다루는 본문은 더 적다. 그날 대화 때문에 그날 밤 내가 성경을 폈는데, 그냥 성찬 전례에 관한 본문도 아닌 예수님의 그 말씀이 내 눈에 들어올 확률이 얼마나 될까? 성경을 통틀어 성찬 전례에 예수님의 현존이라는 실제에 관한 예수님의 가장 명쾌한 가르침이 나올 가능성이 얼마나 될까?

* * *

이 모든 일이 일어난 지 15년이 흘렀다. 하지만 그 일은 내 인생에 여러모로 큰 전환점이었다. 내가 지금 성경학자로서 성경을 연구하고 가르치고 관련된 글을 쓰는 데 (밤)낮을 할애하고 있는 원인 가운데 하나가 그 사건이다. 실제로 그 목사와의 대화는 성경에 대한 내 관심이라는 불에 기름을 끼얹는 역할을 한 격이었다. 결과적으로 나는 주전공을 영문학에서 종교학으로 바꾸었고,

계속해서 성경을 연구해 결국 노터데임대학교에서 신약학으로 철학박사 학위를 받았다.

　나는 그 시절에 내 인생 여정에도 중요하고, 결국 내가 이 책을 집필하기로 한 이유를 설명하는 데에도 중요한 두 가지 사실을 배웠다.

　첫째, 복음서에 나오는 예수님의 그 말씀이 첫눈에는 간단해 보이지만 실은 그렇게 간단치 않다는 사실이다. 과장하지 않고 말하자면, 모든 사람이 요한복음 6장을 성찬 전례에서의 예수님의 실제적 현존을 뒷받침하는 결정적인 증거로 보는 것은 아니다. 한 가지 이유를 든다면, 많은 사람이 예수님의 말씀을 상징적으로 혹은 '영적'으로 해석하면서, 예수님의 의도는 제자들이 그 말씀을 문자 그대로 이해하는 게 아니었다고 주장한다. 같은 장에서 예수님은 "생명을 주는 것은 성령이니, 육은 무익하다"라고 말씀하신다. "내가 너희에게 이른 말은 영이요, 생명이다"(요 6:63). 게다가 일부 학자는 1세기 유대인이었던 예수님이 그런 이야기를 하셨을 리 만무하다고 주장한다. 모세의 율법은 굉장히 분명하게 피를 마시는 행위를 금지한다. "너희 중에 아무도 피를 먹지 말라"(레 17:12). 이런 관점에서 보면, 한 유대인이, 그것도 유대인 예언자란 인물이 다른 사람에게 자신의 살과 피를 먹으라고 명령했다는 이야기는 역사적으로 불가능하진 않더라도 개연성이 떨어진다.

　둘째, 나는 학부와 석사, 박사 과정 등 공부의 단계마다 몇몇 유대인 교수님의 지도 아래 공부하는 특권을 누렸다. 이 선생님들은 유대교 세계의 문을 열어 주셨을 뿐 아니라, 기독교와 관련해서 매우 중요한 사실을 깨닫도록 도움을 주셨다. 그것은 예수님이 누구셨는지, 예수님이 말씀하시고 행하신 것이 무엇인지 정말로 알고 싶다면, 그분의 말과 행동을 그분이 사셨던 역사적 맥락에서 해석할 필요가 있다는 사실이었다. 이 말은 고대 기독교만이 아니라 고대 유대교에도 친숙해져야 한다는 의미다. 옛 스승 중 한 분인 에이미-질 레빈(Amy-Jill Levine)의 말을 들어보라.

> 우리는 예수님을 그분 자신의 상황에서 이해해야 한다. 그분이 처했던 상황은 갈릴리와 유대 지역의 상황이다. 1세기 유대인의 눈으로 그분을 이해하고 1세기 유대인의 귀로 그분의 말씀을 듣지 않는다면, 예수님을 충분히 이해할 수 없다. 예수님 자신의 상황에서 그분이 미쳤던 영향(어떤 사람은 그를 따르고, 어떤 사람은 그를 받아들이지 않고, 심지어 어떤 사람은 그를 죽이기로 결정한 이유)을 이해하려면, 그 상황을 이해하는 게 필수다.[3]

레빈의 말은 교황 베네딕토 16세가 최근에 쓴 책에 나오는 다음 내용과 유사하다.

예수님의 메시지를 하나님의 선택받은 민족이 가졌던 믿음과 소

---

3. Amy-Jill Levine, *The Misunderstood Jew* (San Francisco: HarperCollins, 2006), 20-21.

망이라는 맥락에서 분리해서 생각할 경우 그 의미를 완전히 오해할 수 있다는 이야기를 꼭 해야겠다. 예수님은 바로 앞선 선배였던 세례 요한처럼 우선적으로 이스라엘을 대상으로 이야기하고 계셨으며(마 15:24 참조), 그 목적은 그분과 함께 도착한 종말론적 시간으로 그들을 '모으는' 데 있었다.[4]

강한 표현이다. 교황 베네딕토에 의하면, 유대 백성이 가졌던 믿음과 소망에서 예수님의 말씀을 분리하면 분리하는 만큼, 당신은 그분을 '완전히 오해할' 위험을 무릅쓰게 된다. 이 책에서 살펴보겠지만, 마지막 만찬에서 예수님이 하신 말씀에 대한 다양한 해석에서 발생했던 것이 바로 이런 오류였다. 예수님이 처했던 유대적 상황이 반복해서 무시되어 왔고, 그 결과 복음서를 읽은 수많은 독자가 그분을 제대로 이해하지 못했다.

더 나아가 나는, 예수님의 가르침 배후에 있는 유대적 상황에 초점을 맞추게 되면, 그분의 말씀이 이해되기 시작하는 정도가 아니라, 우리를 흥분시킬 정도로 강력하게 되살아난다는 사실을 보여주고 싶다. 나는 이 사실을 내 경험으로 증명할 수 있다. 나는 예수님의 가르침을 유대적 환경에서 연구하면 할수록, 더욱더 예수님께 매료된다. 또한, 그분이 누구시고 그분이 하셨던 행동은 무엇이며 그런 내용이 내 삶에 어떤 의미가 있는지 이해하던 기존의

---

4. Pope Benedict XVI, *Jesus, the Apostles, and the Early Church: General Audiences 15 March 2006-14 February 2007* (San Francisco: Ignatius, 2007).

방식을 변화시키라는 도전을 더욱더 크게 받는다.

당신이 천주교인이든 개신교인이든, 유대인이든 비유대인이든, 신자이든 불신자이든, **예수님이 실제로 누구셨는지** 한번이라도 궁금했던 적이 있는가? 나와 함께 이 여행을 떠나자. 곧 확인하게 되겠지만, 예수님이 누구신지, 또 그분이 제자들에게 "받아 먹으라, 이것이 내 몸이다"라고 말씀하셨을 때 그 의미가 무엇인지, 그 비밀을 푸는 열쇠는 바로 다름 아닌 예수님의 말씀이 지닌 유대적 뿌리다.

제1장
마지막 만찬의 신비

예수님과 유대교

나사렛 예수는 유대인이셨다. 유대인 어머니에게서 태어나셨고, 할례라는 유대인의 증표를 몸에 받으셨다. 그리고 갈릴리에 있는 유대인 마을에서 성장하셨다. 젊을 때는 유대교 토라를 공부하셨고, 유대교 축제와 성일을 기념하셨으며, 유대교 성전으로 순례를 다니셨다. 그리고 나이 서른이 되셨을 때, 유대교 회당에서 유대교 성경이 성취됐다고 전파하며 하나님 나라를 유대 민족에게 선언하셨다. 삶을 마칠 무렵에는 유대교 유월절을 기념하셨고, 제사장과 장로로 구성된 산헤드린이라는 유대인 공의회에서 재판을 받으셨으며, 위대한 유대의 도시 예루살렘 성벽 밖에서 십자가 처형을 당하셨다. 그분의 머리 위에는 헬라어, 라틴어, 히브리어로

'나사렛 예수, 유대인의 왕'이라고 표기된 명패가 달렸다(요 19:19).

이 목록이 증명하듯이 예수님이 유대인이셨던 것은 역사적 사실이다. 그런데 이 사실이 중요한가? 예수님이 역사 속에 진정으로 실존하셨던 인물이라면, 당연히 답변은 '그렇다'여야 한다. 하지만 수 세기 동안 기독교 신학자들은 예수님의 유대적 배경을 연구하는 데 그다지 많은 시간을 할애하지 않고 예수님에 관한 책을 집필해 왔다.[1] 오히려 그분의 신성에 관한 질문을 조사하는 데 많은 노력을 기울였다. 하지만 예수님의 인성(특히 그분이 하셨던 말씀과 행동의 원래 의미)을 탐구하는 데 관심이 있는 사람에게는 유대인이라는 그분의 정체성에 초점을 맞추는 작업이 절대적으로 필요하다. 예수님은 특정 시간, 특정 장소에 사셨던 역사적 인물이다. 따라서 그분의 말과 행동을 이해하려는 모든 시도는 예수님이 고대의 **유대적** 상황 속에서 사셨다는 사실을 참고해야 한다.[2] 예수님

---

1. 과거 기독론 관련 저작에서는 예수의 정체성이 유대인이었다는 사실이 강조되지 않았다. 하지만 이런 흐름이 최근에는 변하고 있는 듯하다. 예를 들면, Gerald O'Collins는 1995년에 출간되어 널리 사용되고 있는 그의 책 두 번째 개정판에 예수 생애의 "유대적 모판"이라는 새로운 장을 추가했다. Gerald O'Collins, *Christology: A Biblical, Historical, and Systematic Study of Jesus*, second edition (Oxford: Oxford University Press, 2009), 21-43을 보라.
2. 예수의 고대 유대적 배경에 집중해 그를 조명하려는 수많은 학문 서적이 지난 세기에 출간됐다. 가톨릭 학자로는 Joseph Ratzinger (Pope Benedict XVI), *Jesus of Nazareth* (New York: Doubleday, 2007); Brant Pitre, *Jesus, the Tribulation, and the End of the Exile: Restoration Eschatology and the Origin of the Atonement* (WUNT 2.204; Tübingen, Germany: Mohr Siebeck; Grand Rapids: Baker Academic, 2005); John P. Meier, *A Marginal Jew*, 4 volumes (New York: Doubleday, 1991, 1994, 2001, 2009); Ben F.

이 그분을 메시아로 받아들인 비-유대인(이방인)을 환영한 경우도 더러 있지만, 예수님도 자신이 우선적으로 "이스라엘 집의 잃어버린 양에게로" 보냄 받았다고 선언하신다(마 10:6). 이 말은 실질적으로 그분의 가르침 전체가 유대적 상황에서 유대인 청중을 향한 것이라는 의미다.

이를테면, 그분의 고향 나사렛 회당에서 행한 첫 설교에서 예수님은 굉장히 유대적인 방식으로 자신의 메시아 정체성을 드러내기 시작한다. 예수님은 "내가 바로 메시아다"라고 거리에서 목소리를 높이거나 지붕에 올라가 소리를 지르지 않으셨다. 대신 그분은 예언자 이사야의 예언이 적힌 두루마리를 들고 "기름 부음을 받은" 구원자의 도래를 언급하는 부분을 찾으셨다(사 61:1-4을 보라). 예수님은 이사야의 예언을 읽은 후 두루마리를 접고 청중을 향해 말씀하셨다. "오늘 이 성경 말씀이 너희 귀에 성취됐다"(눅 4:21). 이 말로 예수님은 동료 유대인들에게 그들이 오랫동안 간직해 온 메

Meyer, *The Aims of Jesus* (London: SCM Press, 1977)를 보라. 개신교 학자로는 N. T. Wright, *Jesus and the Victory of God* (Minneapolis: Fortress, 1996); Craig A. Evans, *Jesus and His Contemporaries: Comparative Studies* (Leiden, the Netherlands: E. J. Brill, 1995); E. P. Sanders, *Jesus and Judaism* (Philadelphia: Fortress, 1985); Joachim Jeremias, *New Testament Theology: the Proclamation of Jesus,* trans. John Bowden (London: SCM Press, 1971)을 보라. 유대교 학자로는 David Flusser (with R. Steven Notley), *The Sage from Galilee: Rediscovering Jesus' Genius* (Grand Rapids: Eerdmans, 2007); Levine, *The Misunderstood Jew*; Geza Vermes, *Jesus the Jew* (Minneapolis: Fortress, 1973); Joseph Klausner, *Jesus of Nazareth: His Life, Times, and Teaching,* trans. Herbert Danby (New York: Macmillan, 1925)를 보라.

시아 대망, '기름 부음을 받은 자'(히브리어 **마쉬아흐**[*mashiah*]) 대망이
자신 안에서 마침내 성취됐다고 선언하셨다. 다시 살펴보겠지만,
이 사건은 예수님이 유대인 청중에게 그들이 오랫동안 기다려 온
유대 민족의 메시아로서 자신을 계시하기 위해 유대 성경을 활용
한 여러 사례 중 첫 번째 사례다.[3]

---

3. 나는 이 책에서 사복음서를 예수의 언행에 대한 신뢰할 만한 역사적 증언으
   로 간주할 것이다. 그렇게 함으로써 나는 1965년 제2차 바티칸 공의회에서
   반포된 공식적인 가톨릭의 가르침과 일치하여, 사복음서의 역사적 신빙성을
   인정하는 기독교의 전통적인 관점을 따르는 것이다. 제2차 바티칸 공의회는
   마태, 마가, 누가, 요한의 복음서가 '사도적 기원'을 가진다고 재확인한 후,
   "거룩한 어머니인 교회는 **사복음서가 역사적이라고 거침없이 천명하며, 방
   금 언급한 이 사복음서가 하나님의 아들 예수가 사람 가운데 거하시는 동안**
   그가 들려지시는 날까지 인간의 영원한 구원을 위해 **실제로 행하고 가르치
   셨던 내용을 충실하게 전수하고 있음을 조금도 변함없이 확고하게 견지해
   왔고 계속해서 견지해 나갈 것이다**"라고 진술했다(Dogmatic Constitution
   on Divine Revelation, *Dei Verbum* 19). Austin Flannery, O. P., *Vatican
   Council II: Volume 1: The Conciliar and Postconciliar Documents*, rev. ed.
   (Northport, N.Y.: Costello, 1996)을 보라. 본서의 대상은 더 평범한 대중이
   기 때문에, 다양한 복음서 본문의 진위에 대한 학자 수준의 논의에 뛰어들지
   않고, 최근 Pope Benedict XVI의 작품인 *Jesus of Nazareth*가 취한 접근방식
   을 따라 작업할 것이다. Benedict는 그가 평소 강조했듯이 자신의 접근방식
   을 다음과 같이 요약한다. "나는 복음서를 신뢰한다"(p. xxi). 나도 Benedict
   처럼 이 연구에서 "복음서의 예수가 실제이며 엄밀한 의미에서 '역사적' 예
   수"라는 사실을 보여줄 것이다. 또한, 나는 "이 예수가 수십 년간 학자들이
   재구성해 제시했던 모습보다 더 논리적이고 역사적으로도 훨씬 더 이해하기
   쉬운 모습이라고 확신하며, 독자들도 그런 확신을 갖게 되기를 바란다"(p.
   xxii).

너희는 피를 마셔서는 안 된다

하지만 예수님이 실제로 자신을 유대 민족의 메시아로 보셨다면, 역사적인 수수께끼, 일종의 미스터리가 등장한다. 한편으로 예수님은 가장 유명한 그분의 가르침 중 다수에 영감을 준 원천으로 유대 성경을 직접 지목하신다(예수님이 나사렛 회당에서 하신 설교를 다시 한번 생각해 보라). 다른 한편으로 예수님은 유대 성경에 정면으로 반하는 것으로 보이는 내용도 이야기하신다. 아마도 그중 가장 충격적인 사례는 그분의 몸을 먹고 피를 마시라는 가르침일 것이다. 요한복음을 보면, 또 다른 안식일에, 또 다른 유대 회당에서 예수님은 다음과 같이 말씀하신다.

> "내가 진실로 진실로 너희에게 이르노니, **인자의 살을 먹지 않고 인자의 피를 마시지 않으면** 너희 속에 생명이 없느니라. 내 살을 먹고 내 피를 마시는 자는 영생을 가졌고 마지막 날에 내가 그를 다시 살리리니, 내 살은 참된 양식이요 내 피는 참된 음료로다 …" 이 말씀은 예수께서 가버나움 회당에서 가르치실 때에 하셨느니라. (요 6:53-55, 59)

그 후에 다시 한번, 배반을 당한 마지막 만찬에서,

> 그들이 먹을 때에 예수께서 떡을 가지사 축복하시고 떼어 제자들

에게 주시며 이르시되, **"받아서 먹으라. 이것은 내 몸이니라"** 하
시고, 또 잔을 가지사 감사 기도하시고 그들에게 주시며 이르시
되, **"너희가 다 이것을 마시라. 이것은** 죄 사함을 얻게 하려고 많
은 사람을 위하여 흘리는 바 **나의 피, 곧 언약의 피니라."** (마
26:26-28)

도대체 이 이상한 말들의 의미는 무엇일까? 예수님이 회당에
서 유대인 청중을 향해 영생을 얻으려면 자기 살을 먹고 자기 피
를 마셔야 한다고 말씀하셨을 때, 그건 무슨 의도였을까? 또한, 유
대인 제자들에게 마지막 만찬의 빵이 그분의 '몸'이고 포도주가
그분의 '피'라고 말씀하셨을 때, 그것은 무슨 의미였을까? 그것을
먹고 마시라고 명령하신 이유가 무엇일까?

우리는 앞으로 이 책을 통해 이 질문들과 그 밖의 다른 질문들
을 조사할 것이다. 당장은 기독교 역사 가운데 다양한 반응이 존
재했다는 사실을 지적하고 싶다.[4] 수 세기 동안 그리스도인 대부

---

4. 예를 들면, Matthew Levering, *Sacrifice and Community: Jewish Offering and
   Christian Eucharist* (Oxford: Blackwell, 2005); James T. O'Connor, *The
   Hidden Manna: A Theology of the Eucharist*, second edition (San Francisco:
   Ignatius, 2005); Roch Kereszty, *Wedding Feast of the Lamb: Eucharistic
   Theology from a Biblical, Historical, and Systematic Perspective* (Chicago:
   Hillenbrand, 2004); Thomas Nash, *Worthy Is the Lamb: The Biblical Roots
   of the Mass* (San Francisco: Ignatius, 2004); Louis Bouyer, *Eucharist:
   Theology and Spirituality of the Eucharistic Prayer* (Notre Dame, Ind.:
   University of Notre Dame Press, 1968).

분은 예수님의 말씀을 문자 그대로 이해해, 성찬 전례의 빵과 포도주가 실제로 그리스도의 몸과 피가 된다고 믿었다. 하지만 (특히 1500년대 개신교의 종교개혁 이후로) 예수님이 그저 상징적인 의미로 말씀하셨을 뿐이라고 생각하는 사람도 있다. 나아가 현대 역사가들처럼, 이런 내용이 사복음서와 사도 바울의 편지(마 26:26-29; 막 14:22-25; 눅 22:14-30; 요 6:53-58; 고전 11:23-26을 보라)에 기록되어 있음에도 예수님이 그런 이야기를 하셨을 가능성을 부정하기도 한다.

이처럼 의견 차이가 나는 이유가 몇 가지 있다. 무엇보다도 예수님의 말씀이 너무 충격적이다. 아무리 메시아라 해도 도대체 어떻게 제자들에게 자기 살을 먹고 자기 피를 마시라고 명령할 수 있단 말인가? 요한복음이 기록하듯이, 예수님의 제자들도 이 가르침을 처음 들었을 때, "이 말씀은 어렵다. 누가 들을 수 있겠는가?"라고 반응했다(요 6:60). 예수님의 말씀이 귀에 너무나 거슬려서 그들도 좀처럼 그분의 말에 귀를 기울이기 힘들었다. 그리고 실제로 그들 중 다수가 예수님을 떠났고, "더 이상 그와 함께 다니지 않았다"(요 6:66). 그리고 예수님은 그들이 가도록 놔두셨다. 처음부터 사람들은 자기 몸을 먹고 자기 피를 마시라는 예수님의 명령이 극도로 귀에 거슬렸던 것이다.

의견 차이가 나는 또 다른 이유는 조금 더 미묘하다. 예수님이 자기 살을 먹고 자기 피를 마시라는 명령을 문자 그대로의 의미로 하셨다는 **사실**을 인정한다 해도, 그런 명령에 어떤 의미가 있을 수 있을까? 예수님은 지금 식인, 즉 사람의 시체를 먹는 행위를 말하고 계신가? 식인에 반대하는 분명한 명령이 유대 성경에 존재하는 것은 아니지만, 틀림없이 식인은 금기로 간주됐을 것이다. 다시 한번, 복음서 자체에 이런 반응이 포함되어 있다. "유대인들이 서로 다투어 이르되, '이 사람이 어찌 능히 자기 살을 우리에게 주어 먹게 하겠느냐?'"(요 6:52). 이 질문은 좋은 이의 제기이며, 제대로 된 답변을 해 주어야 한다.

아마도 예수님의 말씀에 대한 가장 강력한 이의 제기는 유대 성경 자체에 있는 것 같다. 고대 유대인이라면 누구나 알았을 내용인데, 성경은 유대인이 동물의 **피를 마시는 것**을 절대 금지한다. 많은 이방 종교는 피를 마시는 행위를 이교 예배에 완벽하게 수용 가능한 요소로 여겼지만, 모세 율법은 특정해서 그 행위를 금지했다. 하나님은 몇몇 다른 경우에 이 부분에 대해 굉장히 분명하게 말씀하셨다. 이를테면 다음 성경 본문을 보라.

> 모든 산 동물은 너희의 먹을 것이 될지라. ⋯ 그러나 **고기를 그 생명 되는 피째 먹지 말 것이니라.** (창 9:3-4)

> 이스라엘 집 사람이나 그들 중에 거류하는 거류민 중에 무슨 피든지 먹는 자가 있으면, 내가 그 피를 먹는 그 사람에게는 내 얼굴을 대하여 그를 백성 중에서 끊으리니, **육체의 생명은 피에 있음이라.** 내가 이 피를 너희에게 주어 제단에 뿌려 너희의 생명을 위하여 속죄하게 했나니, 생명이 피에 있으므로 피가 죄를 속하

느니라. 그러므로 내가 이스라엘 자손에게 말하기를, 너희 중에 아무도 피를 먹지 말며 너희 중에 거류하는 거류민이라도 피를 먹지 말라 했다. (레 17:10-12)

각 성에서 네 마음에 원하는 대로 가축을 잡아 그 고기를 먹을 수 있나니 … **오직 그 피는 먹지 말고** 물같이 땅에 쏟을 것이며. (신 12:15-16)

분명한 사실은, 동물의 피를 마시지 말라는 명령이 심각하다는 것이다. 그 명령을 어긴다는 것은 곧 하나님으로부터, 그의 백성으로부터 '끊어진다'는 의미다. 그리고 이 명령이 보편적인 조항이라는 사실에도 주목하라. 하나님은 선택된 이스라엘 백성만이 아니라, 그들 중에 거하는 이방인 '거류민'도 이 조항을 지킬 것을 기대하셨다. 마지막으로 금지 이유에 주목하라. 사람이 피를 마시면 안 되는 이유는 동물의 '생명' 혹은 '영혼'(히브리어 **네페쉬** [nephesh])이 피에 있기 때문이다. 레위기의 진술처럼 **"생명이 피에 있으므로 피가 죄를 속한다."** 학자들은 이 말의 정확한 의미에 대해 계속해서 논쟁을 벌이지만, 분명한 한 가지 사실은, 고대 세계에서 유대 민족이 피를 마시기를 거부하는 사람들로 알려졌다는 사실이다.[5] 이런 성경 배경을 염두에 두고 보면, 마지막 만찬에서

---

5. John E. Hartley, *Leviticus*, 2 volumes (Word Biblical Commentary 4; Dallas: Word Books, 1992), 273-77을 보라.

예수님이 하신 말씀은 더욱더 미스터리다. 유대인인 그분이 어떻게 제자들에게 자기 살을 먹고 자기 피를 마시라고 명령하실 수 있는가? 이 말은 피를 마시는 행위를 금지하는 성경의 율법을 대놓고 어기라는 의미인가?[6] 예수님이 오로지 **상징적인 의미**로만 그 말을 하셨다 해도, 어떻게 그런 말을 할 수 있단 말인가? 그분의 명령은 문자 그대로의 율법은 아니더라도 율법의 정신을 위반하는 게 아닐까? 유대인 학자 게자 베르메쉬(Geza Vermes)가 지적했듯이,

> 한 사람의 몸을 먹고 특히나 그의 피를 마신다는 심상은 … 비유적인 언어로서 허용이 된다 해도, 팔레스타인 유대교의 문화 배경에서는 완전히 이질적인 인상을 주었을 것이다(참조, 요 6:52). 예수님의 말씀을 듣던 청중들에게 굉장히 깊숙이 자리잡고 있던 피와 관련된 금기가 있었기에, 그런 말을 들었을 때 그들은 구토를 일으킬 정도의 역겨움을 느꼈을 것이다.[7]

---

6. 분명히 예수는 바리새인의 전통을 지키지 않는다고 비난받곤 했다. 제자들이 안식일에 곡식을 잘라 먹은 사건과 관련된 논쟁이 그런 사례다(마 12:1-8). 하지만 예수가 고의로 모세 율법을 위반했다는 증거는 없으며, 오히려 전 생애 동안 율법을 준수했다는 풍부한 증거가 있다. 산상수훈에서 "내가 율법과 예언자를 폐하러 왔다고 생각하지 마라. 나는 폐하러 온 게 아니라 완성하러 왔다"(마 5:17)고 말씀하셨듯이 말이다. 예를 들면, E. P. Sanders, *Jewish Law from Jesus to the Mishnah: Five Studies* (London: SCM Press; Philadelphia: Trinity Press International, 1990), 1-90을 보라.

7. Geza Vermes, *The Religion of Jesus the Jew* (Minneapolis: Fortress, 1993), 16.

그렇다면 예수님의 이 말씀을 어떻게 이해해야 할까?

고대 유대인의 눈을 통해서

이 책에서 나는 예수님의 말씀을 있는 그대로 받아들여야 함을 보여줄 것이다. 실제 역사 속의 많은 그리스도인처럼 나도 '예수님이 실제적이며 진정으로 성찬 전례 안에 존재한다'고 가르치신 분이 바로 예수님 자신이라고 믿는다. 이렇게 믿을 때 나는 1세기의 바리새인이자 유대교 율법의 전문가였던 사도 바울을 따르는 것이 되기도 한다. 바울은 이렇게 말했다.

> 나는 지혜 있는 자들에게 말함과 같이 하노니, 너희는 내가 이르는 말을 스스로 판단하라. 우리가 축복하는 바 축복의 잔은 그리스도의 피 안에서의 교제가 아니며, 우리가 떼는 떡은 그리스도의 몸 안에서의 교제가 아니냐? (고전 10:15-16)[8]

내 목표는 예수님과 바울, 그리고 그 외의 다른 사도들 같은 1

8.　RSV(Revised Standard Version)을 약간 수정했다(저자는 RSV의 본문에 있는 'participation'보다 그 난외주에 있는 'communion'을 선택했다. 본 번역서는 개역개정의 '~에 참여함이'를 '~안에서의 교제가'로 수정했다—역주).

세기 유대인들에게 일어났던 변화를 설명하는 것이다. (사람의 피는 말할 것도 없고) **그 어떤** 피라도 마시는 것은 하나님 앞에 가증한 행위라고 믿었던 그들이 어떻게 예수님의 피를 마시는 것이 그리스도인에게 **필수적인** 일이라고 믿게 됐을까? "인자의 살을 먹지 않고 인자의 피를 마시지 않으면 너희 속에 생명이 없다"(요 6:53).

이 목표를 달성하려면 예수님이 어떤 말과 어떤 행동을 하셨는지를 그분이 처했던 원래 상황에서 이해해야 하며, 그러기 위해서는 시간을 돌려 1세기로 가야 한다. 이 말은 어느 정도는 근대적인 '안경'을 벗고 1세기 유대인 그리스도인들이 예수님의 말과 행동을 보았던 방식으로 우리도 이해하려고 노력해야 한다는 의미다. 마지막 만찬의 수수께끼를 옛 유대인의 눈을 통해서 바라보면, 유대인의 예배와 신앙과 소망에 비추어 바라보면, 주목할 만한 사실들을 발견하게 될 것이다. 먼저, 옛 유대교와 초대 기독교 사이에 우리가 애초에 기대했던 것보다 훨씬 더 많은 공통분모가 존재한다. 또한, 첫 그리스도인들이 성찬 전례에서 나누는 빵과 포도주를 실제 예수 그리스도의 몸과 피로 믿을 수 있었던 배경은 다름 아닌 그들이 가졌던 유대교 신앙이었다.

불행히도 이 작업을 시작하자마자 한 문제와 맞닥뜨린다. 예수님의 첫 제자들이 그분의 말을 들었던 방식으로 우리도 그분의 말을 듣고자 한다면, 다음 두 가지 핵심 자료에 친숙해져야 한다. (1) 보통 구약으로 알려진 유대교 **성경**, (2) 유대교 성경에 포함되지 않은 문헌들에 간직된 옛 유대교의 **전통**.

내가 가르쳤던 학생들과의 경험이 지표가 될 수 있다면, 현대의 많은 독자들(특히 그리스도인)은 유대 성경이 낯설고 쉽지 않은 영역이라고 느낀다. 특별히 옛 유대교의 예식, 희생제사, 예배를 묘사하는 구약 본문의 경우는 더 그렇다. 그런데 예수님이 십자가에 처형되기 직전 자신의 친구들과 함께 했던 마지막 식사를 조사하려는 우리에게 가장 중요한 자료가 바로 이 본문들이기도 하다. 성경에 **포함되지 않은** 옛 유대교 문헌들(이를테면, 미쉬나와 탈무드)의 경우, 그에 관해 들어본 적이 있는 사람은 많지만, 성경 연구 전문가를 제외하면 비-유대인 독자들에게는 널리 읽히지 않는 실정이다.

이런 이유 때문에 시작에 앞서, 이 책 전체에서 내가 의존하고 있는 유대교 문헌을 간단하게 밝혀두는 게 도움이 되겠다. (앞으로 논의가 진행될 때 나중에 참고하기 위해 이 페이지에 표시를 해 두어도 좋겠다.) 여기서 나는 예수님이 이 문헌들을 직접 읽었을 것이라고 주장하려는 게 아니다. 그중 일부는 예수님의 사후에 기록된 것이다. 내가 주장하려는 바는 그중 다수가 옛 유대교 전통에 관한 증거를 담고 있다는 것이다. 이 전통은 예수님 당시에 통용됐을 것이며, 유대교의 실천과 신앙을 반영하고 있는 신약의 본문을 설명하는 데 엄청난 위력을 발휘한다.

이런 이유로 내가 구약 성서 다음으로 중요하게 여기는 유대교 문헌 중 가장 중요한 책들은 다음과 같다.[9]

9.　Craig A. Evans, *Ancient Texts for New Testament Studies: A Guide to Back-*

- **사해문서**: 주전 2세기와 주후 70년 사이에 필사된 유대 문헌들의 모음집. 이 모음집에는 예수님이 사셨던 제2성전 유대교 시기의 수많은 문헌이 포함되어 있다.
- **요세푸스의 작품들**: 1세기의 유대인 역사가이자 바리새인이었던 요세푸스(Josephus)의 작품은 예수님과 초대 기독교 당시의 유대 역사와 문화에 대한 굉장히 중요한 증언을 담고 있다.
- **미쉬나**: 주전 50년부터 주후 200년까지 살았던 유대교 랍비들의 광범위한 구전 전승을 모아놓은 책이다. 이 전승들 대부분은 법적, 의식적 내용에 초점을 두고 있다. 랍비 유대교에서 미쉬나는 여전히 성경 외 유대 전승 가운데 가장 권위 있는 자료 역할을 하고 있다.
- **타르굼**: 성경을 히브리어에서 아람어로 번역한 책으로 의역에 해당한다. 많은 유대인이 히브리어보다 아람어를 더 많이 쓰기 시작한 바빌론 유수(주전 587년) 이후에 등장했다. 정확한 집필 연대는 아직 논란 중이다.
- **바빌로니아 탈무드**: 30권 이상으로 이루어진 거대한 전집으로, 주

---

ground Literature (Peabody, Mass.: Hendrickson, 2005), 173-255; Lawrence H. Schiffman, *From Text to Tradition: A History of Second Temple Judaism* (New Jersey: KTAV, 1991), 177-200, 220-239; James VanderKam and Peter Flint, *The Meaning of the Dead Sea Scrolls* (Minneapolis: Fortress, 2002); H. L. Strack and Günter Stemberger, *Introduction to the Talmud and Midrash*, trans. and ed. Markus Bockmuehl (Minneapolis: Fortress, 1996)을 보라.

후 220년에서 500년 사이에 살았던 유대교 랍비들의 전승을 집
대성했다. 이 탈무드는 법적인 의견과 성경 해석 모두를 담고 있
으며, 형태상 미쉬나를 해설한 거대한 주석이다.

• **미드라쉬**: 성경의 각 책을 해설한 고대 유대교의 주석들이다. 이
중 일부는 탈무드보다 후대의 것이지만, 미쉬나와 탈무드가 기록
된 시기에 살았던 랍비들이 작성한 수많은 성경 해석을 담고 있
다.

이 목록이 신약성서를 이해하는 데 관련 있는 고대 유대 문헌
전부인 것은 결코 아니지만, 본서에서 가장 자주 살펴볼 책들이다.
특별히 랍비 문헌인 미쉬나, 탈무드, 미드라쉬의 중요성을 강
조하고 싶다. 이 문헌 중 다수가 예수님의 시대보다 나중에 편집
된 것이지만, 그래도 주의해서만 사용한다면 여전히 오늘날 우리
에게도 매우 중요하다는 것이 랍비 전문가와 신약학자들의 공통
된 의견이다.[10] 한 가지 이유를 들자면, 랍비들이 종종 주장하는 내
용인데, 이 문헌들이 성전이 여전히 존재했던 시대(주후 70년 이전)
까지 거슬러 올라가는 전승을 보존하고 있다는 것이다. 많은 경우

---

10. 예수 연구에서 랍비 문헌을 활용한 사례로 Levine, *The Misunderstood Jew*;
Craig A. Evans, *Jesus and His Contemporaries: Comparative Studies* (Leiden,
the Netherlands: Brill, 2001); Sanders, *Jewish Law from Jesus to the
Mishnah*; Vermes, *Jesus the Jew*가 있다. 또한, Herbert W. Basser, "The
Gospels and Rabbinic Literature" in *The Missing Jesus: Rabbinic Judaism
and the New Testament*, eds. Bruce Chilton, Craig A. Evans, and Jacob
Neusner (Leiden, the Netherlands: Brill, 2002), 77-99을 보라.

이런 주장을 진지하게 고려할 만한 충분한 근거가 존재한다. 게다가 사해문서나 요세푸스의 저작과 달리 랍비 문헌은 오늘날까지도 유대인 공동체의 삶에서 중요한 역할을 담당하고 있다. 이런 이유로 나는 여전히 많은 유대인이 고대 유대 전승에 대한 가장 권위 있는 증언으로 간주하고 있는 미쉬나와 탈무드에 특별한 관심을 기울일 것이다.

이런 배경을 염두에 두고서, 이제 성찬 전례에 관한 예수님의 말씀을 이해하는 중요한 단서를 제공할 고대 유대교의 중요한 신념, 즉 메시아 대망에 초점을 맞출 수 있게 됐다. 불행히도 많은 현대 독자들은 메시아 대망과 관련된 유대교의 신념을 모호하게만 알고 있다. 사실 유대교의 메시아 개념에 관하여 대부분의 그리스도인 독자들이 가지고 있는 지식은 상당수가 과도한 단순화나 과장으로 얼룩져 있고, 심지어 전혀 터무니없는 내용도 있다.

따라서 예수님의 가르침을 당시의 역사적 상황에 자리매김하려면, 살짝 뒤로 물러나 약간 더 넓은 범위의 질문에 답할 필요가 있다. 1세기 유대인들이 하나님께서 행하시기를 기다렸던 내용은 무엇인가? 우리가 알기로, 다수의 유대인은 하나님께서 메시아를 보내시기를 기다리고 있었다. 그런데 그들은 메시아가 어떤 모습으로 오실 거라고 생각했을까? 그들은 마침내 메시아가 오시면 무슨 일이 일어날 것으로 믿었을까?

제2장
유대 민족은 무엇을 기다리고 있었나?

어떤 유형의 메시아?

예수님 당시 유대 민족은 무엇을 기다리고 있었을까? 이 질문을 현대인에게 던지면, 아마도 이런 답변이 되돌아올 것이다. "1세기 유대 민족은 **세속적이고 정치적인 메시아**를 기다리고 있었다. 그가 와서 로마 제국에서 그들을 해방시키고 이스라엘 땅을 정당한 원래 주인에게 되돌려줄 것을 기대했다."

이 '순전히 정치적인 목적을 가진 순전히 정치적인 메시아 개념'은 눈에 띌 정도로 광범위하게 퍼져 있다. 심지어 성경이나 고대 유대교에 그다지 친숙하지 않은 사람들 사이에도 퍼져 있다. 나는 지난 몇 년간 여러 지방을 돌아다니며 예수님과 유대교에 관한 강의를 하면서 이런 상황을 경험으로 알게 됐다. 많은 그리스도인이 고대 유대교의 생활과 신앙에 대해 거의 아는 바가 없다는 사실을 인정하면서도, 유독 모든 사람이 들어본 적이 있다는 내용이 바로 '유대 민족은 오직 군사적 메시아만을 기다리고 있었다'는 개념이었다. 카이사르의 제국을 무너뜨리고 지상에 이스라엘의 통치를 재확립함으로써 승리를 가져올 전사 왕 말이다.

이것은 부분적으로 맞는 말이다. 예수님 당시 유대인 중 일부는 실제로 로마 치하에서의 정치적 해방만을 기다렸다. 그중에서도 최고는 열심당이었다.[1] 그들은 이스라엘 땅을 열렬하게 사랑했고 그만큼이나 로마를 열렬하게 증오했기 때문에 그런 이름이 붙은 1세기 유대 분파였다. 하지만 예수님 당시의 **모든** 유대인이 오로지 정치적 메시아만을 기다리고 있었다고 말한다면 그것은 과장이다. 이 개념에도 일정 부분 진실이 담겨 있지만, 예수님 당시 유대인들이 미래에 대해 가졌던 소망의 풍부한 다양성을 제대로 담아내진 못한다.[2]

직접 고대 유대 문헌을 집어 들고 읽어보라. 특별히 유대인의 성경(구약)에 포함된 책들, 그리고 고대 유대 전통에 관한 증언들(미쉬나, 타르굼, 탈무드)을 읽어보라.[3] 그러면 상당히 놀라운 내용들이 눈

---

1.   Martin Hengel, *The Zealots* (Edinburgh: T. & T. Clark, 1961)를 보라.

2.   유대교가 미래에 대해 품고 있던 통상적인 소망을 훌륭하게 개관한 설명으로, 특히 E. P. Sanders, *Judaism: Practice & Belief 63BCE-66CE* (London: SCM Press; Philadelphia: Trinity Press International, 1992), 279-303; David E. Aune, *Apocalypticism, Prophecy, and Magic in Early Christianity* (WUNT 199; Tübingen, Germany: Mohr Siebeck, 2006), 13-38을 보라.

3.   따로 언급이 없다면 유대교 위경 번역의 출처는 모두 James H. Charles-

에 들어올 것이다. 많은 고대 유대인이 단순한 군사적 메시아보다 훨씬 더 큰 존재를 기다렸다는 사실이 눈에 띌 것이다. 그들 중 다수가 기다리고 있었던 것은 '새 출애굽을 통한 이스라엘의 회복' 이었다는 사실이 눈에 띌 것이다.

새 출애굽을 향한 유대인의 소망

새 출애굽을 향한 유대인의 소망은 무엇이었을까? 그것은 이스라엘의 하나님께서 언젠가 자기 백성을 구원하실 것인데, 수 세기 전 첫 출애굽 때 모세를 통해 그들을 구원하셨던 것과 상당히 유사한 방식으로 구원하실 것이라는 기대였다. 그것은 구원의 시대가 동틀 때, 하나님께서 애굽에서의 탈출 때 일어났던 사건들을 재현하실 것이라는 소망이었다.[4]

---

worth, ed., *The Old Testament Pseudepigrapha*, 2 volumes; (Anchor Bible Reference Library; New York: Doubleday, 1983, 1985)이며, 사해사본 번역의 출처는 모두 Florentino García Martínez and Eibert J. C. Tigchelaar, *The Dead Sea Scrolls Study Edition*, 2 volumes (Grand Rapids: Eerdmans, 2000) 이다. 구약 번역은 Revised Standard Version, Catholic Edition(앞으로 RSV 로 지칭)을 따랐다. 따로 언급이 없다면 미드라쉬 랍바 번역의 출처는 모두 H. Friedman and M. Simon, *Midrash Rabbah* (10 vols.; repr.; London: Soncino, 1992)이다.

4. 새 출애굽에 대한 학자들의 논의로는 David W. Pao, *Acts and the Isaianic New Exodus* (Grand Rapids: Baker Academic, 2000); Rikki E. Watts, *Isaiah's New Exodus in Mark* (Grand Rapids: Baker Academic, 2000); Dale

이 내용을 더 명쾌하게 이해하려면, 첫 출애굽과 관련된 기본적인 사항을 알아야 한다. 그 이야기는 구약에 포함된 출애굽기, 레위기, 민수기, 신명기에 나온다. 이 책들에서 우리는 모세 이야기, 애굽 종살이에서 구출된 야곱의 열두 지파 이야기, 열 가지 재앙과 유월절, 광야 방랑, 그리고 궁극적으로 약속의 땅 가나안으로의 여행 이야기를 읽을 수 있다. 그것은 예수님의 탄생보다 천 년도 훨씬 전인 기원전 제2천년기 후반에 일어난 사건들에 관한 이야기다.

유대 성경에 따르면, 여호수아가 마침내 열두 지파를 약속된 땅으로 인도했을 때에야 비로소 이 출애굽 이야기가 마무리된다. 하지만 우리가 앞으로 조사할 이유들 때문에, 구약의 예언자들은 하나님께서 언젠가 새 출애굽을 일으키실 것이라는 예언도 했다. 이 새 출애굽의 핵심은 다음 네 가지 열쇠로 요약될 수 있다. (1) 새 모세의 출현, (2) 새 언약의 수립, (3) 새 성전의 건립, (4) 새 약속의 땅으로의 여행.

앞으로 살펴보겠지만, 새 출애굽을 제대로 이해하면 예수님 당시 유대인 대부분이 소망하고 기다렸던 내용을 해명하는 데 도움이 된다. 그뿐만 아니라 메시아로서 예수님이 자신 안에서 이 소망들을 의도적으로 실현하려고 노력하신 방식을 설명하는 데에

C. Allison, Jr., *The New Moses: A Matthean Typology* (Minneapolis: Fortress, 1993); Jean Danielou, S.J., *From Shadows to Reality: Studies in the Biblical Typology of the Fathers* (Westminster, Md.: Newman, 1960), 153-228을 보라.

도 도움이 된다. 본서의 주제로 범위를 좁히면, 새 출애굽은 마지막 만찬의 수수께끼를 풀기 위한 주요한 세 가지 열쇠, 즉 유월절, 만나, 진설병을 우리에게 제공할 것이다.

그러면 고대 유대인의 소망을 이루었던 기본 요소들을 잠시 살펴보자.

1. 새로운 모세

첫 출애굽에서 하나님은 한 구원자를 통해, 즉 모세를 통해 이스라엘 백성을 구원하셨다. 구약 선지서에 따르면 하나님은 언젠가 새로운 구원자를 통해, 즉 메시아를 통해 자기 백성을 다시 한 번 구원하실 것이다. 이 관점에서 보면 미래의 구원자는 새로운 모세와 같을 것이다.

첫 모세에 대한 이야기는 잘 알려져 있다. 모세가 출생할 때, (하나님께서 아브라함에게 약속하신 땅을 상속받기로 되어 있던) 이스라엘 열두 지파는 애굽 땅에서 종살이하고 있었다(창 15장을 보라). 그들은 약속의 땅 가나안에서 '제사장 나라'로서 통치하는 대신, 애굽의 왕 파라오의 폭정 아래서 종살이를 겪고 있었다(출 1-2장). 이스라엘 사람 모세가 성장하자, 하나님은 그를 이스라엘 부족을 애굽 사람의 손에서 구출해 약속의 땅으로, 즉 '젖과 꿀이 흐르는 땅'으로 데려갈 지도자로 임명하셨다(출 3:7-12). 성경에 의하면, 모세는 놀라운 열 가지 재앙으로 이 일을 단행했다. 그 절정에 해당하는 사건이 바로 애굽의 모든 장자가 죽고 유월절 어린양이 희생제물로 드려지며 홍해 바다를 건넌 사건이다(출 7-15장).

모세는 이스라엘 민족을 애굽에서 데리고 나온 후 광야에서 사십 년을 그들과 함께 보내면서 참을성 있게(때로는 인내하지 못했지만) 그들을 약속의 땅으로 인도한다. 그는 하나님께서 맡긴 임무를 수행하고 나서 가나안 땅 바로 앞에서 생을 마감한다. 성경은 모세가 죽었을 때 온 이스라엘에 '그와 같은 자'가 없었으며, 그 후에도 '여호와를 대면하여 알던 모세와 같은' 예언자가 이스라엘에 일어나지 못했다고 말한다(신 34:10-11).

모세 이야기는 여기서 끝난다. 하지만 이스라엘 이야기는 여기서 끝이 아니다. 출애굽과 예수님의 탄생 사이에 두 개의 큰 재앙이 하나님의 백성에게 닥쳤고, 이 재앙의 한가운데서 하나님께서 장래에 일으키실 구원에 대한 소망이 등장했다. 첫째, 주전 722년 이스라엘 열 지파가 앗수르 제국에 포로로 잡혀가 주변 이방 나라들 가운데 흩어졌다(왕하 15-17장). 그로부터 한 세기 이상이 지난 주전 587년 남쪽의 나머지 지파인 유다와 베냐민 지파도 이번에는 바빌로니아 제국에 포로로 잡혀갔다(왕하 25장). 이 시점에서는 열두 지파에게 땅을 주시겠다는 하나님의 약속이 깨진 것처럼 보였다. 하지만 이 비극적 사건과 더불어 하나님께서 언젠가 새로운 구원자, 새 모세를 자기 백성에게 보내실 것이라는 희망이 싹텄다.

고대 유대 전통에서 새 모세를 기다리는 이 소망이 뿌리내리고 있던 토양은 다름 아닌 모세 자신의 약속이었다. 신명기에 따르면 죽기 직전 모세는 이스라엘 열두 지파가 하나님의 율법을 거슬러 반역을 일으키고 그 결과로 약속된 땅 밖으로 쫓겨날 것이라고 예언했다(신 4:26-27). 하지만 모세는 미래의 징벌을 예언한 이 말에 덧붙여, 하나님께서 언젠가 또 다른 구원자, 자신과 같은 예언자를 보내실 것이라고 선언한다.

> [모세가 이스라엘 백성에게 말했다.] "네 하나님 여호와께서 너희 가운데 네 형제 중에서 너를 위하여 **나와 같은 예언자 하나**를 일으키시리니, 너희는 그의 말을 들을지니라 … 여호와께서 내게 이르시되 '그들의 말이 옳도다. 내가 그들의 형제 중에서 **너와 같은 예언자 하나**를 그들을 위하여 일으키고 내 말을 그 입에 두리니, 내가 그에게 명령하는 것을 그가 무리에게 다 말하리라.'" (신 18:15-18)

후대 유대교 전통에서 이 선언은 메시아, 즉 새 모세로 올 기름 부음 받은 자(*mashiah*)를 가리키는 예언으로 해석됐다. 그에 앞서 왔던 모세의 경우와 마찬가지로, 하나님은 엄청난 고통의 시기에 이스라엘을 속박에서 구출하기 위해 언젠가 메시아를 그들에게 보내실 것이다. 예를 들면, 주후 3세기 혹은 4세기의 인물인 랍비 베레키아(Berekiah)의 말을 보자.[5]

5.　자신이 랍비 Berekiah라고 자처한 인물이 둘 있었다. 한 명은 주후 3세기, 다른 한 명은 주후 4세기의 인물이다. Jacob Neusner, *Dictionary of Ancient*

랍비 베레키아가 랍비 이삭의 이름을 빌려 말했다. "**첫 구원자**[모 세]**가 그랬던 것처럼, 다음 구원자**[메시아]**도 그럴 것이다.** 이전 구 원자에 대해 뭐라고 기록되어 있는가? '모세가 그의 아내와 아들 들을 나귀에 태웠다'(출 4:20). 그와 유사하게 다음 구원자도 그럴 것인데, '겸손하여서 나귀를 타신다'(슥 9:9)라고 기록되어 있다. 이전 구원자는 '보라, 내가 너희를 위하여 하늘에서 양식을 비같 이 내리리니'(출 16:4)라고 기록된 것처럼 만나가 내려오게 했듯 이, 다음 구원자도 '산꼭대기의 땅에도 곡식이 풍성하게 하시 고'(시 72:16)라고 기록된 것처럼 만나가 내려오게 할 것이다. (『전도 서 랍바』 1:28)[6]

복음서가 들려주는 예수님의 예루살렘 입성 이야기에 친숙한 사람이라면, 메시아가 나귀를 타고 올 것이라는 전승이 1세기에도 생생하게 살아 있었다는 사실을 알 수 있을 것이다(마 21:1-11; 막 11:1-10; 눅 19:29-38; 요 12:12-18). 여기서 우리 목적에 부합하는 핵심 내용 은 이 특정한 랍비 전통에서 메시아가 새 모세로 기대됐던 게 틀 림없다는 사실이다. 새 모세의 행위들은 첫 모세의 행위들과 평행

Rabbis: Selections from the Jewish Encyclopaedia (Peabody, Mass.: Hendrick-son, 2003), 100-102을 보라.

6.   번역은 손치노(Soncino)판 미드라쉬 랍바를 조금 수정한 것이다. 이 판은 시 편 72:16을 이상하게도 '옥수수 밭'으로 번역했다. 이 번역은 Allison, The New Moses, 85에서 인용했다.

을 이룰 것이다. 모세가 나귀를 이용해서 애굽에서 나왔듯이, 랍비들은 메시아도 겸손하게 '나귀를 타고' 오실 것이며, 그럼으로써 스가랴의 예언을 성취할 것이라고 말했다. 그리고 모세가 신비한 만나를 위로부터 내려오게 했듯이, 랍비들은 메시아도 떡을 하늘로부터 비처럼 내려오게 할 것이라고 말했다.

2. 새 언약

첫 출애굽 때 하나님은 자신과 이스라엘 백성 사이에 신성한 가족 관계의 언약을 맺으셨다. 이 언약은 희생제물의 피로 확정되고, 천상의 연회로 마무리됐다. 구약 예언자들의 예언에 따르면, 새 출애굽 때 하나님은 자기 백성과 새 언약을 맺으실 것이며, 그 언약은 절대로 파기되지 않을 것이다.

첫 언약의 수립이 출애굽 과정에서 가장 중요한 순간이었다는 주장에는 상당한 근거가 있다. 이 사건은 이스라엘 열두 지파가 시내산 자락에 도착했을 때 일어났다. 바로 여기서 그들은 하나님과의 새로운 관계로 들어갔으며, 하나님을 예배하는 방식을 하나님께 배웠다. 실제로 성경에 따르면, 출애굽의 일차적인 목적도 그들이 자유롭게 하나님을 예배하는 것이었다. 하나님께서 파라오에게 전달하라고 모세에게 명령하신 내용을 보라: "이스라엘은 내 아들 내 장자라 … 내 아들을 보내 주어 나를 **예배하게** 하라"(출 4:22-23). 통상적인 견해와 달리, 출애굽은 신들 사이에 일어난 영토 싸움이 아니다. 또한, 단순히 한 민족을 정치적 노예 상태에서 구출한 사건에 불과한 것도 아니다. 결국 출애굽은 예배와 관련된 사건이다. 결국 출애굽은 하나님과 그 백성 사이에 언약을 매개로 신성한 가족관계를 수립한 사건이다.

바로 이런 이유 때문에, 모세와 이스라엘 백성은 시내산에 도착하자마자 하나님께 희생제물을 드리는 일에 몰두했던 것이다. 성경에 따르면, 모세는 십계명을 받은 지(출 19-20장) 얼마 지나지 않아, "산 아래에 제단을 쌓고, 이스라엘 열두 지파대로 열두 기둥을 세웠다"(출 24:4). 그리고 모세와 이스라엘 백성은 희생제물로 예배를 드림으로써 하나님과 그들 사이의 언약 관계를 확정했다.

> [모세가] 이스라엘 자손의 청년들을 보내 여호와께 소로 번제와 화목제를 드리게 하고, 모세가 피를 가지고 반은 여러 양푼에 담고 반은 제단에 뿌리고, **언약의 책**을 가져다 백성에게 낭독하여 듣게 하고 … 모세가 그 **언약의 피**를 가지고 백성에게 뿌리며 이르되 "**보라**, 이는 여호와께서 이 모든 말씀에 대하여 너희와 세우신 **언약의 피니라.**" 모세와 아론과 나답과 아비후와 이스라엘 장로 칠십 인이 올라가서, 이스라엘의 하나님을 보니 그의 발아래에는 청옥을 편 듯하고 하늘같이 청명하더라. 하나님이 이스라엘 자손들의 존귀한 자들에게 손을 대지 아니하셨고 **그들은 하나님을 뵙고 먹고 마셨더라.** (출 24:5-11)

두 가지 사실이 두드러진다. 첫째, 출애굽 언약이 피로 확정됐다는 사실에 주목하라. 이 내용은 모세가 '언약의 피'의 절반은 하나님을 대표하는 제단에, 나머지 절반은 이스라엘을 대표하는 백성에게 뿌리는 행위로 상징화되고 실현된다. 하나님은 이 예식을 통해 이스라엘을 자신의 가족으로, 자신의 '살과 피'로 만드셨고, 이스라엘은 이제 이 행위를 통해 같은 피에 참여한다. 이제 그들은 가족이다.

둘째, 언약 수립의 마지막 순서가 희생제물의 죽음이 아닌 연회, 즉 천상의 식사라는 사실에 주목하라. 이 사실은 언약의 관점에서 보면 의미가 잘 통한다. 가족이 하는 주요한 일 가운데 하나가 함께 식사하는 것이다. 하지만 시내산에서의 이 식사는 통상적인 연회가 아니다. 사실 이스라엘 역사에서 이 같은 연회는 결코 다시 일어나지 않았다. 언약의 피가 제단에 부어지자, 모세와 장로들은 산으로 올라갔을 뿐만 아니라, '하늘'로 인도되어 그곳, 하나님의 임재 앞에서 연회를 즐겼다. "그들은 하나님을 뵙고 먹고 마셨다"(출 24:11).

불행히도, 구약이 분명하게 보여주듯이 이 천상 연회의 기쁨은 오래 가지 않았다. 얼마 되지 않아, 이스라엘 자손 중 다수가 시내산 기슭에서 금송아지에게 예배를 드려 하나님과의 언약을 깨뜨렸다(출 32장). 이는 시작에 불과했다. 해가 지나고 세대가 흐르면서, 무수한 이스라엘 백성이 모세 언약을 버리고 다른 신들을 좇아 그 신들과의 언약 관계로 들어갔다.

하지만 하나님은 자기 백성을 포기하지 않으셨다. 모세의 시

대로부터 거의 천 년이 지난 후, 예언자 예레미야는 하나님께서
새 언약을 맺으실 것인데, 그 언약은 모세와 맺은 언약보다 훨씬
더 대단할 것이라고 선언했다.

> 여호와의 말씀이니라. 보라, 날이 이르리니, 내가 이스라엘 집과
> 유다 집에 **새 언약**을 맺으리라. 이 언약은 **내가 그들의 조상들의**
> **손을 잡고 애굽 땅에서 인도하여 내던 날에 맺은 것과 같지 아니**
> **할 것**은, 내가 그들의 남편이 됐어도 그들이 내 언약을 깨뜨렸음
> 이라. 여호와의 말씀이니라. 그러나 그날 후에 내가 이스라엘 집
> 과 맺을 언약은 이러하니, 곧 내가 나의 법을 그들의 속에 두며
> 그들의 마음에 기록하여 나는 그들의 하나님이 되고 그들은 내
> 백성이 될 것이라. 여호와의 말씀이니라. (렘 31:31-33)

달리 말해, 출애굽 언약과 새 언약 사이의 연관성은 아주 분명
하다. 한편으로, 이 새 언약은 시내산에서 맺은 언약과 마찬가지로
이스라엘 열두 지파 모두와 체결될 것이다. 예레미야가 '이스라엘
집'이라는 표현으로 주전 722년에 포로로 잡혀간 북쪽 열 지파를
가리키고, '유다 집'이라는 표현으로 주전 587년에 포로로 잡혀간
남쪽 두 지파를 가리킬 때, 그가 의도한 바가 이것이다. 달리 말해,
이스라엘 민족이 약속의 땅에서 쫓겨난 비극적인 유배 상태에도
불구하고, 하나님께서 새 언약을 체결하실 때 그분은 열두 지파
모두와 언약을 맺으실 것이다. 게다가 예레미야는 이 새 언약을

시내산 언약과 노골적으로 대조한다. 새 언약은 하나님께서 '애굽 땅에서' 이스라엘 민족을 인도하던 날에 맺은 언약보다 더 대단할 것이다. 예레미야는 그런 이야기를 하지 않지만, 우리는 이런 질문을 던질 수 있다. '새 언약도 옛 언약과 마찬가지로 희생제물로 확정될 것인가?', 그리고 '그 절정은 천상의 연회가 될 것인가?'

흥미롭게도 랍비 문헌은 새 언약에 대해서 그렇게 많은 이야기를 하지 않는다. 그저 새 언약 수립이 아직 일어나지 않았다는 주장만 한다. 이를테면, 주후 3세기에 살았던 것으로 추정되는 랍비 헤제키아(Hezekiah)는 예레미야의 예언이 오직 이 세대의 마지막, 즉 '이 세상'이 끝나고 '장차 올 세상'이 시작될 때에야 비로소 성취될 것이라고 말했다.[7]

하지만 그렇다고 해서 랍비들이 시내산의 언약식 **연회**를 잊었다는 의미는 아니다. 도리어 반대로, 출애굽기 24장에 기술된 천상의 식사는 랍비들이 구원의 메시아 시대를 가리킬 때 동원하는 이미지 혹은 예형(prefiguration)이 됐다. 랍비 전통에 따르면, 하나님께서 창조하실 새 세상에서 의인들은 더 이상 지상의 음식과 음료로 잔치를 벌이지 않고, 하나님의 '임재' 앞에서 식사할 것이다.

> 장차 올 세상에는 먹고 마심이 없다. … 오히려 의인들은 머리에

---

7. 랍비 Hezekiah가 누구인지는 확실하게 규명하기 힘들다. Neusner, *Dictionary of Ancient Rabbis*, 192을 보라. 인용 내용에 대해서는 『전도서 랍바』 2:1:1를 보라. 번역은 약간 수정한 것이다. 또한 『아가서 랍바』 1:2-4와 비교해 보라.

면류관을 쓰고 앉아 **밝고 찬란한 하나님의 임재 앞에서 연회를 즐길 것이다.** 이는 "그들은 하나님을 뵙고 먹고 마셨다"(출 24:11)고 한 것과 같다. (바빌로니아 탈무드, 『베라코트』 17a)[8]

분명히 이 고대의 미래 비전은 군사적 메시아에 대한 기대보다 훨씬 더 거대하다! 유대인 학자 조셉 클라우스너(Joseph Klausner)가 지적했듯이, 이 랍비 전통은 '하나님을 보는 것'이 지상의 '먹고 마심'을 대체하는 시대를 기술하고 있다.[9] 이것은 언약 갱신을 향한 소망이요, 하나님의 백성이 누리는 천상의 연회가 재개되어 지상의 음식과 음료가 아닌 '하나님의 임재' 그 자체로써 영원히 잔치를 벌이게 되기를 바라는 소망이다.

3. 새 성전

첫 출애굽에서 하나님께 드리는 예배의 중심지는 모세의 성막이었다. 이 성막은 이스라엘이 광야를 여행하는 동안 사용했던 이동식 '성전'이다. 예언자들은 새 출애굽 때에는 새 성전에서 하나님께 예배를 드릴 것인데, 이 새 성전은 모세의 성막이나[10] 솔로몬

---

8.   손치노(Soncino)역 탈무드(약간 수정했다). 유사하게 수정한 사례로 Joseph Klausner, *The Messianic Idea in Israel*, trans. W. F. Stinesspring (London: George Allen and Unwin, 1956), 412를 보라.

9.   Klausner, *The Messianic Idea in Israel*, 412.

10.   Craig R. Koester, "Tabernacle," in *Eerdmans Dictionary of the Bible*, ed. David Noel Freedman (Grand Rapids: Eerdmans, 2000), 1269-70을 보라. 더 상세한 연구로 Craig R. Koester, *The Dwelling of God* (Catholic Biblical

의 성전보다 더 영광스러울 것이라고 예언했다.[11]

새 성전에 대한 유대인의 소망을 이해하기 위해서는, 출애굽 이전 족장들의 시대에는 예배의 중심지가 없었다는 사실을 기억할 필요가 있다. 예수님이 탄생하시기 거의 2000년 전, 아브라함과 이삭과 야곱은 약속의 땅을 두루 다니며 그들이 지나간 다양한 장소에 돌과 나무로 제단을 세우고 하나님께 예배를 드렸다. 그런데 이스라엘 열두 지파가 애굽에서 나와 하나님과 언약을 맺은 후, 하나님께서 취하신 첫 조치가 자기 백성에게 그분을 예배하기 위한 장소, 즉 성막을 짓게 한 것이다. 이스라엘의 제사장들은 이곳 성막에서 희생제사로 하나님을 예배할 것이다. 사실 출애굽기의 거의 절반을 차지하는 내용이 성막과 성막 건립 과정에 대한 것으로, 때로는 골치 아플 정도로 자세하다. (출애굽기 25-40장을 보라. 하지만 경고하는데, 이 부분은 성경을 읽다가 많은 사람이 졸기 시작하는 지점이다.)

크기로 따지면 모세의 성막은 다소 작은 건물로, 너비는 약 23

    Quarterly Monograph Series 22; Washington, D.C.: Catholic Biblical Association, 1989)을 보라.

11. 새 성전을 향한 유대교의 소망을 탁월하게 연구한 책으로 G. K. Beale, *The Temple and the Church's Mission: A Biblical Theology of the Dwelling Place of God* (New Studies in Biblical Theology 17; Downers Grove, Ill.: InterVarsity, 2004); T. Desmond Alexander and Simon Gathercole, eds., *Heaven on Earth: The Temple in Biblical Theology* (Waynesboro, Ga.: Pater-Noster, 2004); Yves Congar, O.P., *The Mystery of the Temple* (Westminster, Md.: Newman, 1962)을 보라.

미터, 길이는 약 46미터였다. 하지만 그 물리적 크기가 영적인 중요성을 가늠하는 잣대는 아니다. 출애굽기에 따르면, 성막은 세 부분으로 구성됐다. 첫째, 바깥뜰이 있다. 여기에는 희생제물을 올리는 놋 제단이 있는데, 제사장들은 이 제단 위에 동물 제물을 올려 하나님께 바쳤다. 둘째, 안으로 들어가면 성소가 있다. 여기에는 세 가지 신성한 기구, 즉 금촛대(히브리어 **메노라**[*menorah*])와 금분향단, 그리고 진설병으로 알려진 열두 개의 떡을 놓는 금떡상이 있다(출 25장을 보라). 이스라엘의 제사장들은 이 성소에서 향과 떡과 포도주라는 피 없는 제물로 하나님을 예배했다. 마지막 셋째, 지성소가 있다. 지성소는 십계명 돌판, 만나 항아리, 아론의 지팡이를 담은 언약궤가 놓인 가장 안쪽의 신성한 공간이었다(히 9:1-5을 보라). 예배를 위한 장소였다는 사실 외에, 성막이 고대 이스라엘 민족에게 굉장히 중요했던 또 다른 이유는 그들이 성막을 하나님이 지상에 거하시는 장소로 보았기 때문이다. 이 이유 때문에 그들은 성막을 회막이라고도 불렀다. 회막에서 하나님은 하늘에서 내려온 '영광'의 구름이라는 형태로 그들을 '만나실' 것이다(출 40:34-38을 보라).

본서의 목적을 위해 중요한 내용은, 출애굽 시기의 예배 장소였던 모세 성막이 약속된 땅에서의 영구한 예배 처소인 솔로몬 성전의 원형이 됐다는 점이다. 모세 이후 수백 년, 예수님이 탄생하시기 거의 천 년 전에 건설된 이 성전은 본질상 성막이 더 거대해지고 훨씬 더 웅장해진 형태였다(왕상 6-8장). 이 성전도 하나님께서

이 땅에 거하시는 장소요, 희생제사 예배의 장소였다. 또한 이 성
전도 세 부분으로 구분됐으며, 금메노라(유대교 제의에서 쓰이는 촛대—
편주), 분향단, 진설병, 중심에는 언약궤가 있었다. 하지만 이동식
천막이었던 성막과 달리 솔로몬 성전은 돌로 지어진 건물인데, 화
려하게 '금'으로 덮고, 금그룹(angels)과 종려와 핀 꽃을 아로새겼다
(왕상 6:14-36). 이러한 묘사로 보건대, 예루살렘 성전은 당연히 모든
이스라엘의 자랑이요, 기쁨이었다.[12]

하지만 불행히도 솔로몬 성전은 그다지 오래가지 못했다. 완
공된 지 몇 세기도 채 되지 않아 바빌로니아 제국에 파괴됐다. 바
빌로니아가 약속의 땅 가나안을 침입한 주전 587년, 그들은 남쪽
유다 지파를 포로로 사로잡았을 뿐만 아니라, 예루살렘 성을 불태
우고 성전을 완전히 무너뜨렸다(왕하 25장). 이렇게 바빌론 포로기
가 시작되고, 유대 백성은 약속의 땅에서 쫓겨나 이방인 가운데서
살게 된다. 하지만 이 상황도 영원히 지속되지는 않았다. 결국 바
빌로니아는 페르시아 제국에게 항복했고, 페르시아의 고레스 왕
은 유대 민족에게 다른 노선을 취했다. 주전 539년 무렵에 고레스
왕은 유대인이 약속의 땅으로 돌아가도록 허락했다. 그뿐만 아니
라 성전을 재건하도록 허락했다(스 1장). 그럼에도 불구하고, 제2성
전으로 알려진 새 성전은 결코 솔로몬 성전만큼 영광스럽지 않았

---

12. N. T. Wright의 표현대로, "성전은 유대인의 민족적 삶의 모든 측면이 집약
    된 장소였다. … 모든 차원에서 성전의 중요성은 아무리 과장해도 지나친 게
    아니다." N. T. Wright, *The New Testament and the People of God* (Minnea-
    polis: Fortress, 1992), 224.

다. 실제로 성경은 제2성전이 완공됐을 때, 이전에 첫 성전을 보았
던 '나이 많은 사람들'이 이 성전이 솔로몬 성전의 영광에 비해 비
교가 되지 않을 정도로 초라해 대성통곡했다고 말한다(스 3:10-13).

실제로 이스라엘의 비극적 역사가 흘러가는 동안, 구약의 예
언자들은 하나님께서 결국 구원의 시대, 새 출애굽의 시대에 세우
실 미래의 성전, **새 성전**에 대해 더욱더 자주 이야기한다.

이를테면, 예언자 미가는 끝날에 이르러는 하나님께서 '여호
와의 전의 산', 즉 성전 산을 산들의 가장 꼭대기에 세우실 것이라
고 선언한다(미 4:1-2). 예루살렘에 가 본 적이 있는 사람이라면 누
구나 솔로몬 성전이 지어진 작은 언덕이 지상의 모든 산들 가운데
'가장 꼭대기'는 결코 아니라는 사실을 안다. 이 예언은 새 성전,
세상 끝날의 마지막 성전에 대한 예언이다. 이사야도 비슷한 노선
을 따른다. 그는 하나님께서 그분의 성전을 영광스럽게 하셔서 그
성전이 '만민이 기도하는 집'이 될 미래의 날을 예견한다(사 56:6-7;
60:1-7). 예언자 에스겔은 새 다윗(메시아)이 마침내 올 그때, 하나님
께서 그의 '성소'를 그들 가운데 세워 영원히 이르게 하시고, 이방
인들이 돌이켜 여호와를 예배할 것이라고 말한다(겔 37:24-28). 마지
막으로 예언자 학개는 장차 올 성전의 웅장함이 '이전 영광보다
클 것'이라고, 말하자면 심지어 솔로몬 성전보다 클 것이라고 주
장하기에 이른다(학 2:6-9). 건설된 제2성전을 보고 유대 장로들이
통곡했다는 사실을 참고하면, 이 예언은 미래의 성전, 즉 마지막
날의 새 성전을 가리킬 수밖에 없다.

요약하면, 구약의 예언자들은 지속적으로 새 성전을 향한 찬란한 소망을 증언하고 있으며, 이 성전은 솔로몬 성전의 옛 영광을 재현할 뿐만 아니라 그것을 넘어설 것이다.

이 사실은 성경 외의 유대 문헌에도 적용된다. 그 문서들 역시 새 성전에 대한 소망을 이야기한다. 이를테면, 예수님의 생애와 인접한 시기에 기록된 사해문서에는[13] 미래의 성전에 관한 예언이 수두룩하다. 실제로 그중에서 가장 긴 문서 가운데 하나인 『성전 문서』(Temple Scroll)에는 새 성전을 상세하게 기술한 단락(columns)이 60개가 넘는다. 마찬가지로 고대 유대교 랍비들도 언젠가 새 성전이 지어질 것이라고 믿었다. 한 예를 든다면, 그들은 성전 예배의 회복을 위해 매일 기도를 드렸던 것으로 보이는데, 매일 기도문에서 "당신의 집, 지성소로 예배를 회복시키소서"(『쉐모네 에스레』 17)라고 하나님께 간청했다.[14] 아주 흥미로운 사실은, 랍비들 가운데 일부가 새 성전을 건립할 주인공이 메시아라고 믿었다는 사실이다. 한 랍비 주석은 다음과 같이 가르친다.

---

13. 관련 자료가 수집되어 있는 곳으로는 Sanders, *Jesus and Judaism*, 77-90을 보라.

14. 이 기도의 현재 형태가 확립된 것은 예수 시대 이후지만, "이 기도의 밑바탕"은 주후 1세기 혹은 그 이전까지 거슬러 올라간다는 강력한 증거가 존재한다(참조, 미쉬나, 『베라코트』 4:3; 『타아니트』 2:2; 행 3:1). Emil Schürer, *The History of the Jewish People in the Age of Jesus Christ*, 3 volumes, eds. Geza Vermes, Fergus Millar, Matthew Black, and Martin Goodman (Edinburgh: T. & T. Clark, 1973-87), 2:455-63 (인용 pp. 455-56)을 보라.

북쪽에 거하는 왕 메시아가 일어나면, 그가 와서 성전을 지을 것이다. 성전은 남쪽에 자리잡을 것이다. 이것은 "내가 한 사람을 일으켜 북방에서 오게 하리라"(사 41:25) 등의 말씀과 일치한다.

(『민수기 랍바』 13:2)

이 새 성전의 소망은 고대 유대인들이 미래에 대해 품었던 기대를 이해하는 데 있어 극도로 중요하다. 예수님의 생애 동안에도, 헤롯 왕과 그의 후계자들은 제2성전을 고대 세계의 경이로운 건축물로 탈바꿈시키기 위해 많은 시간과 돈을 투자했다(요 2:20을 보라).[15] 하지만 제2성전에도 많은 문제가 있었다. 특히 큰 문제는 지성소가 **비어 있다**는 사실이었다. 수 세기 전 예루살렘 파괴 이후로 언약궤가 분실된 상태였다. 요세푸스가 말해 주듯이, 주후 1세기 동안 지성소에는 '아무것도 없었다'(War 5:219).

이 상황을 참고하면, 예언자들이 메시아가 오실 때 세워질 것이라고 예고했던 영광스러운 새 성전을 많은 유대인이 여전히 기다리고 있었다는 사실은 전혀 놀랍지 않다.

4. 새 약속의 땅

첫 출애굽에서 이스라엘 열두 지파는 약속의 땅 가나안으로의

---

15. Peter Richardson, *Herod: King of the Jews and Friend of the Romans* (Minneapolis: Fortress, 1999); Ehud Netzer, *The Architecture of Herod, the Great Builder* (Grand Rapids: Baker Academic, 2008)을 보라.

여정을 시작했다. 그곳은 하나님께서 아브라함과 그의 자손들에게 주기로 약속하셨던 땅이다. 예언자들은 새 출애굽에서는 하나님이 이스라엘과 이방 나라 모두를 새 약속의 땅으로 데려가실 것이고, 그들은 이 땅을 영원히 소유할 것이라고 예언했다(사 60:21).[16]

첫 출애굽 때의 그 땅과 관련된 이야기는 잘 알려져 있다. 그 이야기의 시작은 하나님께서 아브라함에게 그의 고향 갈대아 우르(현재의 이라크)를 떠나라고 명령하시고, 그와 그의 자손들에게 가나안 '땅'(현재의 이스라엘)을 주시겠다고 약속한 것이다(창 12:1-3). 그 약속은 첫 순간에 이미 실현된 것처럼 보인다. 아브라함의 아들인 이삭, 그리고 아브라함의 손자인 야곱이 실제로 그 땅에 거주했기 때문이다(창 22-36장). 그럼에도 요셉을 비롯하여 야곱의 열두 아들에게 일어난 일련의 사건을 통해서 아브라함과 이삭과 야곱의 후손들은 결국 약속의 땅 **바깥인** 애굽 땅에서 살게 된다. 그것도 모세가 등장하기 전 약 400년 동안이나 말이다(창 37-50장). 앞서 살펴보았듯이 모세의 탄생에서 여호수아를 통한 요단강 도하에 이르는 출애굽 이야기는 그 본질상 이스라엘 열두 지파가 아브라함에게 약속된 땅으로 귀환하는 이야기다. 하나님께서 자기 백성을 종살이와 유배 상태에서 데리고 나와 '아름답고 광대한 땅, 젖과 꿀이 흐르는 땅'으로 인도하는 이야기다(출 3:8).

---

16. W. D. Davies, *The Gospel and the Land: Early Christianity and Jewish Territorial Doctrine* (Berkeley: University of California Press, 1974); Karen J. Wenell, *Jesus and Land: Sacred and Social Space in Second Temple Judaism* (London: T. & T. Clark, 2007)을 보라.

그러나 여기가 이야기의 끝이 아니다. 이스라엘 백성이 그 땅에 영원히 머물지 못했기 때문이다. 앞서 언급했듯이 주전 722년 이스라엘의 열두 지파 중 열 지파가 앗수르 제국에 의해 약속의 땅에서 쫓겨나 이방 나라 가운데 흩어졌다. 두 세기 후인 주전 587년 같은 역사가 되풀이됐다. 바빌로니아 제국이 쳐들어와 남은 두 지파인 유다와 베냐민 지파에게도 같은 일을 행하고 그들을 바빌론으로 데리고 갔다. 그 후인 주전 539년 남쪽 두 지파가 이스라엘 땅으로 귀환해 예수님 당시인 1세기까지 살고 있었지만, 북쪽 열 지파는 여전히 이방 나라 가운데 흩어진 상태였다(이것이 '이스라엘의 사라진 지파'[lost tribes of Israel]라는[17] 표현의 기원이다.) 이런 연유로, 그리고 하나님께서 아브라함에게 그 땅을 주시겠다고 맹세한 약속 때문에, 구약 예언자들은 장래의 언젠가는 최종적인 '그 땅으로의 귀환'이, 새 약속의 땅으로의 새 출애굽이 있을 것이라고 예언했다.

이 새 출애굽의 소망, 흩어진 하나님의 백성이 다시 모일 것이라는 소망은 유대 성경 도처에 등장한다. 예를 들면, 예언자 아모스는 언젠가 하나님께서 자기 백성을 '그들의 땅에' 심으셔서 그

---

17. 사라진 지파들에 대해서는 Pitre, *Jesus, the Tribulation, and the End of the Exile*, 31-40; Paula Fredriksen, *Jesus of Nazareth, King of the Jews* (New York: Random House, 1999), 98; Dale C. Allison, Jr., *Jesus of Nazareth: Millenarian Prophet* (Philadelphia: Fortress, 1998), 101-102, 141; Sanders, *Judaism*, 291-94; David C. Greenwood, "On Jewish Hopes for a Restored Northern Kingdom," *Zeitschrift für die alttestamentliche Wissenschaft* 88 (1976): 376-85을 보라.

들이 '내가 그들에게 준 땅에서 다시는 뽑히지 않을 것'이라고 선
언한다(암 9:14-15). 마찬가지로 호세아는 새 언약이 수립될 때 하나
님께서 열두 지파 모두를 다시 한번 '그 땅'에 심으실 것이라고 예
언한다(호 1:10-11; 2:16-23). 마지막으로 예레미야는 새 출애굽이 일어
날 때 하나님이 열두 지파에게 '이 귀한 땅'을 기업으로 주실 것이
라고 선언한다(렘 3:15-19). 이런 예언은 그 밖에도 많다.[18]

그런데 이러한 성경의 소망에서 매혹적인 내용은, 약속된 **미
래의** 땅이 지상의 이스라엘에게 주어졌던 땅과 반드시 같지는 않
을 것이라는 암시가 있다는 사실이다. 이런 암시는 영원히 지속될
다윗 왕국을 예언한 유명한 나단의 신탁 속에 이미 함축되어 있다
(삼하 7장). 이 신탁에서 하나님은 '내 백성 이스라엘을 위해 **한 곳**을
정하여 그들을 심고 그들을 거주하게 할 것'이라고 약속하신다(삼
하 7:10). 그런데 이 새 '장소'가 이스라엘 땅을 가리킬 리는 없다. 왜
냐하면 다윗 시대에는 열두 지파 모두가 **이미** 그 땅에 살고 있었
기 때문이다. 마찬가지로 굉장히 흥미로운 사실은, 예언자 에스겔
이 약속된 미래의 땅을 '에덴동산 같다'고 기술하며(겔 36:33-35), 이
스라엘 열두 지파의 귀환을 죽은 자의 부활과 함께 묶는다는 사실
이다(겔 37장). 이 내용이 단순히 가나안 땅을 언급하는 것일까? 아
니면 에스겔은 더 거대한 장소로의 여행을 마음속에 그리고 있는
것일까?

---

18.   예를 들면, 겔 20:36, 41-42, 그리고 Davies, *The Gospel and the Land*, 39을
      보라.

가장 중요한 마지막 내용은, 이사야서가 새 출애굽을 기술할
때 하나님의 백성이 새 예루살렘으로 여행한다는 관점에서 기술
한다는 사실이다(사 43, 49, 60장을 보라). 주목할 내용은, 이사야의 비
전이 미래의 예루살렘과 미래의 땅을 '새 하늘과 새 땅', 즉 완전한
새 창조에 포함된 요소로 묘사하고 있다는 사실이다.

> 보라, 내가 **새 하늘과 새 땅**을 창조하나니,
>
> 이전 것은 기억되거나 마음에 생각나지 아니할 것이라.
>
> 너희는 내가 창조하는 것으로 말미암아
>
> 영원히 기뻐하며 즐거워할지니라.
>
> 보라, **내가** 즐거운 성으로 **예루살렘을 창조**하며
>
> 그 백성을 기쁨으로 삼고 … (사 65:17-18)

> 내가 그들의 행위와 사상을 아노라. 때가 이르면 뭇 나라와 언어
> 가 다른 민족들을 모으리니 … **그들이 너희 모든 형제를 뭇 나라
> 에서 나의 성산 예루살렘으로 … 데려다가 여호와께 예물로 드릴
> 것이요,** … 내가 지을 **새 하늘과 새 땅**이 내 앞에 항상 있는 것같
> 이 너희 자손과 너희 이름이 항상 있으리라. 여호와의 말이니라.
>
> (사 66:18, 20, 22)

달리 말해, 약속된 새 땅으로의 새 출애굽, 말하자면 약속된 땅
으로의 첫 출애굽보다 훨씬 더 대단한 새 출애굽을 꿈꾸었다고 믿

을 만한 증거가 유대 성경 자체에도 많다.

성경 밖의 유대교 문헌으로 눈을 돌려도, 단순히 지상의 땅으로 귀환하는 것보다 더 거대한 소망의 증거를 계속해서 발견할 수 있다.[19] 예를 들면, 주후 1세기에 기록된 한 유대교 문헌에는, 진짜 '성지'가 하나님의 보좌가 거하는 '위쪽 세계'에 존재한다는 생각이 나온다. 지상의 땅인 가나안과는 달리 약속된 천상의 땅은 영원히 존재할 것인데, 심지어는 하나님의 '왕국'과 동일시된다(『욥의 유언』 33:1-9을 보라).[20] 그런데 이보다 훨씬 더 중요한 사례가 있으니, 미쉬나의 증언이다.

장차 올 세상에는 모든 이스라엘 사람에게 각자의 몫이 있을 것이다. 그것은 "네 백성이 다 의롭게 되어 **영원히 땅을 상속하리니**, 그들은 내가 심은 가지요, 내가 손으로 만든 것으로 내 영광을 나타낼 것이다"(사 60:21)라고 기록된 것과 같다. (미쉬나, 『산헤드

---

19. 그렇다 해도, 이 말이 **모든** 유대인이 미래의 땅을 같은 방식으로 보았다는 의미는 아니라는 사실을 강조할 필요가 있겠다. W. D. Davies의 말처럼, "땅과 관련해서 명확하게 정해진 규준이라 부를 만한 **하나**의 교리가 있었던 것은 아니다. 오히려 유대교에서 보통 그렇듯이, 다수의 개념과 기대가 체계화되지 않은 채 다양하게 포함되어 있었다." 그럼에도 "유대교의 **모든** 종말론이 현세적이었다는 관점은 받아들여질 수 없다. 왜냐하면 굉장히 많은 자료가 '마지막 날'에 있을 초월적인 질서 혹은 초자연적인 변화를 기대하고 있기 때문이다." Davies, *The Gospel and the Land*, 157(강조는 저자의 추가).

20. 『욥의 유언』에 대한 개론으로는 R. P. Spitter, "Testament of Job," in James H. Charlesworth, *Old Testament Pseudepigrapha*, 2 volumes (Anchor Bible Reference Library; New York: Doubleday, 1983, 1985), 1:829-37을 보라.

린』 10:1)[21]

학자들이 인식했듯이, 이 유대 전통에서 '그 땅을 상속하는 것'
은 '장차 올 세상'(구원의 시대에 올 새 세상을 기술하는 흔한 랍비식 표현)에
자기 몫이 있는 것과 동일시된다.[22] 미쉬나의 이러한 해석은 후대
의 바빌로니아 탈무드로 확실하게 뒷받침된다. 탈무드를 보면, 이
스라엘의 잃어버린 지파가 약속의 땅으로 귀환하는 것이 그들이
'미래의 세상'으로 진입하는 것과 분명하게 동일시된다(『산헤드린』
110b).[23] 약속의 땅과 미래 세계를 동일시하는 이런 관점은 의미심
장하다. 왜냐하면 심지어 (미래에 대한 소망과 관련하여 종종 매우 '현세적'
이라고 평가되는) 랍비 유대교도 약속된 지상의 땅을 **미래의** 창조를

---

21. 따로 언급이 없는 한 미쉬나 번역의 출처는 모두 Herbert Danby, *The Mish-nah* (Oxford: Oxford University Press, 1933)이다. 이 인용문은 397쪽에 있
다.

22. Davies, *The Gospel and the Land*, 123을 보라.

23. 전체 본문은 다음과 같다: "우리 랍비들은 이렇게 가르쳤다: **장차 올 세상에
서 열 지파에게는 아무 몫이 없다.** 그것은 '여호와께서 또 진노와 격분과 크
게 통한하심으로 그들을 **그들의 땅**에서 뽑아내사 다른 땅에 내던지심이 오
늘과 같다'(신 29:28)는 말씀과 같다. "여호와께서 그들을 **그들의 땅**에서 뽑
아내셨다"는 **현세**의 상황을 가리키며, "그들을 **다른 땅**에 내던지셨다"는 **장
차 올 세상**을 가리킨다. 이것이 랍비 아키바(Akiba)의 견해이다. … 랍비 쉼온
벤 예후다(Simeon ben Judah)는 "그들의 행위가 이 현세의 행위대로라면 귀
환하지 못할 것이고, 그렇지 않다면 귀환할 것이다"라고 말했다. 랍비는 말
했다. "**그들이 장차 올 세상에 들어갈 것인데, '**그날에 큰 나팔이 불릴 것이
며, 앗수르 땅에서 멸망하는 자들과 애굽 땅으로 쫓겨난 자들이 돌아와 **예루
살렘 성산**에서 여호와께 예배할 것'(사 27:13)이라는 말씀과 같다"(바빌로니
아 탈무드, 『산헤드린』, 110b).

가리키는 신호로 볼 수 있었기 때문이다. 미쉬나와 탈무드 둘 다
이러한 미래 소망의 근거로 이사야 60:21에 있는 새 예루살렘의
비전을 인용하는 것은 우연의 일치가 아니다.

간단히 말해, 적어도 일부 유대인은, 특히 이사야서에 영향을
받은 사람들은 첫 출애굽은 지상에 있는 약속된 땅으로의 귀환이
었지만 새 출애굽은 그와 다를 것으로 이해했다. 새 출애굽에는
새로운 약속의 땅, 새 예루살렘으로의 여행이 뒤따를 것이다. 명백
히 이 새 땅은 모세에게 약속됐던 것보다 훨씬 더 거대한 실재일
것이다. 통상적인 땅이 아니라, '장차 올 세상'의 일부일 것이다.

지금까지의 내용을 통해, 유대인 중 **일부**는 단순한 군사적 메
시아를 기다렸을지도 모르지만 이게 모든 유대인에게 해당하는
내용은 아니라는 사실이 분명해졌을 것이다. 유대 성경과 그 외의
고대 유대교 전통에 따르면, 다른 유대인들에게 미래의 소망은 훨
씬 더 많은 것을 의미했다. 그들은 그저 왕에 불과한 메시아가 아
니라, 모세처럼 예언자이자 기적을 행하는 자이기도 할 메시아가
오실 것을 소망했다. 그들은 새롭고 영원한 언약이 수립되기를 소
망했는데, 이 언약의 절정은 천상의 연회이며, 거기서 의인들은 하
나님을 보고 하나님의 존전에서 축제를 즐길 것이다. 그들은 영광
스러운 새 성전이 건설될 것을 소망했는데, 하나님은 그곳에서 영
원히 경배를 받으실 것이다. 마지막으로 그들은 하나님의 백성이
함께 모여 새롭게 만들어진 세상의 일부일 약속의 땅으로 들어갈
것을 소망했다. 이 모든 내용은 주님께서 이사야서에 다음과 같이

말씀하신 바와 같다.

> 너희는 이전 일을 기억하지 말며 옛날 일을 생각하지 말라.
> **보라, 내가 새 일을 행하리니** 이제 나타낼 것이라.
> 너희가 그것을 알지 못하겠느냐? 반드시 내가 광야에 길을, 사막
> 에 강을 낼 것이다. (사 43:18-19)

요약하자면, 구약과 고대 유대 전통에 따르면, 하나님의 백성
이 품고 있던 소망은 이스라엘이 포로 상태에서 귀환하고, 이방
나라들이 모이며, 창조 세계 자체가 갱신되는 것이었다. 그들은 하
나님께서 새 출애굽을 통해 언젠가 '만물을 새롭게 하시기'를 소
망하고 있었다(계 21:5).

예수님과 새 출애굽

이 사실을 염두에 두고 이제 핵심 질문을 던져 보자. **예수님 자
신도** 새 출애굽을 기다리고 계셨다고 믿을 만한 근거가 존재하는
가?

예상할 수 있겠지만, 지금까지 내가 한 말에 비추어보면 대답
은 당연히 '그렇다'이다. 그리고 새 출애굽 소망은 예수님의 말씀
과 행동이 지닌 의미를 정리하는 데 대단히 큰 도움이 된다. 곧 마

지막 만찬이라는 특정 주제를 이해하는 것과 관련된 자세한 사항을 살펴보겠지만, 그에 앞서 예수님이 가지셨던 새 출애굽 기대를 더 일반적인 측면에서 확인하는 게 도움이 되겠다. 간단하게 몇 개의 요점만 확인해 보자.

첫째, 예수님 당시 유대인들에게 새 출애굽 소망은 단지 히브리 예언자들의 옛 신탁 속에 사장되어 있던 내용이 아니라는 사실에 주목해야 한다. 반대로 유대인 역사가 요세푸스는 1세기에 새 출애굽 사상이 광범위하게 퍼져 있었다고 암시하는 내용을 제시한다. 몇몇 인기 있는 인물들은 자기가 출애굽 때 일어났던 기적을 재현할 수 있다고 약속했다고 한다. 예를 들면, 다음 두 사례를 보라.

> 파두스가 유대아의 총독이던 시절, 드다라는 이름의 사기꾼이 등장해 다수의 군중을 설득해 재산을 버리고 그를 따라 요단강으로 오게 했다. 그는 자신이 예언자이며 그가 명령하면 요단강이 갈라져 쉽게 건널 수 있는 길이 생길 것이라고 이야기했다. (Josephus, *Antiquties* 20:97-98)

> 이때 한 남자가 이집트에서 예루살렘으로 와서 자신이 예언자라고 선언하면서, 평범한 사람들을 향해 자신과 함께 예루살렘 성 반대편에 자리잡은 감람산으로 나가자고 권했다. … 그는 거기서 자신이 명령하면 예루살렘 성벽이 무너져 내릴 것이며 그 무너져

내린 곳을 통해 그 도시로 들어갈 수 있을 것이라고 주장했다.
(Josephus, *Antiquties* 20:169-170)[24]

현대 학자들이 '표적 예언자'(sign prophets)로 부르는 이 인물들 은 유대인들의 기억에 가장 깊이 각인된 출애굽 때의 두 인물을 모델로 삼았던 게 틀림없다.[25] 그 둘은 홍해 물을 갈랐던 모세(출 15 장)와 여리고 성벽을 무너뜨리는 기적을 일으켰던 여호수아(수 6장) 다. 실제로 드다와 그 이집트인은 요세푸스뿐만 아니라, 사도행전 에서 랍비 가말리엘도 언급할 정도로 유명했다(행 5:33-39을 보라; 참 조, 22:38). 두 사람 모두에게 불행한 일이지만, 그들이 약속한 기적 은 하나도 일어나지 않았다. 도리어 드다는 로마 행정관에게 잡혀 참수당했고, 그 이집트인을 추종하던 사람 400명은 제국 기병대 에게 학살 당했다. 그 이집트인은 겨우 살아남아 도피했다. 본서의 논지상 중요한 내용은, 이러한 인물들이 존재했다는 사실이 예수 님 당시에 새 모세와 새 출애굽에 대한 유대인의 소망이 '평범한 사람들' 사이에 명백히 건재했음을 증명한다는 것이다.

이런 역사적 정황을 염두에 두고 복음서를 읽어보면, 예수님 의 말씀과 행동 중 많은 부분도 유대인이 오랫동안 기다려온 새

---

24. 두 번역문 모두의 출처는 Loeb Classical Library이다.
25. Craig S. Keener, *The Historical Jesus of the Gospels* (Grand Rapids: Eerdmans, 2009), 239-41; Rebecca Gray, *Prophetic Figures in Late Second Temple Jewish Palestine: The Evidence from Josephus* (New York: Oxford University Press, 1993)를 보라.

출애굽의 징조로 기능한다는 사실이 분명해진다.[26] 드다와 그 이 집트인처럼 예수님도 출애굽에 관한 기억을 불러일으킬 만한 내 용을 말씀하고 행하셨다. 하지만 드다와 그 이집트인과 달리 예수 님은 새 출애굽의 징조 역할을 하는 기적을 약속만 하신 게 아니 라 실제로 행하셨다.

이를테면, 앞서 살펴보았듯이 유대 성경은 장차 모세 같은 예 언자가 올 것이라고 예언했다(신 18장). 그런데 예수님은 공생애를 어떻게 시작하셨는가? 광야로 가서 '사십 일' 동안 금식하셨다. 이 것은 모세가 광야의 시내산 꼭대기에서 '사십 주야' 동안 금식한 것과 같다(출 34:28). 게다가 요한복음에서 예수님은 '첫 표적'으로 물을 포도주로 바꾸셨는데(요 2:1-11), 이것은 출애굽 때 모세가 파 라오 앞에서 첫 '표적' 가운데 하나로 물을 피로 바꾼 것과 같다(출 7:14-24). 이러한 행동을 통해 예수님은 사실상 유대 청중을 향해 "내가 바로 새 출애굽을 개시하기 위해 온 새 모세다"라고 말씀하 고 계셨던 것이다.

마찬가지로 예언자 예레미야에 따르면, 새 출애굽 때 하나님 은 자기 백성과 '새 언약'을 맺으실 것인데, 이 언약은 하나님께서

---

26. Keener, *The Historical Jesus of the Gospels*, 238-244; Pitre, *Jesus, the Tribulation, and the End of the Exile*, 137-59, 447-51, 486-91; Dale C. Allison, Jr., "Q's New Exodus and the Historical Jesus," in *The Sayings Source Q and the Historical Jesus*, ed. A. Lindemann (Leuven, Belgivon: Leuven University, 2001), 295-428. 또한 Brant Pitre, "The Lord's Prayer and the New Exodus," *Letter & Spirit* 2 (2006): 69-96을 보라.

그들을 '애굽 땅에서' 인도하여 내던 날에 맺으신 '언약'보다 더
대단할 것이다(렘 31:31-32). 그렇다면 예수님은 공생애를 어떻게 마
무리하셨는가? 그분은 죽음을 맞기 전날 밤 다락방에서 포도주
한 잔을 들고 이렇게 말씀하셨다. "이 잔은 내 피로 세우는 새 언
약이니, 곧 너희를 위하여 붓는 것이라"(눅 22:20; 고전 11:25). 예수님
은 이 행동을 통해 다음과 같이 이야기하고 계셨다. "나는 나 자신
의 죽음을 통해 새 언약의 예언을 성취하고 있다."

그중에서도 가장 놀라운 내용은 따로 있다. 세례 요한의 제자
들이 예수님께 찾아와서 그분이 진짜 메시아가 맞는지 대놓고 물
은 적이 있다. 그때 예수님은 새 출애굽에 관한 이사야의 예언 하
나를 암시하며 답변하셨다.

> "너희가 가서 듣고 보는 것을 요한에게 알리되, 맹인이 보며 못
> 걷는 사람이 걸으며 나병환자가 깨끗함을 받으며 못 듣는 자가
> 들으며 죽은 자가 살아나며 가난한 자에게 복음이 전파된다 하
> 라. 누구든지 나로 말미암아 실족하지 아니하는 자는 복이 있도
> 다." (마 11:4-6; 눅 4:18-19)

그때에 맹인의 눈이 밝을 것이며,
못 듣는 사람의 귀가 열릴 것이며,
그때에 저는 자는 사슴같이 뛸 것이며,
말 못하는 자의 혀는 노래하리니,

이는 광야에서 물이 솟겠고,

사막에서 시내가 흐를 것임이라. …

거기에 대로가 있어, 그 길을 거룩한 길이라 일컫는 바 되리니,

…

여호와의 속량함을 받은 자들이 돌아오되,

노래하며 시온[= 예루살렘]에 이르러 … (사 35:5-10)

사실상 예수님은 요한의 제자들에게 "내가 행한 기적들이 바로 이사야가 예언한 새 출애굽의 신호이며, 내가 바로 구원을 전하는 메시아 전령이다"라고 말하고 계신 것이었다.[27]

요컨대, 고대 유대인들이 공유하던 소망에 비추어 예수님의 공생애를 바라보면, 그들이 오랫동안 기다려온 새 출애굽의 징조들로 가득하다. 예수님은 메시아 도래에 관한 유대 성경과 유대 전통 둘 다를 의도적으로 행동의 본보기로 삼으셨던 것이 꽤 확실하다.[28]

이 장을 마무리하기 전에, 복음서 저자들도 예수님과 출애굽 사이의 관련성을 담아냈다는 사실을 확인할 필요가 있다. 특별히

---

27. Keener, *The Historical Jesus of the Gospels*, 240; Ben Witherington, *The Christology of Jesus* (Minneapolis: Fortress, 1991), 171을 보라.

28. 예수의 메시아로서의 자기 이해와 행위에 관한 논의로는 Michael F. Bird, *Are You the One Who Is to Come? The Historical Jesus and the Messianic Question* (Grand Rapids: Baker Academic, 2009); Keener, *The Historical Jesus of the Gospels*, 256-82; Joseph Ratzinger (Pope Benedict XVI), *Jesus of Nazareth*, 319-55; Wright, *Jesus and the Victory of God*, 477-539을 보라.

누가는 예수님의 변형 사건을 이야기할 때 이 소망의 중요성을 끄집어낸다. 이 이야기에는 주목할 만한 말들이 나온다.

> 예수께서 베드로와 요한과 야고보를 데리고 기도하시러 산에 올라가사, 기도하실 때에 용모가 변화되고 그 옷이 희어져 광채가 나더라. 문득 두 사람이 예수와 함께 말하니 이는 모세와 엘리야라. 영광 중에 나타나서 **장차 예수께서 예루살렘에서 성취하실 그의 출애굽**(개역개정에서 '별세하실 것'—역주)을 말할새. (눅 9:28-31)

일부 성경은 예수님께서 그의 '떠나심'을 말씀하셨다고 번역했지만, 여기에 쓰인 헬라어 단어는 **엑소도스**(*exodos*), '출애굽'이다. 두 번역 모두 의미상 타당하다. **엑소도스**는 '나가다' 혹은 '떠나다'의 의미이며, 애굽에서의 탈출을 가리키는 용도로도, 죽음에 대한 완곡어법으로도 쓰였다.[29] 하지만 1세기 유대 맥락에서 누가가 이 특정 단어를 선택했다는 사실은 의미심장하다. 왜냐하면, 이 구절은 새 출애굽이 실제로 **어떻게** 성취되는지에 관한 본질적인 단서를 제시하기 때문이다. 말하자면, 새 출애굽은 예루살렘에서 예수님이 받으실 고난과 그분의 죽음을 통해 성취될 것이다.

실제로 예수님의 변형 이야기 전체는 이 새 출애굽이 옛 출애

---

29. Walter Bauer, et al., *A Greek-English Lexicon of the New Testament and Other Early Christian Literature*, 2nd ed. (Chicago and London: University of Chicago Press, 1979), 276을 보라.

굽에 기초하지만 비슷하면서도 철저하게 다를 것임을 보여준다. 옛 출애굽에서 하나님은 이스라엘을 자기 아들로 여기셨다. "이스라엘은 내 아들 내 장자라. 내가 네게 이르기를 '내 아들을 보내 주어 나를 섬기게 하라' 했다"(출 4:22-23). 변형 사건 이야기에 나오는 말에 의하면 새 출애굽 때 하나님은 예수님께 "이는 나의 아들 곧 택함을 받은 자니, 너희는 그의 말을 들으라"고 말씀하셨다(눅 9:35). 달리 말해, 예수님은 **그저** 새 모세에 불과한 분이 아니다. 나아가 그분은 새 이스라엘이며 하나님이 선택하신 아들로, 새 출애굽을 몸소 겪으실 분이다. 자신의 고난과 죽음(예루살렘에서 그분의 '떠남')을 통해 예수님 본인이 하나님의 백성을 이끌고 '새 창조'라는 약속된 새 땅으로 나아가실 것이다(마 19:28).

당연히 이러한 연관성이 맞는다면, 해답보다는 질문이 더 많이 생긴다. 첫 번째 질문은 이것이다. 예수님이 새 출애굽을 기대하셨다면, 그분은 그 시작이 정확히 어떤 모습일 것으로 생각하셨을까?

제3장
새 유월절

앞 장에서 확인했듯이, 예수님 당시의 많은 유대인은 그저 세속적인 메시아가 와서 그들을 로마 제국의 손아귀에서 해방시켜 주기를 기대했던 것이 아니다. 또한, 단순히 완벽한 사회를 건설할 정치적 메시아를 기다렸던 것도 아니다. 그들 중 다수는 그보다 훨씬 더 거대한 실체를 기다리고 있었으니, 바로 새 출애굽을 기다리고 있었다.

고대 유대인이 품고 있던 이 소망이 중요한 이유는, 마지막 만찬의 수수께끼를 풀 첫 번째 열쇠이기 때문이다. 고대 유대인이라면 누구나 알고 있었겠지만, **새 출애굽이 일어나려면 새 유월절도 일어나야 했다.**

첫 출애굽 때 야곱의 열두 지파는 애굽에서 그냥 걸어 나온 게 아니라, 하나님께 구원을 받은 것이었다. 모세 당시에 이스라엘 백성은 그냥 어느 날 종살이의 멍에를 던져버리자고 스스로 결정한 게 아니라, 주님께 속량된 것이었다. 그리고 출애굽으로 이어진 일련의 징조들과 재앙들을 집행한 것은 모세지만, 궁극적으로 이스라엘의 출애굽을 실행에 옮긴 것은 유월절이었다. 그날 밤 유월절 양을 제물로 바친 이스라엘 사람들은 죽음의 천사에게서 구원됐고 애굽의 종살이에서도 해방됐다. 결과적으로 그 밤은 이스라엘 역사에 가장 중요한 사건 중 하나로 기념됐다. 수 세기가 흐르는 동안에도 유대 민족은 애굽에서의 유월절을 기념하는 날을 으뜸가는 축제로 지켰다. 매년 수백만 명의 유대인(요셉과 마리아, 예수님과 그분의 제자들도 포함된다)이 유월절을 지키고 출애굽을 기념하기 위해 예루살렘으로 올라갔다(눅 2:41).

하지만 예수님은 그분의 마지막 유월절 날, 그 마지막 만찬의 밤에 뭔가 생소한 일을 행하셨다. 예수님은 그 식사 동안 과거에 일어난 출애굽 사건을 이야기하는 대신, 자신이 장차 겪을 고난과 죽음을 이야기하셨다. 그날 밤 예수님은 유월절 양의 고기가 가지는 의미를 설명하는 대신, 그 만찬의 떡과 포도주를 자신의 몸과 피와 동일시하면서 제자들에게 그것을 먹고 마시라고 명령하셨다. 무슨 이유였을까?

나는 이 질문에 대한 답변을 유대인의 새 출애굽 소망 속에서 발견할 수 있다고 생각한다. 마지막 만찬이 유월절 식사였던 것은 맞지만, 통상적인 유월절 식사가 아니었다. 그날 밤 예수님은 출애굽을 기념하는 그저 또 하나의 의식을 거행하고 계셨던 게 아니다. 오히려 그분은 **새 유월절**을, 말하자면 유대인이 오랫동안 기다려온 메시아의 유월절을 제정하고 계셨다. 예수님은 **이** 희생제물을 통해 새 출애굽을 개시하실 것이었다. 이 새 출애굽은 예언자들이 예언했고 유대 민족이 기다려 왔던 실체다. 어떻게 예수님이 제자들에게 자신의 몸을 먹고 자신의 피를 마시라고 명령하실 수 있었을까? 이 수수께끼를 푸는 첫 번째 단서가 바로 마지막 만찬과 새 유월절의 연관성에 있다.

하지만 예수님의 행위를 고대 유대인의 시각으로 이해하려면, 먼저 유대 성경과 유대 전통에서 유월절 자체의 의미를 연구해야 한다. 1세기 유대인에게 유월절이 가졌던 의미와 애굽에서의 유월절 자체의 의미에 익숙하지 않다면, 예수님이 어떻게 새 유월절을 제정하셨는지 논의해 봤자 별 도움이 되지 않을 것이다. 물론 기본적인 줄거리는 많은 사람이 알고 있지만, 본서의 목적에는 자세한 내용들이 중요하다. 마지막 만찬 자체를 살펴보기 전에, 먼저 구약과 예수님 당시의 유월절 모습을 돌아보자.

유월절의 성경적 뿌리

마지막 만찬에서 예수님이 하신 행동을 고대 유대인의 맥락에서 이해하려면, 먼저 성경 자체에 나오는 유월절의 형태를 연구하

는 게 중요하다.[1] 유월절은 성경에 수없이 언급되지만, 가장 중요
한 기술은 출애굽기 12장에 나온다. 출애굽기 12장은 첫 유월절 밤
에 일어난 일과 관련된 이야기를 들려줄 뿐만 아니라, 이스라엘
백성이 그 축제를 어떻게 지켜야 하는지 상세한 규정도 포함하고
있다. 그날 밤 이후로 예수님 당시까지(그리고 그 이후로도) 유월절은
매년 봄에 '기념일'로, 즉 대대로 시행되어야 할 '영원한' 규례로
지켜져야 했다(출 12:14). 달리 말해, 출애굽기는 유월절 밤에 일어
난 일의 역사를 말해 주는 데 그치지 않고, 나아가 그 첫 밤과 그
이후로 영원히 유대 민족이 거행해야 했던 유월절 **예전**을, 즉 제
사 의식을 제시하고 있다.

　출애굽기에 나오는 유월절 규정은 중요하다. 왜냐하면, 마지막
만찬에서 예수님이 행하신 일뿐만 아니라 후대 유대 전통에서 발
전된 유월절 의식의 토대가 되기 때문이다. 따라서 이스라엘 백성
이 행하도록 하나님께서 모세에게 주신 다양한 명령에 주의를 기
울이는 것은 중요한 작업이다. 신실한 고대 유대인이라면 첫 유월
절과 관련하여 하나님께서 명하신 내용에 친숙했을 테지만, 우리
의 경우에는 구약에 제시된 기본적인 단계를 복습하고 기억을 되

1.　유대교 유월절에 관한 연구로는 Barry D. Smith, *Jesus' Last Passover Meal*
　　(Lewiston, N.Y.: Edwin Mellen Press, 1993); E. P. Sanders, *Judaism*, 132-38;
　　B. M. Bokser, *The Origins of the Seder* (Berkeley: University of California
　　Press, 1984); J. B. Segal, *The Hebrew Passover From the Earliest Times to A.D.
　　70* (London: Oxford University Press, 1963); Roland de Vaux, *Ancient
　　Israel: Its Life and Institutions* (Grand Rapids: Eerdmans, 1997), 484-92을
　　보라.

새길 필요가 있겠다.

1단계: 흠 없는 어린 양 수컷을 취하라

유월절 제사의 1단계는 모든 사람이 일 년 된, 흠 없는 어린 양 수컷을 취하는 것이다. 이 양은 각자의 가족을 위한 제물로 드려질 것이다. 하나님께서 모세에게 말씀하신 유월절 관련 규례를 보라.

> 이달을 너희에게 달의 시작 곧 해의 첫 달이 되게 하고, 너희는 이스라엘 온 회중에게 말하여 이르라. 이달 열흘에 **너희 각자가 어린 양을 잡을지니** 각 가족대로 그 식구를 위하여 어린 양을 취하되 … 너희 어린 양은 흠 없고 일 년 된 수컷으로 하되 양이나 염소 중에서 취하고, 이달 열나흗날까지 간직했다가 해 질 때에 이스라엘 회중이 그 양을 잡고. (출 12:2-6)

유월절 양은 분명히 수컷이며 한창 때로(1년 된) '흠이 없어야' 한다는 사실에 주목하라. '흠이 없다'는 것은 아무 어린 양이어서는 안 된다는 의미다. 결함이 없어야 한다. 어떤 식으로든 신체에 장애가 있거나 다리를 절거나 질병이 있어서는 안 된다. 완벽한 상태여야 한다.

2단계: 어린 양을 제물로 드리라

2단계는 각 가족의 아버지가 어린 양을 제물로 드리는 것이다. 이 제사는 삼사월 봄철인 니산월 14일에 드린다. 하나님이 모세에게 말씀하셨듯이

> 이달 열나흗날까지 간직했다가 해 질 때에 이스라엘 회중이 그 양을 잡고. (출 12:6)

어린 양을 제물로 드릴 때 양의 뼈가 하나도 부러지지 않는 것이 극히 중요했다. "뼈도 꺾지 말라"(출 12:46). 달리 말해, 흠 없는 어린 양은 어떤 식으로든 그 완벽함을 하나도 훼손하지 않은 채 전체로서 제물로 드려져야 했다.

여기서 어린 양 제사는 특정해 말하자면 **제사장의** 역할이라는 사실을 지적할 필요가 있다.[2] 현대 독자들은 종종 그 사실을 잊지만, 고대 이스라엘에서는 오직 제사장만이 피 제사를 드릴 수 있었다. 그것이 제사장의 직무였다. 그들은 제사를 드리는 예배를 위해 구별된 사람들이다. 이 사실이 우리에게 중요한 이유는, 첫 출애굽 때는 제물을 드리는 제사장 권한이 이스라엘 열두 지파 모두에게 있었기 때문이다. 열두 지파 모두가 '왕 같은 제사장'으로 부름받았다(출 19:6). 출애굽 당시에는 이스라엘 백성 안에 아버지와

---

2. Brant Pitre, "Jesus, the New Temple, and the New Priesthood," *Letter & Spirit* 4 (2008): 47-83을 보라.

아들들의 '천부적인 제사장직' 같은 것이 존재해서,[3] '각자'가 유월절 양을 선택해 제물로 드리는 등 자신의 집에서 제사장 역할을 했다(출 12:3).

하지만 후대에는 제사를 드리는 이 특권이 열한 지파에게는 없어지고, 오직 한 지파, 레위 지파에게만 주어졌다. 이것은 이스라엘 족속 중 다수가 우상 숭배에 빠져 금송아지를 숭배한 사건의 결과였다(출 32장). 이 비극적 사건 이후, 레위 지파는 우상 숭배를 거부하고 주님의 편에 서라는 모세의 요청에 유일하게 응답했고, 그래서 이스라엘의 하나님을 예배하는 제사장직에 '임명됐다'(출 32:29). 이스라엘 역사의 이 시점부터 예수님 당시까지는 오직 레위인만이 성전에서 피 제사를 드리는 제사장직을 수행할 수 있도록 허용됐다. 당신이 르우벤 지파나 시므온 지파라면, 심지어 왕족 지파인 유다 지파 출신이라 해도, 제물의 피를 쏟기 위해 제단에 올라가는 일이 금지됐다.

하지만 **첫** 유월절 때는 그렇지 않았다. 금송아지 숭배 사건 이전인 그 당시에는 이스라엘의 **열두 지파가 모두** 제사장 역할을 맡아 유월절 어린 양을 제물로 드려 그들 백성을 속량하고 죽음에서 구원했다.

---

3. Scott W. Hahn, *Kinship by Covenant: A Canonical Approach to the Fulfillment of God's Saving Promises* (Anchor Yale Bible Reference Library; New Haven: Yale University Press, 2009), 139-42, 279, 299-300을 보라.

3단계: 어린 양의 피를 뿌리라

유월절 제사의 3단계는 이스라엘 모든 집의 문설주에 어린 양의 피를 뿌리는 것이었다. 이 피는 방금 드려진 제사를 가시적으로 보여주는 신호였다. "그 [어린 양의] 피를 양을 먹을 집 좌우 문설주와 인방에 바르고." (출 12:7)

출애굽기는 어린 양을 어떤 식으로 도살했는지 구체적으로 알려주지 않는다. 하지만 고대 이스라엘에서 제사 동물을 도살하던 일반적인 방식은 동물의 목을 따고 그 피를 신성한 그릇에 받는 식이었다. 제사장은 그 피를 제단으로 가져가 제물에 부었다. 모세가 어린 양의 피에 관한 더 자세한 명령을 내릴 때, 그 배후에는 이런 관습이 있었던 것으로 보인다.

> 모세가 이스라엘 모든 장로를 불러서 그들에게 이르되, "너희는 나가서 너희의 가족대로 어린 양을 택하여 유월절 양으로 잡고, **우슬초 묶음을 가져다가 그릇에 담은 피에 적셔서 그 피를 문 인방과 좌우 설주에 뿌리고** 아침까지 한 사람도 자기 집 문밖에 나가지 말라. 여호와께서 애굽 사람들에게 재앙을 내리려고 지나가실 때에 문 인방과 좌우 문설주의 피를 보시면 여호와께서 그 문을 넘으시고, 멸하는 자에게 너희 집에 들어가서 너희를 치지 못하게 하실 것임이니라." (출 12:21-23)

주목할 만한 내용이 셋 있다. 첫째, 어린 양의 피는 '그릇'에 부어야 한다. 흥미로운 사실은, 이 히브리어 단어가 통상적인 용도로 쓰이는 평범한 그릇(히브리어 **싸프**[*saph*])을 가리킬 수도 있지만, 제사를 드리는 상황에서는 신성한 그릇을 가리키는 전문 용어로 빈번하게 사용된다.[4] 이를테면, 성전에서 피, 물, 포도주와 같은 액체로 된 제물을 담는 데 사용되던 '은 그릇(히브리어 **씨포트**[*siphoth*])'(왕하 12:14)처럼 말이다. 둘째, 어린 양의 피는 이스라엘 각 집의 문 인방과 설주의 나무에 뿌려야 하는데, 아마도 피가 나무에 스며들기 때문일 것이다. 이런 식으로 어린 양의 피는 제사를 끝냈음을 외부에 표시하는 영구적인 신호 역할을 했을 것이며, 멸망의 천사는 (그리고 우연히 그 옆을 지나가는 사람들도 누구나) 그것을 보고 제사를 드린 집과 아닌 집을 분간했을 것이다. 마지막이자 셋째, 이 의식 전체는 '우슬초' 묶음을 사용하여 진행됐다.[5] 우슬초는 중동에 서식하는 강하고 **뻣뻣한** 식물로, 꽃과 잎을 다발로 만들면 액체를 잘 흡수한다. 이러한 성질 때문에 우슬초 묶음은 어린 양의 피를 각 집의 나무 기둥에 바르는 최적의 도구였다. 나중에 살펴보겠지만, 우슬초, 피, 나무는 예수님 자신의 유월절에서 모두 함께 다시 등장할 것이다.

4.　Francis Brown, S. R. Driver, and Charles A. Briggs, *The Brown-Driver-Briggs Hebrew and English Lexicon* (Peabody, Mass.: Hendrickson, 1996 [original 1906]), 706을 보라.

5.　레 14:4-6; 민 19:18; 시 51:9[51:7 개역개정]; 히 9:19을 인용하는 John L. McKenzie, S.J., *Dictionary of the Bible* (New York: Touchstone, 1965), 381을 보라.

당장 중요한 사실은 유월절 제사의 (궁극적 효력이자) 궁극적 목적이 **어린 양의 피를 통해 죽음에서 구원**하는 데 있었다는 것이다. 그것은 아무 종류의 제사가 아니라, 당신을 죽음에서 구출하는 능력을 지닌 제사였다.

4단계: 어린 양의 고기를 먹으라

유월절 제사의 4단계는 기묘하게도, 사람들이 가장 자주 망각하는 내용이다. 그리고 단언컨대, 마지막 만찬에서 예수님이 하신 행위를 이해하는 데 가장 중요한 내용이기도 하다. 어린 양이 도살되어 그 피가 부어지고 각 집의 입구에 발라진 후, 이스라엘 사람들은 그 어린 양을 먹었다.

> **그 밤에 그 고기를 불에 구워 무교병과 쓴 나물과 아울러 먹되, 날것으로나 물에 삶아서 먹지 말고 머리와 다리와 내장을 다 불에 구워 먹고**, 아침까지 남겨두지 말며 아침까지 남은 것은 곧 불사르라. 너희는 그것을 이렇게 먹을지니, 허리에 띠를 띠고 발에 신을 신고 손에 지팡이를 잡고 급히 먹으라. 이것이 여호와의 유월절이니라. 내가 그 밤에 애굽 땅에 두루 다니며 사람이나 짐승을 막론하고 애굽 땅에 있는 모든 처음 난 것을 다 치고 애굽의 모든 신을 내가 심판하리라. (출 12:8-12)

다시 한번, 유월절의 이 요소는 피 뿌림이라는 극적이고 기억에 남는 행위에 밀려 때때로 간과되지만, 사실은 (그 이상은 아니어도) 동등한 중요성을 지닌다. 예를 들면, 만약 어떤 이스라엘 가족이 특별히 양고기 맛에 관심이 없다면, 어떤 일이 벌어질까? 어린 양을 잡아 제물로 드리고 피까지 뿌렸는데 양고기를 먹지 않았다면, 그 결과는 어땠을까? 출애굽기는 그런 이야기를 하지 않는다. 그래도 다음 날 아침에 일어났더니 그런 집의 장자들이 죽어 있었을 것이라는 추측은 충분히 가능하다. 왜냐하면 고대 유대인이라면 누구나 알고 있었듯이, **유월절 제사를 완성하는 것은 어린 양의 죽음이 아니라 그 고기를 먹는 것**이었기 때문이다. 성경은 그들이 어린 양을 '먹어야' 한다고 다섯 번에 걸쳐 진술한다. 다섯 번에 걸쳐 제사 식사를 강조하는 것이다. 유월절은 희생 동물의 죽음이 아닌 일종의 '교제'(communion)로, 즉 당신을 대신해 죽임을 당한 제물의 고기를 먹는 것으로 완성된다.

그리고 이스라엘 백성은 이 명령을 따랐다. 그들은 유월절 어린 양을 도살한 당일 밤에 그 '고기'를 먹었다. 그 고기를 구워 무교병과 쓴 나물과 함께 먹었다. '무교병'(히브리어 **맛짜**[matzah])은 그들이 애굽을 떠날 때의 다급했던 상황을 상징한다. 떡이 부풀 때까지 기다릴 여유가 없었던 것이다. 유대 전통에서 쓴 나물은 이스라엘 민족이 애굽에서 겪은 고통을 상징하게 됐다. 어린 양과 관련된 내용으로는, 어린 양을 날것으로 먹거나 물에 삶아 먹어서는 안 되며, 토막을 내서도 안 된다. 양을 나무 막대기에 꿰어 전체를 불에 굽고 그날 밤에 먹되, 다음 날 아침까지 조금도 남겨두어서는 안 된다. 일부 학자들의 제안처럼, 유월절은 특별한 제사였던 것 같다. 이 제사는 '감사 제사'[6] 혹은 히브리어로 **토다**(todah) 제사라는 이름으로 불렸으며(레 7장을 보라), 죽음으로부터 구원받은 것에 대한 감사의 행위였다.

마지막으로 출애굽기에 따르면 유월절은 '열린 식탁'(open table: 성찬 예전을 이방인에게도 개방하는 관행—역주)이 아닌 언약 축제였다. 오직 이스라엘 백성만이 어린 양 고기를 먹을 수 있었다. 어린 양의 고기를 먹고자 하는 이방인 '객'(즉 비-이스라엘인)이 있다면, 먼저 할례를 받고 이스라엘의 일원이 되어야 했다(출 12:43-49). 달리 말해, 이 식사는 평범한 식사가 아니라 신성한 가족 의식이었다. 오직 하나님의 언약 가족에 속한 사람만이 이 식사에 참여할 수 있었다.

5단계: 유월절을 '기념일'로 지키라

마지막 다섯 번째 단계는 결코 가장 덜 중요한 내용이 아니다. 애초부터 유월절은 단순히 일회성 축제로 의도된 것이 아니었다. 오히려 하나의 기념일로, 이스라엘이 영원히 지켜야 할 연례행사로 의도됐다.

> 이 날이 너희에게 **기념일**이 될 것이니, 너희는 여호와의 절기를

---

6. 예를 들면, Hartmut Gese, *Essays on Biblical Theology*, trans. Keith Crim (Minneapolis: Augsburg, 1981), 117-40을 보라.

삼아 영원한 규례로 대대로 지킬지니라. (출 12:14)

너희는 이 일을 규례로 삼아 너희와 너희 자손이 영원히 지킬 것
이니, 너희는 여호와께서 허락하신 대로 너희에게 주시는 땅에
이를 때에 이 예식을 지킬 것이라. 이 후에 너희의 자녀가 묻기를
"이 예식이 무슨 뜻인가요?" 하거든, 너희는 이르기를 "이는 여
호와의 유월절 제사라. 여호와께서 애굽 사람에게 재앙을 내리실
때에 애굽에 있는 이스라엘 자손의 집을 넘으사 우리의 집을 구
원하셨느니라" 하라 하매, 백성이 머리 숙여 경배하니라. 이스라
엘 자손이 물러가서 그대로 행하되, 여호와께서 모세와 아론에게
명령하신 대로 행하니라. (출 12:24-28)

여기서 우리는 마지막 단계가 유월절 예식이 반복되는 것이었
음을 본다. 매년 봄 니산월의 14일에 이스라엘은 하나님께서 모세
의 손을 통해 이루신 구원을 기리며 이 '기념일'을 지켜야 했다(출
12:1-14; 신 16:1). 매년 새롭게 제사를 드리라는 이 명령은 고대 이스
라엘에게 유월절이 일회성 사건이 아니었음을 보여준다. 한 번 일
어나고 지나가 버리는 사건이 아니었다. 유월절은 종말의 때까지
영원히 지켜져야 했다.

지금까지 살펴본 내용을 요약하자면, 구약에는 고대 유월절의
기본적인 다섯 단계가 나오는데 다음과 같다.

1단계: 흠 없는 어린 양 수컷을 취하라.

2단계: 어린 양을 제물로 드리라.

3단계: 어린 양의 피를 제사를 드린 '신호'로 각 집에 뿌리라.

4단계: 어린 양의 고기를 무교병과 함께 먹으라.

5단계: 영원히 매년 유월절을 '기념일'로 지키라.

첫 출애굽 때의 유월절은 이런 모습이었다. 이것이 성경이 보여주는 유월절 예식의 형태다. 모든 고대 이스라엘 사람은 이와 관련된 성경 본문을 읽고 매년 축제에 참여했기에 이런 내용에 익숙했다.

하지만 예수님 당시에 지켰던 유월절의 모습은 첫 유월절과 똑같은 모습이 아니었다. 유대 성경에 덧붙여 유대 전통이 있었다. 주후 1세기의 유월절 축제는 출애굽 때와 비교하여 발전된 형태로서, 유사점과 차이점 모두를 가지고 있었다. 따라서 마지막 만찬 자체를 살펴보기에 앞서, 이 차이점 역시 연구해야만 마지막 만찬 때 예수님이 하신 행위를 적절한 맥락에서 이해할 수 있다.

예수님 당시 유월절은 어떤 모습이었는가?

출애굽과 예수님의 시대 사이에는 15세기 이상의 간격이 존재한다. 이 기간에 유월절은 변화와 발전을 겪었다. 예식과 관련된 대부분의 요소에 발전과 변화가 있었는데,[7] 내용이 늘기도 줄기도 하고, 일부 요소는 추가되고 다른 요소는 제거됐다. 각 집 현관에 어린 양의 피를 뿌리는 단계 같은 특정 요소는 유월절 의식에서 빠졌다. 유월절 어린 양을 먹는 단계 같은 다른 단계는 유지됐고, 후대 사람들은 그 의미를 설명하는 순서를 추가했다(그리고 심지어 설명을 확장했다). 게다가, 시간에 따른 변화가 진행되면서 포도주를 마시는 순서 같은 새로운 의식과 의례가 유월절 축제에 추가됐다.

유월절의 모습이 변했기 때문에, 예수님 당시 유월절의 모습을 이해하기 위해서는 구약성서뿐만 아니라 성경 밖의 고대 유대교 문헌에 기술된 유월절의 모습도 살펴보아야 한다. 그런 문헌을 살펴보면, 출애굽 때의 원래의 유월절과 후대 유대교의 유월절 사이에 주목해야 할 핵심적인 차이가 적어도 네 가지 정도 발견된다.

성전에서 벌어진 유월절 제사

첫 번째 차이는 장소와 관련되어 있다. 원래의 유월절에서 어린 양 제사를 드리고 먹었던 장소는 애굽에 있던 이스라엘 사람들의 집이었다. 예수님 당시에는 성전에서 어린 양 제사를 드리고 예루살렘에서 그 고기를 먹었다. 게다가 원래의 유월절 때는 이스라엘의 모든 아버지가 가족을 대표하여 제사를 드릴 수 있었다.

---

7.   과거의 탁월한 연구로 A. Z. Idelsohn, *Jewish Liturgy and Its Development* (New York: Henry Holt, 1932), 173-187을 보라.

하지만 예수님 당시에는 오직 레위 지파 제사장만이 어린 양의 피를 제단에 부을 수 있었다. 유월절 제사를 이렇게 예루살렘 성전으로 제한한 것은 하나님께서 토라에 규정하신 내용이다.

> 유월절 제사를 네 하나님 여호와께서 네게 주신 각 성에서 드리지 말고, 오직 네 하나님 여호와께서 자기의 이름을 두시려고 택하신 곳에서 네가 애굽에서 나오던 시각 곧 초저녁 해 질 때에 유월절 제물을 드리고, 네 하나님 여호와께서 택하신 곳에서 그 고기를 구워 먹고 아침에 네 장막으로 돌아갈 것이니라. (신 16:5-7)

이 본문에는 눈에 띄는 두 가지 내용이 있다. 첫째, 유대인의 유월절은 단순한 식사가 아니라, '제사'(히브리어 **제바흐**[zebah])였다. 그것은 '여호와의 유월절 제사'였다(출 12:27; 신 16:5). 둘째, 예수님 당시의 다른 모든 피 제사처럼 유월절 어린 양을 드리기에 적법한 장소도 오직 한 군데였다. 그곳은 예루살렘 성전으로, 하나님께서 그의 이름을 두시려고 택하신 장소였다.

유월절과 성전 사이의 이러한 연관성은 중요하기 때문에 강조할 필요가 있다. 만약 당신이 예수님 당시의 유대인이었다면, 유월절 축제를 지키려고 단순히 지역 시장으로 내려가 어린 양을 사서 당신의 집에서 도살하여 개인적으로 먹어서는 안 된다. 당신은 먼저 예루살렘에 있는 **성전**으로 어린 양을 데리고 가서, 임명된 **제사장**에게 건네 제사를 드리게 해야 한다. 유월절 기간에 예루살렘

도시가 제사를 드리러 성전을 찾은 유대인 순례자로 가득 차곤 했
던 것이 바로 이런 이유 때문이었다. 다행히도 우리는 이게 어떤
모습이었을지 상상할 필요가 없다. 요세푸스의 글에 예수님 당시
유월절의 모습을 증언한 기록이 있기 때문이다. 요세푸스는 역사
가일 뿐만 아니라 1세기의 제사장이었다는 사실을 기억하자.[8] 그
가 기록한 유대 전쟁사를 보면, 매년 유월절 성전에서 드려진 제
물의 숫자를 자세하게 기록해 놓았다.

> 그들의 축제인 유월절이 다가오면 대제사장들은 제9시(대략 오후
> 3시)부터 제11시(대략 오후 5시)까지 제물을 도살한다. 한 제물에 10
> 명 이상의 사람이 붙었고(한 제물을 혼자 단독으로 먹는 행위는 율법이 허
> 용하지 않았다) 20명씩 짝을 이루는 경우도 많았는데, **제물의 수는
> 256,500마리**였다. 한 제물을 10명 이상이 함께 먹었고, 모인 사
> 람 수는 2,700,200명에 이른다. (Josephus, War 6:423-27)[9]

다소 과장일지도 모르지만, 믿기 힘든 광경이다. 200만 명이

---

8. Josephus, *Life*, 1: "우리 가문은 결코 천한 집안이 아니다. 우리 혈통을 거슬
   러 올라가면 조상들이 제사장이었다." 따로 언급이 없다면, 앞으로 인용할
   모든 Josephus의 저작은 Loeb Classical Library edition, Josephus, *Works*,
   ed. and trans. H. St. J. Thackeray (vols. 1-5), Ralph Marcus (vols. 5-8), and
   Louis Feldman (vols. 9-10) (London and Cambridge: Harvard University
   Press, 1926-1965)에서 인용한 것이다.
9. 이 번역의 출처는 William Whiston, *The Works of Josephus: Complete and
   Unabridged* (Peabody, Mass.: Hendrickson, 1987), 465이다.

넘는 사람을 위해 20만 마리가 넘는 양이 도살됐다니! 현대 독자들은 하루에 몇 천 마리의 동물 제사는커녕 단 한 마리의 동물 제사도 직접 본 적이 없기 때문에, 유월절에 제사장들이 제단에 **뿌린 피가 얼마나 많았을지** 상상도 안 될 것이다. 예수님과 제자들 같은 고대 유대인들은 성년이 된 후 매년 유월절에 참여했기 때문에, 그 광경은 도저히 잊을 수 없는 경험이었을 것이다. 성전 시대를 살았던 사람이라면 1세기 유월절 행사 때 먼저 제사가 있고 다음에 식사가 있다는 사실에 대해 전혀 오해가 없었을 것이다.

예수님 당시의 유월절에 포함된 이러한 제사 요소는 충분히 강조할 필요가 있다. 왜냐하면, 현대 독자들이 가진 유월절 개념은 종종 **세데르**(Seder)로 알려진 현대 유대교의 유월절 식사에 영향을 주로 받고 있기 때문이다. 본서의 제6장 "네 번째 잔과 예수님의 죽음"에서 살펴보겠지만, 세데르는 예수님 당시 지켜졌던 유월절 식사와도 다양한 유사성이 있지만 첫 유월절에도 기반을 두고 있음이 확실하다. 하지만 현대 유대교의 세데르는 1세기 유대교의 유월절과 근본적인 면에서 큰 차이가 있는데, 그것은 **현대 유대교 세데르의 식사는 성전 제사가 아니라는 점**이다.

역사적으로 보면, 이 차이는 예수님의 사망 40년 뒤(주후 70년)에 로마 군대가 예루살렘 성전을 파괴한 결과다. 그날 이후로 지금까지 성전은 재건되지 못했다. 이 때문에 모세 율법에 명령된 모든 피 제사가 중단됐다. 1세기에 일어난 성전 파괴와 더불어 레위인의 제사장 역할도 역시 끝났다. 그들의 주요 직무가 성전에서 제사를 드리는 일이었으니 말이다. 성전도 없고 제사장의 활동도 사라졌기 때문에 주후 70년 이후 유대교는 변할 수밖에 없었다.[10] 성전을 대신해 유대교 예배의 주요 장소로 회당(synagogue)이 부상했다(헬라어 **쉬나고게**[synagoge]는 '모임' 혹은 '모이는 장소'를 의미한다). 레위인 제사장을 대신해 유대 민족을 가르치는 주요한 교사로 랍비(rabbis)가 부상했다(히브리어 **랍비**[rabbi]는 '나의 주인님' 혹은 '나의 스승님'을 의미한다). 물론 회당과 랍비는 성전 파괴 이전에도 존재했던 게 확실하지만(복음서에도 반복해서 등장한다[11]), 둘 다 궁극적으로는 예배의 중심지인 성전과 성전의 제사장 아래 종속되어 있었다. 모세 율법에 의하면 성전에서의 예배는 의식적인 제사 형태를 취해야 했다.

시대착오의 위험을 무릅쓰고 말하자면, 예수님 당시 유대교는 현재의 가톨릭과 더 유사하고(제사를 중심에 둔 예배와 그 예배를 인도하는 제사장), 성전 파괴 이후 랍비 유대교는 개신교와 더 유사하다(피제사 없는 예배와 그 예배를 인도하는 성경 교사). 요컨대, 예수님은 성전 시

---

10. George Foot Moore, *Judaism in the First Centuries of the Christian Era*, 3 volumes (Cambridge: Harvard University Press, 1927), 40; Sanders, *Judaism*, 133을 보라.

11. 신약에 '랍비'가 등장하는 본문으로는 마 23:7-8; 26:25, 49; 막 9:5; 요 1:38, 49; 3:2, 26; 4:31; 6:25 등을 보라. 회당은 신약 도처에 등장한다. 마 4:23; 막 1:39; 눅 4:16; 7:5; 요 6:59; Lee I. Levine, "'Common Judaism': The Contribution of the Ancient Synagogue," in *Common Judaism: Explorations in Second-Temple Judaism*, ed. Wayne O. McCready and Adele Reinhartz (Minneapolis: Fortress, 2008), 27-46을 보라.

대를 사셨기 때문에, 그분이 유월절을 기념하셨을 때 그 의식에는
일반인이 인도하는 식사가 아닌 제사장이 집전하는 제사가 포함
됐다.

유월절 어린 양을 십자가에 못 박다

첫 출애굽과 예수님 당시 유월절 사이의 두 번째 차이점은 성
전에서 유월절 어린 양을 제물로 드린 **방식**과 관련된 내용이다.
대단히 흥미롭게도, 주후 1세기에 유월절 어린 양은 성전에서 제
사로 드려졌을 뿐만 아니라, 말하자면 **십자가에 못 박혔다**는 증거
가 존재한다.

이스라엘 학자 조셉 테보리(Joseph Tabory)가 보여주었듯이,[12] 미
쉬나에 따르면 성전이 여전히 존재할 당시, 유대인들은 어린 양의
제사 후에 양을 걸고 껍질을 벗기기 위해 나무로 된 '얇고 부드러
운 말뚝'을 어린 양의 어깨를 관통하도록 박았다(『페사힘』 5:9). 이
첫 번째 말뚝에 더하여, 유월절 어린 양의 '입에서 궁둥이까지' '석
류나무 꼬챙이'를 '밀어 넣었다'(『페사힘』 7:1). 테보리의 결론처럼,
"랍비 문헌의 증거를 조사해 보면 … 예루살렘에서 유월절 어린
양은 십자가 처형과 유사한 모습으로 드려졌던 것으로 보인다."[13]
이 결론은 2세기 중반에 살았던 그리스도인 순교자 성 유스티노

---

12. Joseph Tabory, "The Crucifixion of the Paschal Lamb," *Jewish Quarterly
    Review* 86:3-4 (1996): 395-406.
13. Tabory, "The Crucifixion of the Paschal Lamb," 395.

스(St. Justin Martyr)의 저작으로 뒷받침된다. 유스티노스는 유대인 랍비 트뤼폰(Trypho)과의 대화에서 다음과 같이 진술했다.

> 양은 **십자가 형태로** 맞춰서 구웠다. 꼬챙이 하나는 하반신에서 머리 쪽을 관통하고 나머지 하나는 등을 가로질러 고정했고, 거기에 양의 다리를 매달았다. (Justin Martyr, *Dialogue with Trypho the Jew*, 40)[14]

만약 미쉬나와 순교자 유스티노스의 글에 나오는 유월절 어린 양에 대한 이 기술이 정확하다면(이 내용을 의심할 만한 이유는 전혀 없다), 예수님 자신도 예루살렘 성전에서 수많은 유월절 어린 양이 '십자가 처형'당하는 장면을 무수히 목격하셨을 것이다. 예수님 당시 유월절에 이런 측면이 있었다는 사실은 성경에도, 현대 유대교의 세데르에도 언급되지 않지만, 예수님이 생각하셨던 자신의 운명을 이해하는 데 커다란 단서가 될 수 있다.

곧 확인하겠지만, 예수님은 자신의 고난과 죽음을 유월절 어린 양의 죽음과 비교하셨다. 그렇게 하실 수 있었던 하나의 이유는, 자신의 죽음이 성전에서 드려지던 어린 양의 죽음을 닮을 것이라고 예상하셨기 때문이다. 그분의 혈액이 부어지는 것이 전부가 아니다. 그분은 또한 '십자가에 못 박힐' 것이다. 그에 앞선 많

---

14. 이 번역의 출처는 Alexander Roberts and James Donaldson, *The Ante-Nicene Fathers*, 10 volumes (Peabody, Mass.: Hendrickson, 1994), 1:215이다.

은 유대인이 겪었듯이, 그분의 몸이 로마 제국의 십자가 나무 기둥에 고정될 것이다(마 16:24과 비교해 보라).

첫 유월절에 참여

원래의 출애굽과 후대의 유대교 전통 사이에 중요한 세 번째 차이는, 고대 랍비들이 매년 유월절 행사를 첫 출애굽에 참여하는 방편으로 보았다는 점이다. 예수님 당시 유월절은 단순한 제사가 아니라, '기념' 혹은 '기억'의 날이기도 해서(출 12:14),[15] 이 의식을 통해 유대인들은 출애굽 때 그들의 조상을 위해 얻어진 구원을 기억하며 또한 어떤 식으로든 **현재화했다.**

수 세기가 흐르면서, 출애굽을 기억하고 또한 현재화한다는 이 이중 요소는 고대 유대 전통에 기록된 다양한 의식을 통해 표현되기에 이르렀다. 이를테면, 미쉬나에 따르면 유월절 식사 중간에 아들이 아버지께 묻는다. "오늘 밤은 다른 날 밤과 무슨 차이가 있습니까?" 그러면 아버지는 답변으로 아브라함과 출애굽 이야기를 들려준다(미쉬나, 『페사힘』 10:4). 또한, 아버지는 유월절 식사의 다양한 요소가 지닌 의미를 설명해 줌으로써 출애굽을 기억한다. 그는 어떻게 '유월절'(Passover)이 하나님이 이스라엘의 각 집을 '넘어

---

15. "유월절 세데르(seder)에는 매우 초기부터 기념이라는 개념이 배어 있었는데, 기념은 단지 과거의 사건을 냉정하게 되돌아보는 행위가 아니라 다시 체험하는 행위였다(예, 출 12:14; 13:3, 9; 신 16:3; 『희년서』 49:7; Josephus, *Ant.* 2.317을 보라)." Joel Marcus, *The Gospel According to Mark* (Anchor Yale Bible; New York: Doubleday, 2009).

가신'(passed over) 사건을 상기시키는지, 또 어떻게 무교병이 애굽에서의 속량을 기억나게 하는지, 또 어떻게 쓴 나물이 노예살이하던 민족의 고통을 기념하는지 알려준다(미쉬나, 『페사힘』 10:5). 이 모든 요소는 원래 구원의 경험을 돌아볼 뿐만 아니라, 그 경험을 어떤 식으로든 현재화한다.

> **모든 세대에 걸쳐 사람들은 마치 자기 자신이 애굽에서 나온 것처럼 여겨야 한다. 그것은 "이 예식은 내가 애굽에서 나올 때에 여호와께서 나를 위하여 행하신 일로 말미암음이라"고 기록된 바와 같다**(출 13:8). 따라서 우리는 감사를 드려야 하며, … 이 모든 기이한 일을 우리 조상과 우리를 위해 행하신 분을 찬양해야 한다. 그분은 우리를 속박에서 자유로, 슬픔에서 기쁨으로, 애도에서 축제의 날로, 어둠에서 찬란한 빛으로, 노예 상태에서 속량으로 이끌어내셨다. 그러니 그분 앞에서 할렐루야를 외치자. (미쉬나, 『페사힘』 10:5)[16]

이 내용을 보면, 고대 유대인에게 유월절 축제는 하나님께서 그들의 조상들을 위해 하신 일을 단순히 기억만 하는 의식이 아니었음이 꽤 분명하다. 약간 신비로운 방식이지만, 그들은 각 유월절을 '모든 세대에 걸쳐' 첫 속량의 행위에 동참하는 방편으로 이해했다. 첫 출애굽이 일어난 지 수 세기 후를 살지만, 아버지들은 그

---

16. Danby가 번역한 *The Mishnah*, 151(약간 수정했다).

사건을 마치 그들 자신이 경험한 내용처럼 이야기할 것이다.

달리 말하면, 유월절을 기리는 고대 유대인들은 단순히 출애굽을 기념만 하는 정도가 아니라, 적극적으로 출애굽에 **참여했다.** 그들의 관점에서 보면, 모세의 날들 이후로 아무리 많은 시간이 흘렀어도 첫 출애굽 때 얻어진 구원은 그저 '우리 조상'만이 아닌 '우리를 위한' 것이기도 하다. 첫 속량의 사건을 기억하고 동시에 참여하는 주요한 방편은 당연히 유월절 자체를 준수하는 것이었다.[17]

메시아의 유월절

원래의 유월절과 유대 전통 사이의 마지막 차이는, 일부 유대 전통이 유월절 축제를 메시아의 도래, 구원의 시대가 동트는 것과 연결했다는 것이다.

이를테면, 고대 유대교의 한 출애굽기 주석에서 제사장 가문이자 성전 파괴 전 성전에서 제사장직을 감당했던 하나니아(Hananiah)의 아들 랍비 요슈아(Joshua)는 "그 밤에 그들이 속량을 받았으며, 또한 그 밤에 그들이 속량을 받을 것이다"라고 말했다(『멜키타』에서 다루는 출 12:42).[18] 달리 말해, 미래의 속량은 원래의 속량과 같은

---

17. 미쉬나의 후대 편집본은 "그분은 우리 조상만 속량하신 게 아니라, 그들과 더불어 우리도 속량하셨다"를 덧붙였다(미쉬나, 『페사힘』 10:5). Idelsohn, *Jewish Liturgy and Its Development*, 183에 인용된 내용.

18. 이 내용은 Joachim Jeremias, *The Eucharistic Words of Jesus*, trans. Norman Perrin (London: SCM Press, 1966), 206-207에서 배운 것이다. 랍비 요슈아

날 밤, 즉 유월절 밤에 일어날 것이다. 이와 궤를 같이하는 내용으로, 고대 유대교 주석인 미드라쉬 랍바(Midrash Rabbah)를 보면 하나님께서 그의 백성에게 "바로 그 밤", 즉 유월절 밤에 "내가 너희를 속량할 것이라는 사실을 알라"고 말씀하신다(『출애굽기 랍바』18:11). 그리고 다시 "'처음'이라 불리는 메시아가 첫 달에 올 것이다"라고 말씀하신다(『출애굽기 랍바』 12:42, 사 41:27을 암시함). 유대 전례력상 '첫 달'은 니산월로, 유월절을 기념하는 달이다. 이러한 랍비 전통 전부는 성경에서 유월절 밤이 "철야의 밤"(a night of watching, 출 12:42)으로 불렸다는 사실에 기초를 두었던 게 확실하다. 첫 출애굽은 멸하는 천사가 오기 때문에 철야하는 밤이었다. 후대 유대 전통에서 유월절이 철야하는 밤이 될 것은, 메시아가 올 것이며 그가 속량을 일으킬 것이기 때문이었다.

다시 한번, 초기 기독교 문헌에도 고대 유대교의 이 신념을 뒷받침하는 증거가 존재한다. 이론의 여지없이 초기 기독교의 가장 위대한 성서학자였던 성 히에로니무스(St. Jerome, 대략 주후 400년경)는 유대교의 유월절과 메시아 도래 사이의 연관성을 잘 인식하고 있었다.

> 애굽에서 (처음으로) 유월절을 기념했던 때의 방식을 따르면 메시아는 자정에 올 것이라는 생각이 유대인의 전통이다. (Jerome, *Com-*

벤 하나니아(Joshua ben Hananiah)에 대해서는 Neusner, *Dictionary of the Ancient Rabbis*, 259-64을 보라.

mentary on Matthew 4 on 25:6)[19]

현대 성경학자인 요아힘 예레미아스(Joachim Jeremias)는 이러한 유대교와 기독교의 증거에 비추어 메시아의 유월절에 대해 이렇게 이야기한다.

예수님 당시 유대인의 유월절 예식은 과거와 미래 모두를 바라보았다. 이 축제에서 하나님의 백성은 하나님께서 유월절 어린 양의 피로 표시된 집을 자비롭게 보호하셨다는 사실과 애굽 종살이에서 그들을 구출하셨다는 사실을 기억했다. **동시에 유월절은 장차 일어날 구출을 내다보고 있었는데, 그 원형에 해당하는 것이 바로 애굽에서의 구출이다.** 이 모형론은 "아무도 그런 시도를 하지 않았던 이른 시기에, 최종적 구원의 교리가 취했던 형태를 가장 포괄적으로 천명했던" 개념이다. 메시아는 유월절 밤에 오신다![20]

메시아는 유월절 밤에 오실 것이며, 같은 날 밤에 하나님은 자기 백성을 속량하실 것이다. 이런 고대 유대교의 믿음을 마음속에 단단히 새겼다면, 이제 예수님께서 마지막 유월절 식사에서 하신 행동을 살펴볼 수 있다. 예수님은 그의 고난이 시작되던 그날 밤

---

19. Jeremias, *The Eucharistic Words of Jesus*, 206에서 인용.
20. Jeremias, *The Eucharistic Words of Jesus*, 206-207.

에 유월절을 기념하셨다.

예수님과 새 유월절

이 내용들을 염두에 두고 이제 성경의 유월절과 고대 유대 전통, 그리고 예수님 자신의 말씀과 행위를 연결해 보자. 만약 예수님이 자신을 새 출애굽을 개시하는 존재로 보셨다면, 만약 예수님이 새 출애굽이 일어나기 전에 새 유월절이 있어야 한다고 생각하셨다면, 이 새 유월절이 언제 일어날 것으로 생각하셨을까? 복음서를 확인해 보면, 이 질문에 가능한 답변은 딱 하나다. 예수님이 생애 마지막 유월절을 기념하는 마지막 만찬을 거행하신 때는,[21]

---

21. 마태와 마가, 누가가 분명하게 증언하고 있음에도, 많은 현대 학자가 마지막 만찬이 실제로 유대교의 유월절 식사였다는 사실에 의구심을 가지고 있다는 언급을 해야겠다. 이러한 의구심의 일차적인 근거는 겉으로 기록된 시간 측면에서 요한복음과 공관복음 사이에 모순이 존재한다는 사실이다. 이 문제에 대한 개관으로 Jeremias, *The Eucharistic Words of Jesus*, 15-88을 보라. 나는 예수와 마지막 만찬에 관한 더 자세한 연구를 준비중인데(2015년에 출간됐다: *Jesus and the Last Supper*, Grand Rapids: Eerdmans—역주), 그 책에서 나는 겉으로 모순으로 보이는 차이가 실제로는 요한복음의 **유월절** 말씀을 잘못 해석한 데서 기인한 것이며, 사복음서 모두가 실제로는 마지막 만찬을 유월절 식사로 규정하고 있다고 주장할 것이다. 이 해결책에 대해서는 Craig L. Blomberg, *The Historical Reliability of John's Gospel: Issues & Commentary* (Downers Grove, Ill.: InterVarsity, 2001), 193-94, 238-39, 246-47; Barry D. Smith, "The Chronology of the Last Supper," *Westminster Theological Journal* 53 (1991): 29-45; C. C. Torrey, "The Date of the Crucifixion

장차 '예루살렘에서 일어날' 자신의 '출애굽/탈출' 직전이었다(눅 9:31).

앞서 제안했듯이, 마지막 만찬에서 예수님은 단순히 (이 사실도 중요하지만) 또 하나의 연례 행사로서 출애굽을 기념하고 계셨던 것이 아니다. 오히려 그분은 마침내 새 출애굽에 시동을 걸 새 유월절을 의도적으로 시행하고 계셨다. 이 사실을 분명하게 이해하고 싶다면, 마지막 만찬과 다른 유대교 유월절 식사 사이의 차이점과 **유사점** 모두를 세심하게 살펴볼 필요가 있다. 이 유사점과 **차이점**을 집중적으로 살펴봄으로써, 예수님이 옛 언약의 유월절을 지키셨고 동시에 새 유월절, 메시아의 유월절에 대한 유대인의 기대를 성취하셨다는 사실을 확인할 수 있다.

먼저 첫 번째 유사점인데, 가장 기본이 되는 내용이기도 하다. 예수님은 유월절 밤에 마지막 만찬을 거행하셨다. 이 밤은 바로 유대 민족이 어린 양을 먹었던 그 밤이다. 복음서들은 만찬 자체를 기술하기에 앞서, 반복해서 분명하게 마지막 만찬이 유대인의 유월절 식사였음을 밝힌다.

According to the Fourth Gospel," *Journal of Biblical Literature* 50 (1931): 227-41; idem, "In the Fourth Gospel the Last Supper Was a Passover Meal," *Jewish Quarterly Review* 42 (1951-52): 237-50; Cornelius a Lapide, S.J., *Commentary on the Four Gospels*, 4 volumes (Fitzwilliam, N.H.: Loreto, 2008 [orig. ca. 1637]), 2:522-26; 4:512-513; Thomas Aquinas, *Summa Theologica*, Part III, Q. 46, Art. 9을 보라.

무교절의 첫날에 제자들이 예수께 나아와서 이르되, "**유월절 음식 잡수실 것을 우리가 어디서 준비하기를** 원하시나이까?" 이르시되, "성안 아무에게 가서 이르되, '선생님 말씀이 내 때가 가까이 왔으니 내 제자들과 함께 **유월절을 네 집에서 지키겠다** 하시더라' 하라" 하시니, 제자들이 예수께서 시키신 대로 하여 **유월절을 준비했더라.** (마 26:17-19)

무교절의 첫날 곧 **유월절 양 잡는 날**에 제자들이 예수께 여짜오되, "우리가 어디로 가서 선생님께서 유월절 음식을 잡수시게 준비하기를 원하시나이까?" 하매. (막 14:12)

때가 이르매 예수께서 사도들과 함께 앉으사 이르시되, "내가 고난을 받기 전에 너희와 **이 유월절 먹기를** 원하고 원했노라." (눅 22:14-15)

이 본문들을 보면, 예수님의 마지막 식사가 일어난 시점이 제자들이 유월절(헬라어 **파스카**[*pascha*]) 의식을 위한 다락방 준비를 완료하고 유월절 어린 양 '제사'가 드려진 직후였다는 사실을 아주 분명히 알 수 있다. 복음서들은 이 점을 강조하기 위해 갖은 애를 쓴다. 예수님과 제자들은 율법을 준수하는 유대인으로서 그분의 죽음 전날 밤에 유월절 식사를 지켰다.

둘째, 유대인의 유월절 식사에 친숙한 사람이라면 구체적인 내용들 가운데서 수많은 유사점을 쉽게 찾을 수 있을 것이다.[22] 이를테면, 예수님과 제자들은 그들이 머물렀던 마을 베다니가 아닌 **예루살렘에서** 마지막 식사를 했다(막 14:13; 요 8:1). 이 사실은 예루살렘 성문 안쪽에서 유월절 식사를 해야 한다는 유대교 전통과 일치한다.[23] 예수님과 열두 제자가 마지막 만찬을 한 것은 **밤**이었는데, 이 사실도 '초저녁 해 질 때' 먹었던 유월절 식사의 독특한 점이다(신 16:6). 게다가 예수님과 제자들은 마지막 만찬 때 **포도주**를 마셨는데, 이 역시 유대교 유월절이 요구하던 사항으로, 일상 식사에서는 보통 물을 마셨다는 사실과 차이가 나는 부분이다(미쉬나, 『페사힘』 10:1). 아마도 가장 중요한 내용은, **떡의 의미를 설명하는** 예수님의 행위가 틀림없이 유월절을 가리킨다는 사실이다. 앞서 살펴보았듯이, 한 가정의 아버지가 무교병의 의미를 설명하며 아들의 질문에 답하는 모습은 유월절 관습이다(출 12:26-27; 미쉬나 『페사힘』 10:5). 아직도 충분치 않다면, 마지막 만찬도 **'찬양'을 부르는 것**으로 마무리된다는 사실을 고려하라(마 26:30; 막 14:26). 언급되는 찬양은 '대할렐'(Great Hallel) 시로 알려진 시편 118편인데, 유대교 전통에서는 유월절 식사가 끝날 즈음 이 시편으로 찬양을 했다.

---

22. Joachim Jeremias는 *The Eucharistic Words of Jesus*, 41-62에서 마지막 만찬과 유대교 유월절 사이의 유사점 14가지를 이야기한다. 내가 여기서 인용한 것은 그중 일부에 불과하다.

23. Jeremias, *The Eucharistic Words of Jesus*, 42-43을 보라. 신 16:7; 『희년서』 49:16-21; 미쉬나, 『페사힘』 5:10; 7:12; 10:1; 토세프타, 『페사힘』 6:11 등을 인용한다.

　　마지막 만찬을 통상적인 유월절 식사와 비교하면 이처럼 비슷한 점도 있지만, 더불어 철저하게 다른 점도 있다. 사도들을 포함하여 고대 유대인이라면 누구나 이 차이점을 쉽게 알아차렸을 것이다. 먼저, 대부분의 유월절은 가족 안에서 기념됐고, 아버지가 인도를 하며 주최자 역할을 했다. 이와 대조적으로 마지막 만찬에서는 예수님이 주인이자 열둘의 인도자 역할을 하셨다. 그분은 어떤 제자의 아버지도 아니셨는데 말이다. 그보다 더한 사실이 있다. 통상적인 유월절의 초점은 하나님께서 아브라함과 맺으신 언약과 출애굽, 약속의 땅 가나안으로의 입성에 있었다. 하지만 예수님은 예레미야가 구원의 시대가 오면 성취될 것이라고 예언한 '새 언약'에 관한 이야기를 하셨다(고전 11:25; 렘 31:31-33). 그런데 가장 의미심장한 내용은 따로 있다. 유대인의 일상적인 유월절에서 의식 전체의 중심은 제물로 바쳐진 유월절 어린 양의 살과 피였다. 먼저 어린 양이 도살되고, 성전의 제사장들이 그 어린 양의 피를 제단에 부었다. 다음으로 유대인들은 성전에서 어린 양의 고기를 가져다 유월절 식사를 하면서 각 가정의 아버지가 그 의미를 설명했다. 하지만 마지막 만찬에서 예수님은 완전히 다른 일을 하셨다. 그분의 설명을 들여다보면, 초점이 어린 양의 살과 피(이 내용에 관한 언급이 전혀 없다)가 아닌 자신의 살과 피로 바뀌어 있다.

　　마지막 만찬에서 예수님이 하신 말씀을 다른 유대교 문헌에 나오는 유월절에 대한 설명과 비교해 보면, 이 차이의 의미심장함을 훨씬 더 강력하게 느낄 수 있다. 예를 들면, 미쉬나는 성전이 아직 건재할 때의 유월절의 모습을 설명하면서 유월절 어린 양의 '몸'에 초점을 맞춘다. "랍비 차독(Zadok)의 아들 랍비 엘리에제르 (Eliezer)가 말을 하고 …, 거룩한 성전에서 그들은 그 랍비 앞으로 **유월절 제물의 몸**을 가져오곤 했다"(미쉬나, 『페사힘』 10:3-4).

이 내용을 예수님이 마지막 만찬에서 하신 말씀과 비교해 보라. "그들이 먹을 때에 예수께서 떡을 가지사 축복하시고 떼어 제자들에게 주시며 이르시되, '받아서 먹으라. 이것은 **내 몸**이니라' 하시고"(마 26:26).

이와 같은 패턴에 해당하는 내용이 또 있는데, 성전이 파괴되기 전 유월절 제사의 절정은 성전에서 제사장들이 어린 양의 피를 붓는 순간이었다. 미쉬나는 이 순간을 충격적일 정도로 상세하게 묘사한다.

> 유월절 제물은 3개 조로 도살됐다. … 첫 조가 성전에 들어가면, 성전 뜰이 가득 차고 문이 닫혔다. … 제사장들이 줄을 맞춰 서 있고 그들의 손에는 은그릇과 금그릇이 들려 있었다. 한 줄은 모두 은그릇이고 다른 줄은 모두 금그릇이다. … 한 이스라엘 사람이 자신의 제물을 도살하면, 제사장은 **그 피**를 그릇에 받는다. 제사장이 그 그릇을 동료에게 넘기면 그 사람은 다음 동료에게 넘긴다. 각자는 피로 가득 찬 그릇을 받고 빈 그릇을 돌려준다. **제단에 가장 가까운 제사장은 제단을 향해 단번에 그 피를 뿌린다.** 첫 조가 나가고 두 번째 조가 들어온다. … 두 번째 조가 나가고

세 번째 조가 들어온다. … [그동안] 레위인들은 **할렐**을 부른다. 노
래가 끝나면, 다시 새로 부른다. (미쉬나, 『페사힘』 5:5-7)

유월절 피를 뿌리는 장면은 정말로 장관이었을 게 틀림없다.
특히나 200,000마리의 양이 제물로 바쳐지는 광경이라니! 다시
한번, 어린 양의 피에 초점을 맞춘 랍비들의 설명을 예수님이 마
지막 만찬에서 하신 말씀과 비교해 보라.

또 잔을 가지사 감사 기도하시고 그들에게 주시며 이르시되, "너
희가 다 이것을 마시라. 이것은 죄 사함을 얻게 하려고 **많은 사람
을 위하여 흘리는 바 나의 피, 곧 언약의 피니라**." (마 26:27-28)

예수님의 행동을 고대 유대교 전통과 비교해 보면, 그다지 많
은 상상을 하지 않고도 예수님의 핵심을 헤아릴 수 있다. 예수님
은 마지만 만찬에서 떡과 포도주에 관한 말씀을 통해 굉장히 분명
한 언어로 "**내가 바로 새 출애굽의 새 유월절 어린 양이다. 오늘이
메시아의 유월절이며, 내가 새 제물이다**"라고 말씀하고 계셨다.

이 해석이 옳다면, 엄청난 의미가 함축되어 있다. 먼저, 예수님
은 유대교 유월절을 단순히 지킨 정도가 아니라, 의도적으로 그것
을 변경하셨고, 그럼으로써 새 유월절을 제정하고 계셨던 게 된다.
예수님은 한 사람의 유대인으로서 그전에도 여러 번 유월절을 지
켰다. 그분은 마지막 만찬 때 그 의식을 변경하여 지키는 것이 무

슨 의미인지 충분히 인식하고 계셨다. 그분은 마지막 만찬이 통상
적인 유월절이 결코 아니라는 사실을 보여주고 계셨다. 그것은 메
시아의 유월절이요, 일부 유대인이 장차 이스라엘 민족이 마침내
'속량될' 것이라고 믿었던 그 밤이었다(『출애굽기 랍바』 18:11). 그렇기
때문에 예수님은 (유월절 어린 양의 피가 아닌) **자신의** 피가 죄 용서를
위해 부어질 것이라고 말씀하실 수 있었다.

마지막 만찬이 새 유월절이라는 두 번째 신호는 자신의 행동
을 제자들도 반복하라는 예수님의 명령이다. 예수님이 제자들에
게 "이것을 행하여 나를 기념하라"(고전 11:25)고 말씀하셨을 때, 그
분은 고대 유월절을 '기념하여' 영원히 지키라는 하나님의 명령을
반향하신 것이다(출 12:14). 예수님은 이 말을 통해 제자들에게 장래
에도 이 새 유월절 제사를 영원히 유지하라고 명령하고 계셨다.
우리 눈에는 그렇게 안 보일 수도 있지만, 예수님은 이 명령을 통
해 사실상 이스라엘 열두 지파가 가지고 있던 원래의 제사장 직무
를 회복하고 계셨다. 고대 유대인이라면 누구나 알고 있었듯이, 오
직 제사장만이 그 피를 '부을' 수 있다(마 26:27-28). 그런데 예수님
이 열두 제자에게 자신을 기념하면서 행하라고 명령하신 일이 정
확히 그것이다. 의미심장하게도, 성전에서 시행되던 유월절 제사
는 로마가 예루살렘을 파괴한 주후 70년 이후 중지됐지만, 예수님
이 제자들에게 그를 '기념하여' 행하라고 명령하신 제사는 오늘날
까지 이어지고 있다.[24]

---

24. 현대 유대교 세데르(Seder)에서는 어린 양을 먹지 않는 것이 관례다. 대신 어

요컨대, 예수님은 이 새 유월절의 중심에 자신의 몸과 피를 두심으로써, 자신을 새 유월절 어린 양으로 보았다는 사실을 드러내신다. 위대한 루터파 신학자 요아힘 예레미아스가 50년 전에 이야기했듯이, 예수님은 다락방에서 하신 행위를 통해 제자들을 향해 "나는 진정한 유월절 제물로서 죽음을 향해 나아가고 있다"고 말하고 계셨다.[25] 예수님은 이 말들을 통해 자기 자신을, 다른 사람을 살리기 위해 죽임을 당할 흠 없는 수컷 어린 양으로 보았다는 사실을 드러내신다.

너희는 그 어린 양을 먹어야 한다

이 사실을 마음에 담았다면, 이제 마지막 만찬의 수수께끼에 관한 우리의 첫 질문으로 돌아가자. 율법을 준수하는 유대인이었던 예수님이 어떻게 제자들에게 자신의 몸과 피를 먹으라고 명령하실 수 있단 말인가?

문제를 푸는 단서 중 일부를 예수님이 자신을 어떻게 생각하셨는지, 그리고 자신에게 무슨 일이 일어날 것으로 생각하셨는지에서 찾을 수 있다. 마지막 만찬을 꼼꼼하게 연구해 보면, 예수님

린 양의 정강이뼈(히브리어 **즈로아**[z'roah])가 유월절 식사의 구성 요소로 포함되어, 과거 성전에서 드렸던 어린 양의 고기를 기념한다. 예를 들면, Cecil Roth, ed., *The Haggadah* (London: Soncino, 1934)를 보라.

25. Jeremias, *The Eucharistic Words of Jesus*, 224.

이 자신을 단순히 유대인이 오랫동안 기다려온 메시아, 언젠가 '하늘 구름'을 타고 올 '인자'(막 14:61-62; 단 7:14)로만 보신 것이 아님을 알 수 있다. 그분은 자신을 **새 유월절 어린 양**으로도 보셨다. 새 출애굽을 개시하기 위한 제물로 바쳐지고, 그 피는 죄 용서를 위해 뿌려질 것이다. 바로 이런 이유 때문에, 예수님은 단순한 처형이 아니라, 예루살렘 성전에서 십자가 형태로 고정됐던 유월절 어린 양처럼 자신도 십자가에 못 박힐 것으로 기대하셨던 것이다. 예수님이 자신을 어린 양과 동일시하셨다는 사실이 중요한 또 다른 이유는, 앞서 살펴보았듯이 구약과 고대 유대교 전통 모두에서 유월절 어린 양 제사를 완성하는 요소는 어린 양의 죽음이 아니기 때문이다. 어린 양 제사의 완성은 식사, 즉 **도살당한 어린 양의 고기를 먹는 것**이었다. 따라서 예수님이 자신을 새 어린 양으로 보셨다면, 자신의 피가 부어질 것이라고 말씀하신 후 제자들에게 자기 살을 먹으라고 명령하신 것이 수긍이 된다.

당연히 이렇게 말해도 즉시 제기되는 문제가 있다. 예수님은 이 말을 실제적인 의미로 의도했는가, 아니면 상징적인 의미로 의도했는가? "이것이 나의 몸이다"라고 말씀하셨을 때, 그 의미는 "이것이 나의 몸을 **대변한다**"일 뿐인가? 아니면 마지막 만찬을 자신이 시행할 마지막 기적으로 생각하셔서, 떡과 포도주를 실제로 자기 몸과 피로 변형시켰는가? 정말로 예수님은 자기 몸을 떡의 형태로 제자들이 먹을 것으로 기대하셨는가?

여기서 '~이다'의 의미에 대해 끝없는 논쟁이 계속되어 왔지만, 모두 소용이 없었다. 하지만 예수님의 말씀을 당시 **맥락에** 두고 보면, 가능한 답변을 찾을 수 있다. 그 말씀 배후에 있는 맥락은 꽤 분명해 보인다. 그 맥락은 바로 유대인의 **유월절**이다. 그렇다면 다시 유월절을 들여다보자. 구약에서는 어린 양 제사를 드리는 것만으로 충분했는가? 그렇지 않다. 그 제사가 완결되려면 그 양의 진짜 고기를 먹어야 했나? 그렇다. 어린 양의 고기가 지닌 **상징적 의미**만으로 충분했을까? 이제 우리는 이 질문에 대한 답변이 '그렇지 않다'라는 사실을 알고 있다.

달리 말해, 1세기 유대인이라면 누구나 알고 있었을 내용을 예수님도 충분히 잘 알고 계셨다. 유월절과 관련해서 당신은 어린 양을 도살하는 것으로 끝내서는 안 된다. 하나님의 율법을 이루고 죽음에서 구출받기 위해서는 그 어린 양을 **먹어야** 한다. 첫 출애굽 때의 원래의 유월절이 그랬듯이 메시아의 새 유월절도 마찬가지다. 이 둘 사이의 주요한 차이는 새 유월절에서는 그 양이 **사람**이라는 점, 속량의 피가 메시아의 피라는 점이다.

예수님이 어린 양으로 죽으신 것과 마지막 만찬 때 그분의 살을 먹는 것 사이의 이러한 관련성에 아직도 의심이 드는가? 그렇다면 가장 초기의 기독교에서 가장 유대적인 사람 가운데 한 명이었던 인물이 1세기의 성찬 전례를 이와 똑같은 의미로 이해했다는 사실에 주목하라. 그는 바로 사도 바울이다. 바울은 고린도전서에서 이렇게 말한다.

우리의 유월절 양 곧 그리스도께서 희생되셨다. **그러므로 우리가**
축제를 지키자![26] (고전 5:7-8)

우리가 축복하는 **축복의 잔**은 **그리스도의 피** 안에서의 교제가 아
니며, 우리가 떼는 **떡**은 **그리스도의 몸** 안에서의 교제가 아니냐?
(고전 10:16)

이 두 진술 모두에서 바울은 주의 만찬을 언급하고 있다. 첫 인
용 구절에서 그는 예수님을 제물로 드려졌던 '유월절 어린 양'으
로 지칭한다. 이게 끝이 아니다. 또한, 그는 성찬 '축제' 예식의 기
반을 예수님이 어린 양이시라는 그분의 정체성에 둔다. 아마도 이
이유 때문에 바울은 주저 없이 두 번째 인용 구절에서 성찬식이
예수님의 몸과 피에 실제로 참여하는 것이라고 확실하게 주장할
수 있었을 것이다. 주의 만찬을 유대인의 시각에서 이해했던 바울
에게 그것은 다름 아닌 새 유월절이었다. '유월절 어린 양'이신 그
리스도가 제물로 드려졌다. 따라서 그리스도인은 그의 살과 피로
새 유월절 '축제'를 지켜야 한다.

요컨대 고대 유대인들이 그들의 유월절을 첫 출애굽에 참여하
는 의식으로 이해했듯이, 사도 바울과 다른 초창기 그리스도인들
은 성찬 전례를 마지막 만찬과 예수님의 죽음 모두에 진정으로 참
여하는 의식으로 이해했다.

---

26. 저자의 번역.

하지만 유월절이 마지막 만찬의 수수께끼를 푸는 유일한 열쇠
는 아니다. 또한, 우리가 가진 모든 질문에 대한 답변이 되는 것도
아니다. 먼저, 예수님이 자신을 유월절 어린 양으로 이해하셨다 해
도, 어떻게 실제로 제자들에게 자신의 살을 먹으라고 주실 수 있
는가? 이것은 식인이 아닌가? 그리고 모세 율법은 피를 마시지 말
라고 금지하지 않았나? 유월절 어린 양의 피는 제단에 부어졌지,
결코 마시는 경우가 없었던 게 확실하다. 이 질문들에 답하려면,
다음 장으로 넘어가야 한다. 예수님은 마지막 만찬을 새 유월절만
이 아닌 하늘에서 내려온 새 만나로도 이야기하셨기 때문이다.

제4장
메시아의 만나

이렇게 새 유월절을 렌즈 삼아 마지막 만찬을 살펴보면 또 다른 질문이 떠오른다. 이를테면, 만약 예수님이 자신이 새 출애굽을 개시한다고 이해하셨다면, **출애굽 여정을 위해 주어질 식량은 무엇이라고 생각하셨을까?**

구약에서 이스라엘 백성이 애굽에서 약속의 땅으로 직행하지 못했다는 사실을 기억해야 한다. 그들의 여정에는 수십 년 동안, 정확히 말하면 40년 동안의 광야 방랑이 들어 있었다(민 32:13). 고대 유대인에게 '광야 방랑'으로 알려진 이 여정은 엄청난 시험과 고난의 시간이었다. 이 기간에는 하나님을 향한 이스라엘의 충성심이 반복해서 시험받았다. 그리고 광야의 그 기간 동안 하나님은 매일 특별한 음식, 즉 하늘에서 온 만나를 주셔서 그들의 생명을 보존하셨다.

이 장에서 우리는 예수님과 마지막 만찬의 수수께끼를 풀기 위한 두 번째 열쇠를 살필 것이다. 그 열쇠는 하늘에서 새 만나가 내려올 것이라는 고대 유대인의 기대다. 곧 살펴보겠지만, 예수님은 마지막 만찬이 가진 제사로서의 특성을 드러내기 위해 유대 유월절에 관한 신념을 활용하셨듯이, 성찬 전례의 초자연적 특성을 드러낼 목적으로 새 만나(메시아의 만나)에 대한 소망을 활용하셨다.

만나와 마지막 만찬 사이의 연관성을 조사하는 게 중요한 이유 중 하나는, 예수님이 주신 성찬 관련 교훈에 대한 논의가 전적으로 유월절 어린 양을 중심으로만 이루어지는 경향이 있기 때문이다. 앞서 살펴보았듯이 분명히 유월절은 매우 중요하다. 하지만 예수님이 그가 마지막 만찬 때 하실 일에 관한 가장 상세한 가르침에서 언급하신 것은 유월절 어린 양이 아니다. 이 사실은 의미심장하다. 대신 예수님은 출애굽 때의 만나, 즉 하나님께서 광야에서 이스라엘 백성에게 주신, 하늘에서 온 초자연적 떡을 이야기하셨다(요 6:35-59을 보라). 게다가 그분은 그를 믿는 사람들에게 새 만나를 주겠다는 약속도 하셨다.

이 새 만나의 중요성을 확인하려면, 이번에도 하늘에서 내려온 첫 만나로 되돌아가 연구하되, 구약과 고대 유대 전통 모두를 확인해야 한다.[1]

---

1. 만나에 관한 연구로는 Bruce J. Malina, *The Palestinian Manna Tradition* (Leiden, the Netherlands: Brill, 1968); R. Meyer, "manna," in Gerhard Kittel, ed., *Theological Dictionary of the New Testament*, 10 volumes (Grand Rapids: Eerdmans, 1967), 4:462-66을 보라.

성막에 있던 만나

구약에 나오는 만나 이야기는 유명한 내용이지만 다시 한번 복습할 가치가 있다. 그 이야기는 도저히 잊을 수 없는 사건인 홍해 도하 직후의 출애굽기 16장에 나온다. 거기에는 다음과 같은 대목이 있다. "그날에 여호와께서 이같이 이스라엘을 애굽 사람의 손에서 구원하시매, 이스라엘이 바닷가에서 애굽 사람들이 죽어 있는 것을 보았더라. 이스라엘이 여호와께서 애굽 사람들에게 행하신 그 큰 능력을 보았으므로 백성이 여호와를 경외하며 여호와와 그의 종 모세를 믿었더라"(출 14:30-31).

바로의 말과 병거가 물에 빠지는 것으로 애굽에서의 탈출이 공식적으로 완료된다. 바로는 이스라엘 백성을 더 이상 찾지 않을 것이다. 이제는 실제로 약속의 땅에 도달해야 하는 고된 과정이 시작됐다. 이 일이 시작되자마자 이스라엘은 불평하기 시작한다.

> 이스라엘 자손 온 회중이 그 광야에서 모세와 아론을 원망하여 이스라엘 자손이 그들에게 이르되, "우리가 애굽 땅에서 고기 가마 곁에 앉아 있던 때와 떡을 배불리 먹던 때에 여호와의 손에 죽었더라면 좋았을 것을 너희가 이 광야로 우리를 인도해 내어 이 온 회중이 주려 죽게 하는도다." (출 16:2-3)

첫눈에는 이 반응이 잘 이해가 되지 않는다. 바로 한 장 앞에서 이스라엘 민족은 홍해에서 하나님이 베푸신 구원을 목격했고, 그에 감사하며 '모세의 노래'를 불렀기 때문이다(출 15장). 그런데 광야에서 그렇게 길지도 않은 시간을 보낸 후 그들은 그들을 구출해 준 바로 그 인물을 '원망하기' 시작한다. 이 말을 통해 그들은 사실상 "애굽에서는 우리가 등에 채찍을 맞았을지언정, 적어도 배는 두둑이 채웠단 말이오"라고 말하고 있었다. 당연히 여기에서 아이러니는, 성경 이야기에 따르면 이스라엘 민족은 애굽을 떠날 때 "양과 소와 심히 많은 가축"을 데리고 나왔다는 사실이다(출 12:38). 그 가축을 잡아먹으면 되지 않았을까? 추측일 뿐이지만, 그렇게 하지 않은 이유는 아마도 여전히 그 가축들을 그들이 애굽에서 사는 동안 경배했던(그래서 죽이기를 거부했던 것이다) 바로 그 '신들'로 여겼기 때문일 것이다. 여기서 머지않은 미래에 금고리를 모아 금**송아지**를 만들고 그것을 신으로 삼아 예배를 드린 이스라엘 백성의 모습을 떠올려보라(출 32장). 하나님은 애굽에서 그들을 빼내긴 하셨지만, 그들 안의 애굽을 빼내지는 못하신 게 분명했다.

어쨌든 하나님은 이스라엘의 반역에 그들을 멸망시키는 식으로 반응하지 않으셨다. 도리어 기적을 행하고 선물을 주셨다. 만나 이야기는 잘 알려진 내용이지만, 세심하게 다시 읽어보며 그동안 간과되어 온 특정 요소들을 꼼꼼하게 살필 필요가 있다.

> 그때에 여호와께서 모세에게 이르시되, "보라, **내가** 너희를 위하여 **하늘에서 양식을 비같이 내리리니** 백성이 나가서 일용할 것을

날마다 거둘 것이라. 이같이 하여 그들이 내 율법을 준행하나 아니하나 내가 시험하리라. 여섯째 날에는 그들이 그 거둔 것을 준비할지니, 날마다 거두던 것의 갑절이 되리라." … 여호와께서 모세에게 말씀하여 이르시되, "내가 이스라엘 자손의 원망함을 들었노라. 그들에게 말하여 이르기를, '**너희가 해 질 때에는 고기를 먹고 아침에는 떡으로 배부르리니,** 내가 여호와 너희의 하나님인 줄 알리라' 하라" 하시니라. 저녁에는 메추라기가 와서 진에 덮이고 아침에는 이슬이 진 주위에 있더니, 그 이슬이 마른 후에 광야 지면에 작고 둥글며 서리같이 가는 것이 있는지라. 이스라엘 자손이 보고 그것이 무엇인지 알지 못하여 서로 이르되, "**이것이 무엇이냐?**" 하니, 모세가 그들에게 이르되, "**이는 여호와께서 너희에게 주어 먹게 하신 양식이라.**" (출 16:4-5, 11-15)

이 본문에는 우리가 집중해서 살펴보아야 할 만나의 특징 네 가지가 나온다.

첫째, 구약성서에 따르면 광야의 만나는 평범한 떡이 아니었다. 이건 두말할 나위 없는 사실이다. 만나는 '하늘에서 온' **기적의 떡**으로, 하나님께서 자기 백성에게 먹으라고 직접 주신 양식이다. 내가 이 사실을 굳이 언급하는 이유는, 이 만나를 위성류 나무에서 분비된 천연 물질이나 그 나무의 잎을 먹고 사는 광야 곤충의 분비물로 보는 해석이 지난 한 세기 이상 굉장히 인기를 끌었기

때문이다.[2] 이 이론은 출애굽기 자체가 말하는 내용에 근거한 것
이 아니라, 기적을 거부하는 근대주의의 두드러진 회의론에서 자
라나온 것으로 보인다. 불행히도 이 개념이 너무 보편화되어 있어,
더 이상 만나를 기적의 떡으로 보지 않고 천연 '식물 진액'으로 생
각하는 사람이 많다.

하지만 성경 이야기를 자세하게 읽어보면, 만나가 기적의 떡
이라는 사실에는 반론의 여지가 없다. 다음 네 가지 이유 때문이
다. 먼저, 만나는 '하늘에서 온 떡'이라 불린다. 이 사실은 만나의
초자연적 기원을 암시한다. 더 중요한 사실은, 이스라엘이 얼마나
많이 혹은 얼마나 적게 만나를 거두었든, 달아보면 언제나 한 오
멜(대략 1리터)씩이었고, 다음 날까지 먹을 수 있는 상태로 보존되는
법이 없었다(출 16:16-20). 그렇다면 만나가 일반적인 성질의 천연
물질과는 다른 물질이었다고 말해도 과장이 아니다.[3] 게다가 구약
성서는, 만나가 40년 동안 매일 나타났으며, 이스라엘이 약속의
땅에 도달하자 그 기적이 멈추었다고 주장한다(수 5장). 이 내용은
위성류 나무가 여름철에 딱 두 달만 분비물을 낸다는 사실과 어긋
난다.[4] 마지막으로 말하지만 결코 무시하지 못할, 이야기의 핵심은

---

2.   McKenzie, *Dictionary of the Bible*, 541을 보라.

3.   Josephus는 만나를 그 당시 아라비아 반도의 '모든 지역'에서 확인할 수 있
     었던 천연 물질에 빗댔는데, 그런 Josephus조차 만나가 하루 지나면 부패했
     고 만나를 한 오멜 이상 거둘 수 없었다는 사실에 대해서는 만나가 "신적이
     며 기적적인" 음식이라는 표시라고 인식했다(*Antiquities* 3:30).

4.   H. St. J. Thackeray, *Josephus: Jewish Antiquities Books 1-3* (Loeb Classical
     Library; Cambridge and London: Harvard University Press, 1930), 335

이스라엘 백성이 '그게 무엇인지 몰랐다'는 것이다. 만나에 '만나'
라는 이름이 붙은 이유가 바로 여기에 있다. 히브리어로 이 단어
의 의미가 '이게 뭐지?'(히브리어 **만 후**[man hu])이다. 성경의 만나가
그저 평범한 현상에 불과했다면, 그 이름은 전혀 사리에 맞지 않
는다.

　현대의 독자들이 이런 기적이 가능하다고 정말로 **믿는지** 여부
는 요점이 아니다. 요점은 구약 자체가 기적에 대해 분명하게 묘
사하고 있으며, 예수님도 구약을 읽으셨다는 사실이다. 예수님은
현대의 회의주의자가 아니셨다. 다른 고대 유대인처럼 예수님도
만나가 단순한 천연 물질이 아니라 하늘에서 온 초자연적인 떡이
라고 믿으셨을 것이다. 그리고 다음과 같은 시편의 찬양도 알고
계셨을 것이다.

> [하나님께서] 위의 궁창을 명령하시며
> 하늘 문을 여시고
> 그들에게 만나를 비같이 내려 먹이시며
> 하늘 양식을 그들에게 주셨나니
> 사람이 **천사**(개역개정의 '힘센 자'—역주)**의 떡**을 먹었으며
> **그가 음식을 그들에게 충족히 주셨도다.** …
> 그들이 먹고 심히 배불렀나니
> 하나님이 그들의 원대로 그들에게 주셨도다. (시 78:23-25, 29)

note b를 보라.

이와 같은 노선에서 지혜서의 저자는 이렇게 말한다.

한편 주님의 백성들은

천사들의 양식으로 먹여 살리셨다.

주님께서는 미리 준비하신 떡을 그들에게

하늘로부터 꾸준히 내리셨다.

그 떡은 누구에게나 맛이 있고 기쁨을 주는 떡이었다.

주님께서 주신 양식은 당신의 자녀에게 보이시는

애정의 표시였고

그것을 먹는 모든 사람의 구미에 맞았으며

그것을 먹는 각 사람의 소원대로 그 모양이 변하는 양식이었다.

(솔로몬의 지혜서 16:20-21)

요컨대, 구약에 따르면 만나는 다름 아닌 **파니스 안겔리쿠스**
(*panis angelicus*), 즉 '천사의 떡'이었다. 하나님께서 주신 하늘에서 온
떡으로서 너무나 달콤한 양식이었다.

둘째, 종종 망각되는 내용이지만, 만나 선물은 이중의 기적이
었다. 하나님은 이스라엘 백성에게 하늘에서 온 떡뿐만 아니라, 하
늘에서 온 고기도 주셨다. 그들은 아침에는 만나를 먹고, 저녁에는
진을 뒤덮은 메추라기 고기를 먹었다. 이 역시 기적이었다. 여호와
께서 모세에게 말씀하셨듯이, "너희가 해 질 때에는 고기를 먹고

아침에는 떡으로 배부르리니, 내가 여호와 너희의 하나님인 줄 알
리라"(출 16:12). 하나님께서 그들에게 주신 선물은 **하늘에서 온 떡**
과 **하늘에서 온 고기**, 이 둘이었다. 이번에도 시편은 "먼지처럼 많
은 고기를 비같이 내리시고, 나는 새를 바다의 모래같이 내리셨도
다"(시 78:27)라고 선언한다. 이 이중적인 측면이 이제 곧 중요한 요
소로 밝혀질 것인데, 예수님이 제자들에게 자신의 살을 먹으라고
주셨다는 이야기를 할 것이기 때문이다.

셋째, 이스라엘 민족은 만나를 일용할 양식으로 먹었을 뿐만
아니라, 또한 **성막에 두고 보존했다**. 앞서 살펴보았듯이, 성막은
이스라엘 백성이 하나님께 예배를 드리던 이동식 천막이었다. 성
막은 세 부분으로 나뉘었고, 그 중앙에는 지성소가 있었는데, 그곳
에 금으로 된 언약궤가 소중하게 보관됐다. 출애굽기에 따르면, 하
나님은 그곳에 만나를 보관하라고 모세에게 명령하셨다.

"여호와께서 이같이 명령하시기를, '이것[만나]을 오멜에 채워서
너희의 대대 후손을 위하여 간수하라. 이는 내가 너희를 애굽 땅
에서 인도하여 낼 때에 광야에서 너희에게 먹인 양식을 그들에게
보이기 위함이니라' 하셨다" 하고, 또 모세가 아론에게 이르되,
"항아리를 가져다가 그 속에 만나 한 오멜을 담아 여호와 앞에
두어 너희 대대로 간수하라." 아론이 여호와께서 모세에게 명령
하신 대로 그것을 증거판 앞에 두어 간수하게 했다. (출 16:32-34)

하나님은 이 조치를 통해 만나가 단순히 기적의 양식에 불과한 게 아니라는 이야기를 이스라엘 백성에게 하고 계셨다. 또한, 만나는 거룩하다. 실제로는 가장 거룩하다. 너무나 신성해서 다름 아닌 지성소에 보관해야 할 정도다. 흥미진진한 사실이 있으니, 이 만나를 보관하는 목적이 사람들이 그것을 먹게 하는 데 있지 않고, 그것을 보게 하는 데 있었다는 사실이다. 만나는 '그들에게 보이기 위해서' 간수된다. 히브리서에 따르면 이 거룩한 만나는 언약궤 안의 '금항아리'에 보관됐고, 그 곁에는 아론의 싹난 지팡이와 십계명 돌판이 있었다(히 9:4). 모든 유대인에게 만나는 보통 떡이 아니었던 게 틀림없다.

마지막이지만 그렇다고 가장 사소하다고 할 수 없는, 넷째는 바로 출애굽의 만나가 독특한 맛을 지니고 있었다는 사실이다. 성경은 "이스라엘 족속이 그 이름을 만나라 했으며 깟씨같이 희고 맛은 꿀 섞은 과자 같았더라"(출 16:31)고 말한다.

'꿀 섞은 과자' 같다고? 왜 만나에서 꿀맛이 났을까? 답은 간단하지만 중요하다. 만나가 **약속의 땅**, 즉 '젖과 꿀이 흐르는 땅'(출 3:8)**의 맛보기**였기 때문이다. 달리 말해, 하나님은 만나를 통해서, 자신이 이스라엘 백성에게 먹을 것을 공급하며 그들을 약속의 땅으로 데려갈 능력이 있음을 신뢰하라고 요구하고 계셨다. 그분은 사실상 이스라엘을 향해 "나를 신뢰하고, 내 명령에 충성하라. 그러면 내가 너희를 아브라함과 이삭과 야곱에게 약속한 땅으로 인도할 것"이라고 말씀하고 계셨다.

만나와 약속의 땅 사이의 이런 연관성에 아직 의구심이 남아 있다면, 만나가 일시적인 기적이었다는 사실을 기억할 필요가 있겠다. 여호수아서에 따르면, 이스라엘이 약속의 땅에 도착하고 거기서 유월절을 지킬 수 있게 되자, 곧바로 만나가 그쳤다.

> 또 이스라엘 자손들이 길갈에 진 쳤고, 그 달 십사일 저녁에는 여리고 평지에서 유월절을 지켰으며, 유월절 이튿날에 그 땅의 소산물을 먹되 그날에 무교병과 볶은 곡식을 먹었더라. 또 **그 땅의 소산물을 먹은 다음 날에 만나가 그쳤으니 이스라엘 사람들이 다시는 만나를 얻지 못했고 그 해에 가나안 땅의 소출을 먹었더라.**
> (수 5:10-12)

그 기적은 왜 멈추었는가? 출애굽이 완료됐으니, 만나는 더 이상 필요치 않다. 이스라엘 백성이 약속의 땅에 거주하게 됐으니, 그들을 그 땅으로 인도하겠다는 하나님의 신실한 서약도 더 이상 필요하지 않다. 그 백성이 이제 그 땅의 열매를 직접 맛보았으니, 더 이상 맛보기는 필요 없다.

요약하면, 출애굽 사건과 관련된 내용 중 하늘에서 온 만나보다 더 기억에 남는 이야기는 별로 없을 것이다. 구약에 따르면 만나에는 다양한 의미가 있었다. 하늘에서 온 기적의 떡이며, 하나님의 신실하심을 상징하는 신호였고, 약속된 땅의 맛보기였다. 그리고 후대의 유대교 전통에서 만나는, 하나님께서 언젠가 새 출애굽을 개시하고 메시아를 보내실 때 이루실 일을 보여주는 주요한 신호 중 하나가 됐다.

장차 올 세상의 떡

성경 밖 고대 유대교 문헌 속에 나타난 만나 관련 내용으로 시선을 돌려보면, 그 양이 엄청나서 여기서 모두 다룰 수 없을 정도다.[5] 예수님이 하늘에서 내려온 새 만나에 관하여 가르치신 내용을 이해하는 측면에서 보면, 고대 전통에 담긴 내용 중 세 가지가 두드러진다. 첫째, 일부 유대인은 이스라엘 민족에게 주어진 만나가 그저 기적인 정도가 아니라 '선재한다'고 믿었다. 말하자면 아담과 하와가 타락하기 전부터 존재했다는 것이다(창 3장). 둘째, 또 다른 전통은 만나가 초자연적 실재이며, 하나님의 백성을 먹이기 위한 양식으로 하늘 성전에 보존되어 있다고 믿었다. 마지막 셋째, 메시아가 마침내 오면 만나 기적을 다시 일으킬 것이라는 기대가 널리 퍼져 있었다. 여호수아 때에 만나가 그쳤지만, 장차 다시 한 번 만나가 하늘에서 비처럼 내릴 것이다. 예수님의 말씀을 살펴보기 전에, 이 세 가지 내용을 차례로 간략하게나마 살펴보자.

---

5. 탁월한 요약으로 Meyer, *"manna,"* 4:426-66을 보라. 또한 Cecil Roth, "Manna," in *Encyclopedia Judaica*, 16 volumes (Jerusalem: Keter, 1971), 11: 884-885을 보라.

창조의 시작부터 있었던 만나

창조 때부터 시작해 보자. 몇몇 고대 유대교 문헌을 보면, 하늘에서 온 만나가 단지 고대 역사에 불과한 게 아니라 태초로부터 존재했다는 믿음이 등장한다. 이를테면, 미쉬나는 '만나'가 첫 안식일인 창조의 일곱째 날 '바로 전날에 창조된 열 가지 물건' 중 하나였다고 진술한다. 아론의 싹 난 지팡이와 십계명 돌판도 거기에 포함된다(미쉬나, 『아보트』 5:6).[6] 마찬가지로 고대 유대교 타르굼(회당에서 사용했던 히브리 성경 번역본) 하나는 출애굽기를 개작해 들려주면서 이 흥미로운 요소를 덧붙인다.

여호와께서 모세에게 말씀하셨다. "보라, 내가 너희를 위해 하늘에서 떡을 가져올 것인데, 나는 **이 떡을 태초로부터 너희를 위해 간직해 왔다.**" (출 16:4에 대한 『위-요나탄 타르굼』)

이스라엘 자녀들이 (그것을) 보자, 놀라서 서로 말했다. "이게 도대체 뭐지?" 그게 무엇인지 몰랐기 때문이다. 그러자 모세가 그들에게 말했다. "**그것은 높은 하늘에 태초로부터 너희를 위해 간직된 떡으로,** 이제 여호와께서 그것을 너희에게 주어 먹게 하셨다." (출 16:15에 대한 『위-요나탄 타르굼』)[7]

6.　바빌로니아 탈무드, 『페사힘』 54a를 보라

7.　번역의 출처는 Martin McNamara, M.S.C., Robert Hayward, and Michael

고대 유대인 중 일부에게 만나는 식량 부족을 보충하기 위해 출애굽 기간에 이스라엘 백성에게 주어진 일시적인 기적이 아니었던 게 분명하다. 만나는 아담과 하와의 타락 이전, 이 세상이 시작될 때부터 있던 떡이다. 만나는 인류 역사에 죄와 죽음이 들어오기 전에 이미 하늘 '높은 곳'에 존재했다.

신학적으로 보면 이 내용은, 고대 랍비 중 일부가 만나에 시원적(始原的, protological) 특성이 있는 것으로, 말하자면 창조의 여명기부터 이미 존재했던 것으로 보았다는 의미다. 그런 의미에서 만나는 인류의 첫 조상이 저지른 죄에 영향을 받지 않은 완벽한 음식이다. 이렇게 랍비 유대교에서 출애굽의 만나는 그저 또 하나의 기적이 아닌, '에덴으로의 복귀', 즉 죄와 죽음으로 타락하기 전 창조 상태로의 복귀를 의미했다. 곧 살펴보겠지만, 이러한 개념 모두가 가버나움의 유대교 회당에서 예수님이 생명의 떡에 관하여 하신 설교 안에 다시 등장한다.

하늘 성전에 있는 영원한 떡

우리 논의에 중요한 고대 유대교의 전통 두 번째 내용은, 만나가 **하늘에**, 구체적으로는 하나님의 하늘 성전 안에 보관되어 있다는 믿음이다.

Maher, M.S.C., *Targum Neofiti 1: Exodus and Targum Pseudo-Jonathan: Exodus* (Collegeville, Minn.: Liturgical Press, 1994), 207-208이다.

이 믿음을 이해하려면, 고대 유대인들이 현대인과 같은 관점에서 현실을 본 것이 아니라는 사실을 기억해야 한다. 현대 서구인들은 모든 실제를 가시적, 물질적 영역으로 환원하는 경향이 있다. 랍비들은 그런 영역을 '이 세계'(하 올람 하제[ha 'olam hazeh])라 불렀을 것이다. 현대인이 초자연적 영역을 그나마 믿는다 해도, 그 모습에 대해서는 매우 모호하고 불확실하며, 상세한 모습을 묘사해 보라는 요구를 받으면 몹시 힘들어한다. 하지만 고대 유대교에서는 물질세계를 하늘에 있는 초자연적 영역인 비가시적 세계를 보여주는 가시적인 신호로 보았다. 이 하늘 영역의 중심부에는 하늘 성전이 있고, 그 성전에는 하나님 자신이 서 계시며, 그 주변을 무수히 많은 천사들이 둘러싸고 있다. 이 순수한 영들은 밤낮으로 항상 하나님을 경배한다. 이 하늘의 존재들이 물질적인 실체로 간주되지는 않지만, 그렇다고 해서 그들이 덜 '실제적인' 존재인 것은 아니다. 오히려 반대로, 그들은 어떤 측면에서는 지상의 존재보다 더 실제적인 존재로 믿어졌다. 지상의 존재는 일시적이며 따라서 결국에는 사라져 없어지기 때문이다.[8]

이런 관점에서 보면, 예루살렘에 있던 지상의 성전도 하나님의 비가시적, 비물질적인 처소인 하늘 성전의 가시적, 물질적 신호(가톨릭식으로는 '성례전')였다. 고대 랍비들에 따르면, 하나님과 그분

---

8. 예를 들면, Christopher Rowland, *The Open Heaven: A Study of Apocalyptic in Judaism and Early Christianity* (New York: Crossroad, 1982), 78-94을 보라.

의 천사들만이 하늘 성전을 차지하고 있던 것이 아니다. 만나도 그곳에 있었다. 창세기 1장의 천지 창조에 대해 유대교 탈무드가 설명하는 내용을 확인해 보라.

"하나님이 그것들을 하늘의 궁창에 두어 땅을 비추게 하셨다"(창 1:17). **이 '하늘'에는 맷돌이 있어 의인들을 위한 만나를 가는데,** 이 것은 "그러나 그가 위의 궁창을 명령하시며 하늘 문을 여시고, 그 들에게 만나를 비같이 내려 먹이시며 하늘 양식을 그들에게 주셨 나니"(시 78:23-24) 등의 말씀에 나온 바와 같다. **이 '처소'는 [천상의] 예루살렘과 성전과 제단이 세워진 곳으로, 큰 군주 미가엘이 거 기에 서서 제사를 드리는 곳인데,** 이것은 "내가 참으로 주를 위하 여 계실 성전을 건축했사오니 주께서 영원히 계실 처소로소이 다"(왕상 8:13)라고 한 말씀에 나온 바와 같다. 그리고 그곳이 하늘 로 불린다는 사실을 우리가 어디서 알 수 있는가? 그것은 "주여 하늘에서 굽어 살피시며 주의 거룩하고 영화로운 처소에서 보옵 소서"(사 63:15)라고 기록되어 있기 때문이다. (바빌로니아 탈무드, 『하 기가』 12B)[9]

아쉽게도 번역을 하면 이 본문의 히브리어 언어유희가 제대로 살아나지 않아서, 그 의미를 이해하기가 조금 더 어려워진다. 그래

---

9. 히브리어 언어유희를 제거하기 위해 번역을 약간 수정했다. 그런 언어유희 가 영어권 독자들에게는 거의 사용되지 않기 때문이다.

도 유대교 타르굼에서 만나에 대해 초자연적인 특성을 가진 것으로 가르쳤다는 사실은 분명하다. 의인들이 지상에서 만나를 먹지만, 만나를 맷돌로 가는 것은 '하늘의' 천사들이다. 이 하늘의 만나는 하늘 성전에 보관된 것으로 믿어졌는데, 그곳에서는 천사장 미가엘이 예배의 제단에서 집전자 역할을 했다. 현대 유대교 학자인 랍비 R. 라비노비츠(R. Rabinowitz)가 이 본문을 해설하면서 말했듯이, "지상 성전은 하늘 성소에 대응한다."[10] 구약에서 이스라엘 백성이 언약궤를 보유하고 있는 동안 만나는 지상 성소 내부인 지성소에 보관됐다. 하지만 지상 성전이 하늘 성전의 모상 혹은 이미지라면, 마찬가지로 지상의 만나는 하늘 성전에 보관된 하늘 만나의 모상 혹은 이미지라는 말도 의미가 통한다.

달리 말해, 일부 고대 유대인들이 하늘 성전을 지상 성전이 존재하기 오래전부터 하늘에 존재하던 영원한 실재라고 믿었듯이, 일부 유대인들은 만나에 대해서도 출애굽 때 지상으로 내려오기 오래전부터 하늘에 존재하던 영원한 실재라고 보았다.

메시아의 만나

만나를 이해하는 데 중요한 유대교 전통 세 번째 내용은 두 번째 내용과 곧장 연결되어 있다. 랍비들은 만나가 하늘에 계속 존재하고 있다고 믿었기 때문에, 만나가 지상에서는 그쳤지만 언젠가는 다시 내릴 것이라고 기대했다. 그리고 그들은 또한 메시아가

---

10. 손치노(Soncino)역 탈무드, 『하기가』 12b에 있는 각주들을 보라.

새 모세일 것이라고 믿었기 때문에, 만나도 메시아가 올 때 재개
될 것으로 기대했다.

몇 가지 사례를 인용해 보겠다.[11] 미드라쉬 랍바에 따르면, "첫
구속자가 '내가 너희를 위하여 하늘에서 양식을 비같이 내릴 것이
다'(출 16:4)라는 진술대로 만나가 내려오게 했듯이, 나중 구속자도
만나가 내려오게 할 것이다"(『전도서 랍바』 1:9).[12] 달리 말해, **첫** 모세
가 하늘에서 온 만나를 이스라엘에게 주었듯이, **새** 모세인 메시아
도 하늘에서 온 떡을 가지고 내려올 것이다.

출애굽기에 대한 또 다른 랍비 주석은 "너희가 이 세대에는 그
것[만나]을 찾지 못하겠지만, 장차 올 시대에는 그것을 볼 것이
다"(출 16:25에 대한 『멜키타』)고 진술한다. 유대교 전통에서 '장차 올
시대'('장차 올 세상'으로도 번역된다)는 메시아의 시대를 가리키는 표현
으로 사용됐는데, 이는 하나님께서 자기 백성을 위한 구원의 때로
도입하실 시대다. 그들은 그때가 되면 만나 기적이 다시 한번 일
어날 것이라고 믿었다.

마지막으로 미래의 만나를 언급하는 가장 오래된 자료를 보
자. 가장 자세한 내용을 담고 있는 자료이기도 한 이 자료는 『바룩

---

11. 하나님께서 '새 천 년'에 어떤 방식으로 만나를 재개하실 것인지에 대해서는
    『출애굽기 랍바』 25:3 (p. 303)도 확인하라.

12. 이 사례들은 Raymond Brown, *The Gospel According to John* (Anchor Bible
    29-29a; New York: Doubleday, 1966), 1:265-66; C. H. Dodd, *The
    Interpretation of the Fourth Gospel* (Cambridge: Cambridge University
    Press, 1953), 83-84, n2, 335에서 가져온 것이다. 또한, Craig S. Keener, *The
    Gospel of John* (Peabody, Mass.: Hendrickson, 2003), 1:682을 보라.

2서』로 알려진 고대 유대교의 묵시문헌인데, 이 문헌은 메시아가
올 때 만나가 재개될 것임을 분명히 한다.

이런 측면들에서 일어나야 할 일들이 모두 성취되면 **메시아의 모**
습이 드러나기 시작할 것이다. … 굶주린 사람들이 배불리 먹을
것이며, 나아가 매일 놀라운 일을 목도할 것이다. … **그때가 되면**
만나의 보고(寶庫)가 높은 곳에서 다시 내려와 그들이 그날들 동
안 만나를 먹을 것인데, 이들이 바로 시대의 완성에 도달한 사람
들일 것이기 때문이다. (『바룩2서』 29:3, 6-8)

학자들 대부분은 이 문서가 주후 1세기 후반이나 2세기 초반
에 기록됐을 것으로 본다.[13] 그렇다면 이 문서는 만나의 재개에 대
한 유대교의 믿음이 예수님 당시에 통용됐다는 중요한 증거다. 또
한, 이 문서는 장차 올 만나가 기적으로 기대됐다는 사실도 보여
준다. 메시아의 때에는 의인들이 매일 기적('놀라운 일')을 볼 것인
데, 그들이 매일 만나를 먹을 것이기 때문이다.

마지막으로, 이 기대들은 미래의 만나를 메시아의 도래, 메시
아 왕국이 지상에 설립되는 것과 분명하게 연결한다. 신약학자 C.
H. 도드(Dodd)의 표현대로, 이 고대 유대교 전통에서 의인들은 '지

---

13. 『바룩2서』에 대한 개관으로 A. F. J. Klijn, "2 (Syriac Apocalypse of) Bar-
uch", in Charlesworth, *The Old Testament Pseudepigrapha*, 1:615-620을 보
라.

상에 수립될 일시적인 메시아 왕국의 기간' 동안 만나를 먹을 것이다.[14] 달리 말해, 만나 기적이 일어나는 기간은 (시대의 완성에 올) 메시아가 도래한 후부터 죽은 자의 최종 부활과 창조 세계의 회복이 일어나기 전에 해당하는 시기다. 이스라엘 민족이 애굽을 떠난 후부터 약속의 땅에 도달하기 전까지만 만나를 먹었듯이, 의인들도 메시아가 오고 난 **후부터** 인류 역사의 마지막 때 일어날 최종 심판 **전까지**만 만나를 먹을 것이다.

요약하면, 고대 유대교 전통은 모세가 준 기적의 만나가 언젠가 다시 내릴 것인데 그것을 가져다주는 분이 메시아일 것이라는 생생한 소망을 증언하고 있다. 새 출애굽이 마침내 시작되면, 하나님께서 옛적에 그러셨던 것처럼 다시 한번 하늘에서 비처럼 만나를 내리셔서 자기 백성에게 힘을 주실 것이다. 이 일은 매일 일어나, 하나님의 백성들은 새 창조에 속한 새 약속의 땅을 미리 맛볼 것이다(이것을 일부 랍비들은 '장차 올 세상의 떡'이라 불렀다[『창세기 랍바』82:8]).

예수님과 새 만나

이런 배경을 염두에 두고 이제 다음 질문을 던져보자. 예수님은 하늘에서 온 새 만나에 대한 고대 유대인의 소망을 언급하신

---

14. Dodd, *The Interpretation of the Fourth Gospel*, 335.

적이 있는가? 그분은 마지막 만찬의 수수께끼를 푸는 열쇠로 이 믿음을 활용하신 적이 있는가?

복음서에 의하면 '그렇다'. 적어도 두 번 그런 경우가 등장한다. 첫째, 때때로 간과되지만, 주기도문에 보면 새 만나를 언급하는 짧지만 중요한 구절이 있다. 이 기도는 예수님이 제자들에게 가르치신 것으로 기록되어 있다(마 6:9-13; 눅 11:2-4). 둘째, 예수님이 가버나움의 유대교 회당에서 하신 유명한 '생명의 떡' 담화가 있다(요 6:48-71). 그 설교에서 예수님은 하늘에서 온 만나를 반복해서 언급하면서, 제자들이 어떻게 그분의 살을 먹고 그분의 피를 마실 수 있는지 설명하는 데 활용하신다. 실제로 회당에서의 이 설교는 사복음서에서 예수님이 성찬 전례에 관해 가장 자세하게 논의하신 부분이다. 물론 이 본문의 의미를 풀려면 시간이 좀 걸릴 것이다. 하지만 이 본문은 충분한 관심을 받을 가치가 있고(특별히 내가 이 주제를 연구하고 궁극적으로 이 책을 집필하도록 처음으로 동기부여를 했던 것이 이 본문이다), 나는 그 사실을 보여주고 싶다.

그러면 먼저 주기도문을 보자.

"오늘 우리에게 초자연적 떡을 주소서"

예수님의 말씀 가운데 '하늘에 계신 우리 아버지여'로 시작하는 주기도문보다 사람들에게 더 잘 알려진 글귀는 아마도 없을 것이다. 이 기도문은 복음서 두 곳(마 6:9-13; 눅 11:1-4)에 기록되어 있지만, 가장 친숙한 형태는 마태복음의 것이다.

하늘에 계신 우리 아버지여,

이름이 거룩히 여김을 받으시오며,

나라가 임하시오며,

뜻이 하늘에서 이루어진 것같이 땅에서도 이루어지이다.

오늘 우리에게 일용할 떡을 주시옵고,

우리가 우리에게 죄 지은 자를 사하여 준 것같이

우리 죄를 사하여 주시옵고,

우리를 시험에 들게 하지 마시옵고,

다만 악에서 구하시옵소서. (마 6:9-13)[15]

주기도문 전체와 관련하여 여러 이야기를 할 수 있겠지만,[16] 우리의 초점은 만나에 있으니 두 가지 질문만 던지도록 하자. 첫째, 네 번째 간청인 "오늘 우리에게 일용할 떡을 주소서"가 간청하는 대상은 무엇인가? 제자들에게 그것을 달라고 기도하라고 예수님이 가르치신 대상은 정확히 무엇인가? 그분은 단순히 일용할 떡을 위해 기도하라고, 하나님 아버지께 일상적인 식량과 음료를 구하라고 말씀하고 계신가? 아니면 그 이상의 내용이 담겨 있는가? 둘째, 예수님이 이 부분에서 같은 말을 반복하시는 이유는 무엇인

---

15. 더 짧은 형태인 누가복음 11:2-4과 비교해 보라. 떡에 관한 간구는 두 판본 모두에 있다.

16. Pitre, "The Lord's Prayer and the New Exodus," 69-96을 보라.

가? 그저 "우리에게 일용할 떡을 주소서" 혹은 "우리에게 오늘 떡을 주소서"라고 말씀하실 수도 있지 않았을까? 왜 굳이 반복하셨을까? 제자들이 구해야 할 떡이 **매일 주어져야 한다**는 사실을 왜 강조하셨을까?

내가 보기에 이 질문에 대한 실마리는 이 부분에 사용된 미스터리한 헬라어 단어인 **에피우시오스**(epiousios)로 보인다.[17] 대부분의 영어 번역 성경은 이 간청에 '날' 혹은 '매일'이라는 단어가 두 차례 등장하는 것으로 번역했지만, 실제로는 그렇지 않다. 헬라어로 '날'에 해당하는 통상적인 단어는 **헤메라**(hemera)이다. '일용할'로 번역된 단어 배후에 있는 단어는 '주기도문'의 두 가지 형태 모두에서 **헤메라**가 아닌 **에피우시오스**다.

"오늘날 우리에게 **에피우시오스** 떡을 주소서." (마 6:11)

"우리에게 날마다 **에피우시오스** 떡을 주소서." (눅 11:3)

이 단어의 뜻은 무엇일까? **에피우시오스** 떡은 무엇일까? 현대 학자들에게는 불행하게도, 두 가지 어려움 때문에 이 질문에 답하

---

17. 물론 학자들은 원래 아람어(혹은 히브리어) 표현이 무엇이었는지에 대한 다양한 가설을 제안해 왔다. 예를 들면, Meier, *A Marginal Jew*, 2:291-94을 보라. 그러한 추측들의 문제는 단순히 사본상의 증거가 없다는 것뿐 아니라, 예수 당시 사용됐던 아람어, 히브리어에 대한 우리의 지식에 한계가 있기 때문에 예수가 모국어로 어떤 말을 할 수 있었고 어떤 말을 할 수 없었는지 확인하는 게 사실상 불가능하다는 데 있다.

기가 곤란하다. 첫째, 헬라어 단어 **에피우시오스**가 원래는 히브리어나 아람어였던 표현을 번역하기 위한 단어인지 여부와, 만약 그렇다면 원래 표현이 정확히 무엇이었는지 알 길이 없다. 이 상황(예수님의 다른 표현 대부분도 비슷한 상황이다)에 비추어보면, 실제 헬라어 본문은 아마도 우리가 합리적으로 추론할 수 있는 가장 이른 시기의 본문일 것이다. 둘째, 단어 **에피우시오스**는 학자들이 신조어라 부르는 것에에 해당한다. 이 단어는 고대 헬라어 문헌 중 여기 주기도문에 최초로 등장한다. 이후로는 초대 교회 교부들의 저작에도 등장하지만, 이 단어의 궁극적인 기원은 신약성서다. 그렇기 때문에 이 단어가 원래 맥락에서 어떤 의미였는지 정확하게 설명하기가 힘들다.

　이런 이유들 때문에, 학자들은 주기도문 안에서 **에피우시오스**의 의미에 대해 계속 논란 중이며 다양한 다른 번역을 제안해 왔다.[18] 이 단어가 '현재를 위한'(**에피 텐 우산**[*epi ten ousan*])의 의미라는 제안도 있고, '장차 올' 날(**헤 에피우사**[*he epiousa*])의 의미라는 제안도 있다. 둘 다 매력적인 설명이지만, 이것이 실제 헬라어 단어의 형태가 그렇지 않다는 게 문제다. 그리고 이 단어가 '실존의'(**에피 우**

18.　Walter Bauer, William F. Arndt, F. Wilbur Gingrich, and Frederick Danker, *A Greek-English Lexicon of the New Testament and Other Early Christian Literature*, 2nd ed. (Chicago and London: University of Chicago Press, 1979), 296-97; Werner Foerster, "epiousios," in Gerhard Kittel, ed., *Theological Dictionary of the New Testament*, 10 volumes (Grand Rapids: Eerdmans, 1967), 2:590-99을 보라.

시아[*epi ousia*]) 떡이라는 제안도 있다. 실제 헬라어 형태에 가장 가깝기 때문에 지금까지는 최선의 추측이고, 이 주장을 강력하게 옹호하는 사람도 꽤 있다.[19]

하지만 나는 가장 정확한(그리고 가장 오래된) 번역이 종종 가장 무시되어 왔다는 주장을 하려 한다. 이 단어를 주요한 두 부분으로 나누고 문자 그대로 번역하면 다음과 같다. (1) **에피**(*epi*)는 '…위에' 혹은 '…를 넘어'를 의미하며, (2) **우시아**(*ousia*)는 '존재', '물질' 혹은 '자연'을 의미한다. 이를 종합하면 그 의미는 '오늘날 우리에게 **초자연적인**(*supernatural*) 떡을 주소서'가 된다. 실제로 고대 기독교 작가 중 일부에서는 헬라어 단어 **에피우시오스**를 가능한 한 문자 그대로 번역하는 게 굉장히 일상적이었다. 아마도 주기도문 번역 중 가장 유명한 번역인 4세기의 라틴어 성경(Vulgate)에서 성 히에로니무스는 이렇게 번역했다.

> 오늘 우리에게 **초물질적인**(*supersubstantial*) 떡을 주소서. (마 6:11)[20]

히에로니무스의 번역은 어떤 의미일까? 히에로니무스 자신이

---

19. 예를 들면, John Chrysostom, *The Gospel of Matthew*, Homily 19.5, 재인용은 Manlio Simonetti, *Matthew 1-13*, 2 volumes (Ancient Christian Commentary on Scripture; Downers Grove, Ill.: InterVarsity, 2001), 1:135-36; Ephrem the Syrian, *Commentary on Tatian's Diatesseron* 6.16a, 재인용은 Arthur A. Just, Jr., *Luke* (Ancient Christian Commentary on Scripture; Downers Grove, Ill.: InterVarsity, 2003), 187.

20. 실제 라틴어는 *Panem nostrum supersubstantialem da nobis hodie*이다.

다른 곳에서 한 말을 보면, 주기도문의 떡이 초물질적인 것은 "모든 물질을 뛰어넘고, 모든 피조물을 능가하기" 때문이다.[21] 달리 말해 그 떡은 초자연적이다. 이런 이해를 가졌던 것은 히에로니무스 혼자만이 아니다. 의미심장하게도 주후 4세기 예루살렘의 주교였던 성 퀴릴로스(St. Cyril) 역시 주기도문에 대해 "보통 떡은 초자연적이지 않지만, 이 거룩한 떡은 초자연적이다"라고 말했다 (*Mystagogic Lectures*, 23.15). 마찬가지로 주후 3세기의 작가인 카르타고의 성 키프리아누스(Saint Cyprian)는 주기도문에 관한 논문에서, 예수님이 말씀하신 떡을 '천상의 떡'이요, '구원의 양식'이라고 말했다.[22]

이 지점에서 당신은 '뭐가 뭔지 하나도 모르겠어요!'라고 외칠 수도 있다. 하지만 이 내용은 매우 중요하다. 만약 히에로니무스가 옳고 주기도문이 초자연적 떡을 간구하는 매일의 기도라면, 1세기 유대교의 맥락에서 이 내용이 가리킬 수 있는 실제는 오직 하나, '하늘에서 온 새 만나'이다. 현대인의 귀에는 구약의 메아리가 들리지 않을 수도 있지만, **매일을 위한** 떡이면서 동시에 **초자연적인**

---

21. Jerome, *Commentary on Matthew*, 1.6.11, 재인용은 Simonetti, *Matthew 1-13*, 135을 보라.

22. Cyprian, *Treatises* 4.18, 재인용은 Simonetti, *Matthew*, 135. 또한 Roberts and Donaldson, *Ante-Nicene Fathers*, 5:452, and John Cassian, *Conference* 9.21, 재인용은 Just, *Luke*, 187; Cyril of Jerusalem, *Mystagogic Lectures*, 23.15, in Philip Schaff and Henry Wace, *Nicene and Post-Nicene Fathers: Second Series*, 14 volumes (Peabody, Mass.: Hendrickson, 1994), 7:155을 보라.

떡을 달라고 간청하는 기도를 들은 고대 유대인이라면 누구나 즉시 출애굽의 만나를 떠올렸을 것이다. 특히나 일용할 초자연적인 떡을 간청하는 이 주기도문이 하나님의 '왕국'의 최종적인 도래도 언급한다(마 6:10)는 사실을 참고하면, 더욱더 그럴 가능성이 커진다. 다른 본문에서 예수님이 제자들을 향해 땅의 음식을 염려하지 **말고**('무엇을 먹을까' 혹은 '무엇을 마실까'), 먼저 그 왕국(마 6:25-33; 눅 12:22-31)을 구하라고 명령하셨다는 사실을 기억하라. 주기도문의 다른 내용들 모두가 영적인 내용, '하늘에 있는' 내용에 초점이 있다면, 신비로운 **에피우시오스** 떡에 대해서도 같은 이야기를 하는 게 이치에 맞다.

요약하면, 하늘에서 오는 새 만나를 향한 소망이 주기도문(예수님이 제자들에게 가르치신 기도)의 정중앙에 자리잡고 있다. 제자들은 그들 자신을 위해 다른 내용(그들이 저지른 죄의 용서, 시험으로부터의 보호, 악에서의 구원)을 구하기에 앞서, 먼저 새 출애굽의 새 만나, 초물질적인 일용할 떡을 구해야 한다. 예수님은 제자들에게 '오늘 우리에게 초자연적인 떡을 주소서'라고 매일 간구할 것을 지시하심으로써, 제자들이 새 약속된 땅으로 향하는 여정 동안 메시아 자신이 주실 기적의 양식을 달라고 하나님께 요청하라고 가르치신다. 성공회 신약학자인 N. T. 라이트(Wright)는 주기도문을 해설하면서 이 내용을 다음과 같이 표현했다.

애굽에서는 만나가 필요하지 않았다. 약속의 땅에서도 만나는 필요치 않을 것이다. 만나는 개시된 종말론의 양식으로, 그 왕국이 이미 침입해 들어왔기 때문에 필요한 양식이요, 동시에 그 왕국이 아직 완성되지 않았기 때문에 필요한 양식이다. 만나가 매일 제공된다는 사실은 출애굽이 시작됐다는 사실, 하지만 아직 우리가 약속의 땅에서 살고 있는 것은 아니라는 사실, 둘 다를 보여주는 신호다.[23]

만약 이 내용이 예수님이 '주기도문'에서 의도하신 의미라면, 예수님은 자신을 다시 한번 하늘에서 새 만나를 비처럼 내릴 유대적 메시아로 보신 것이다.[24] 이건 너무나 분명한 사실이다.

회당에서 예수님이 하신 생명의 떡 설교

새 만나에 대한 유대인의 소망을 가장 직접적으로 언급한 내용이 발견되는 곳은 예수님의 가장 유명하고 가장 논란이 많은 가르침 중 하나로, 생명의 떡 담화로 불린다(요 6:35-58). 요한복음에 따르면, 이 가르침이 주어진 곳은 갈릴리의 작은 마을인 가버나움의 회당이었다. 예수님이 마지막 만찬을 어떻게 이해하셨는지에 대한 수 세기 동안의 논쟁에 친숙한 사람이라면 이 특별한 설교가

---

23. N. T. Wright, "The Lord's Prayer as a Paradigm for Christian Prayer," in *Into God's Presence: Prayer in the New Testament*, ed. Richard N. Longenecker (Grand Rapids: Eerdmans, 2001), 132-54 (여기서는 143).

24. 이 마지막 문단은 Pitre, "The Lord's Prayer and the New Exodus," 87을 수정한 것이다.

그 논쟁의 핵심에 위치하고 있다는 사실 역시 알 것이다. 이 설교 안에 우리의 탐구를 시작할 자료들이 담겨 있다.

> 내가 진실로 진실로 너희에게 이르노니, 인자의 살을 먹지 아니하고 인자의 피를 마시지 아니하면 너희 속에 생명이 없느니라. 내 살을 먹고 내 피를 마시는 자는 영생을 가졌고, 마지막 날에 내가 그를 다시 살리리니, 내 살은 참된 양식이요 내 피는 참된 음료로다. (요 6:53-55)

예수님은 무슨 의미로 이런 이야기를 하신 것일까? 문자 그대로의 의미로? 아니면 그저 상징적인 의미로? 자기 살과 피를 다른 사람에게 먹고 마시라고 줄 수 있다는 생각을 어떻게 할 수 있었을까?

이 질문에 답하려면, 예수님의 말씀을 세심하게 살펴야 하며, 또한 그 말씀을 원래의 맥락에서 해석해야 한다. 이 작업을 하다 보면 굉장히 중요한 사실을 알게 된다. 말하자면, **예수님의 생명의 떡 담화 배후에 있는 전체적인 배경에서의 핵심은 '새 모세의 도래'와 '하늘에서 온 만나의 재개'와 관련된 유대인의 소망이었다**는 것이다.

주목할 만한 사실은, 예수님이 어떤 관점에서 성찬을 보셨는지에 대한 끊임없는 논쟁에서 이 내용이 일관되게 무시되어 왔다는 것이다. 하지만 이 내용은 사실이다. 예를 들면, 요한복음 6장으로 되돌아가 더 넓은 문맥에서 생명의 떡 담화를 읽어보라. 그러면 그 장이 예수님이 광야에서 5천 명을 먹이신 기적(요 6:1-15)으로 **시작한다**는 사실을 알게 될 것이다. 모세는 만나로 이스라엘 민족을 먹였던 인물인데, 지금은 예수님이 떡으로 군중을 먹이시고 있다. 군이 성경학자가 아니어도 이 두 인물 사이의 관련성은 알아챌 수 있다. 아니나 다를까, 유대인들은 이 기적에 두 가지 반응을 보인다. 첫째, 그들은 예수님을 메시아로 인식했다. 복음서의 이야기대로, 예수님이 그들을 떠나신 이유는 그들이 "예수를 억지로 붙들어 왕으로 삼으려" 했기 때문이다(요 6:15). 둘째, 그들은 또한 예수님을 **새 모세**로 인식했다. 그들이 "이는 참으로 세상에 오실 그 예언자라"고 외친 이유가 여기에 있다(요 6:14). 그들은 성경이 말한 '모세와 같은 예언자'를 언급하고 있었던 것이며, 이것은 신명기가 예언한 내용이다.

실제로 요한복음 6장을 조금 더 읽어보면, 사람들이 예수님을 새 모세라고 선언했으며 그 후에 곧바로 생명의 떡 담화가 이어진다는 사실을 알 수 있다. 복음서가 말하는 대로, 사람들은 기적을 한 번 체험하자 예수님을 찾아 와서는 또 다른 표적을 보여 달라고 요구한다. 그들이 무엇을 요구했을지 추측해 보라. 하늘에서 만나를 내려 달라는 것이었다.

그들이 묻되, "그러면 우리가 보고 당신을 믿도록 행하시는 표적이 무엇이니이까, 하시는 일이 무엇이니이까? **기록된 바 '하늘에**

**서 그들에게 떡을 주어 먹게 했다' 함과 같이 우리 조상들은 광야
에서 만나를 먹었나이다."** 예수께서 이르시되, "내가 진실로 진실
로 너희에게 이르노니, 모세가 너희에게 하늘로부터 떡을 준 것
이 아니라 내 아버지께서 너희에게 하늘로부터 참 떡을 주시나
니, 하나님의 떡은 하늘에서 내려 세상에 생명을 주는 것이니라."
그들이 이르되, **"주여, 이 떡을 항상 우리에게 주소서."** (요 6:30-34)

본 장에서 우리는 새 만나에 대한 유대인의 소망을 배웠다. 이
내용을 배경에 두고 보면, 요한복음의 이 장면이 당시의 역사적
상황에 완벽하게 맞아떨어진다. 유대인 군중은 메시아가 새 모세
일 것이라는 사실을 알고 있었다. 그들은 메시아가 만나의 기적을
재개할 인물이라는 사실도 알고 있었다. 그래서 그들은 예수님이
정말로 메시아인지 시험하고 확인하기 위해, 기적을 하나 행해서
그의 메시아 계보를 증명하라고 요구했다. 그들은 하늘에서 온 새
만나를 달라고 예수님께 요구하면서, 한 가지 요소를 비틀었다. 그
들은 옛 만나처럼 그저 40년 동안만이 아니라, **항상** 달라고 요구
했다.

이처럼 군중이 메시아의 만나를 요청한 것이 계기가 되어, 예
수님이 생명의 떡 담화를 시작하신다. 이 담화는 요한복음에서 가
장 긴 예수님의 가르침 가운데 하나다(요 6:35-59). 나는 이 설교 전
체를 자세하게 살피기보다는, 마지막 만찬의 떡과 포도주 안에 그
분이 실제로 임재하시는 것에 대한 가장 직접적인 가르침을 포함

하고 있는 부분(요 6:48-58)에만 집중하려 한다. 이 부분은 예수님이 회당에서 하신 설교의 절정부이기도 하지만, 우리가 이 책에서 탐구할 가장 중요한 성경 본문 가운데 하나이기도 하다. 그러니 본문을 꼼꼼하게 살펴볼 필요가 있다.

예수님은 자신의 기원이 하늘에 있음과 그분을 믿는 것의 중요성을 드러내기 위해 만나를 활용하는 것으로 설교를 시작하신다(요 6:35-47). 그리고 그 이야기를 마치고 나자마자, 초점을 옮겨 자신의 살을 먹는 것의 중요성을 강조한다. 이 본문에서 예수님이 성경에 등장하는 만나를 얼마나 두드러지게 언급하시는지 확인해 보라.

> [예수께서] "내가 곧 생명의 떡이니라. **너희 조상들은 광야에서 만나를 먹었어도 죽었거니와, 이는 하늘에서 내려오는 떡이니 사람으로 하여금 먹고 죽지 아니하게 하는 것이니라.** 나는 하늘에서 내려온 살아 있는 떡이니, 사람이 이 떡을 먹으면 영생하리라. **내가 줄 떡은 곧 세상의 생명을 위한 내 살이니라**" 하시니라.
>
> 그러므로 유대인들이 서로 다투어 이르되, "이 사람이 어찌 능히 자기 살을 우리에게 주어 먹게 하겠느냐?" 예수께서 이르시되, "내가 진실로 진실로 너희에게 이르노니 인자의 살을 먹지 아니하고 인자의 피를 마시지 아니하면 너희 속에 생명이 없느니라. 내 살을 먹고 내 피를 마시는 자는 영생을 가졌고 마지막 날에 내가 그를 다시 살리리니, **내 살은 참된 양식이요, 내 피는 참**

된 음료로다. 내 살을 먹고 내 피를 마시는 자는 내 안에 거하고 나도 그의 안에 거하나니, 살아 계신 아버지께서 나를 보내시매 내가 아버지로 말미암아 사는 것같이 나를 먹는 그 사람도 나로 말미암아 살리라. **이것은 하늘에서 내려온 떡이니 조상들이 먹고 도 죽은 그것과 같지 아니하여 이 떡을 먹는 자는 영원히 살리라.**" 이 말씀은 예수께서 가버나움 회당에서 가르치실 때에 하셨느니라. (요 6:48-59)[25]

개신교와 가톨릭을 막론하고 신약학자들이 널리 인정하는 사실이 있다. 이 본문에서 예수님은 나중에 마지막 만찬에서 제자들에게 줄 성찬의 양식과 음료에 대한 이야기를 하시고 있다는 것이다.[26] 먼저 그분은 자신의 살과 피가 '참된 양식'이요, '참된 음료'라고 분명하게 이야기하신다(요 6:55). 나아가 루터파 학자 요아힘 예레미아스가 지적했듯이, 이 두 사건 사이에는 인상적인 유사점이 존재한다.[27]

---

25. 이 번역은 RSVCE(Revised Standard Version Catholic Edition)를 약간 수정한 것이다. Brown, *The Gospel According to John*, 282-83을 보라.

26. Rudolf Schnackenburg, *The Gospel According to St. John: Volume 2* (New York: Crossroad, 1990), 56-78을 보라.

27. Jeremias, *The Eucharistic Words of Jesus*, 108을 보라.

생명의 떡 담화	마지막 만찬
내가 줄 떡은	이것은
세상의 생명을 위한	너희를 위하는
내 살이라	내 몸이다
(요 6:51)	(고전 11:24)

이러한 유사점이 우연일 가능성은 거의 없다. 그렇다면 여기서 예수님이 나중에 마지막 만찬에서 행할 일을 미리 말씀하고 있는 게 아니라는 주장은 자기에게 유리한 이야기만 하는 빈약한 시도에 불과하다.[28]

그래도 질문은 남는다. 예수님이 그분의 살을 먹고 그분의 피를 마셔야 한다고 이야기했을 때, 실제 **의미**는 무엇일까? 문자적인 의미인가, 상징적인 의미인가, 아니면 또 다른 방식의 화법인가? 예수님이 나중에 마지막 만찬에서 하실 일에 관한 이야기를 하시는 것이라면, 그 말씀의 의미는 무엇인가?

예수님이 고대 유대교의 만나 관련 믿음을 활용하신 방식을 자세히 살펴보는 게 도움이 되는 지점이 바로 여기다. 이 본문이 마지막 만찬에 관한 이야기라는 사실을 인식한 학자는 많다. 그런데 그들도 빈번하게 무시해 온 중요한 내용이 있다. 그것은 **예수**

---

28. 예를 들면, Craig Blomberg, *The Historical Reliability of John's Gospel* (Downers Grove, Ill.: InterVarsity, 2001), 126-27은 요한복음 6장과 마지막 만찬을 떼어놓으려 하지만 설득력이 없다. 이 책은 그 외에는 훌륭하다.

님이 성찬 전례에 자신이 실제로 현존한다는 사실을 가장 드러내 놓고 가르치신 이 본문에서 자신을 직접 하늘에서 온 만나와 동일시하신다는 사실이다.

이 설교의 두 번째 부분을 다시 보자. 예수님은 "너희 조상들은 광야에서 만나를 먹었다"(요 6:49)라는 말로 시작해서, 성찬 전례와 옛 만나를 대조하는 것으로 설교를 마무리하신다. "이것은 하늘에서 내려온 떡이니 조상들이 먹고도 죽은 그것과 같지 아니하여 이 떡을 먹는 자는 영원히 살리라"(요 6:58). 달리 말해, 예수님은 성찬 전례에 자신이 현존한다는 수수께끼에 관한 가르침의 처음과 마지막을 하늘에서 온 만나에 대한 언급으로 둘러쌌다. 이 사실은 굉장히 의미심장하다. 예수님은 성찬 전례를 설명하기 위해 '유월절 양'이나 (다음 장에서 살펴볼) '신비로운 진설병'을 동원할 수도 있었다. 하지만 그의 살을 먹고 그의 피를 마셔야 할 필요성과 그것이 어떤 식으로든 '참된 양식'과 '참된 음료'가 될 것이라는 사실을 강조하려 했을 때, 그중 어느 것도 동원하시지 않았다. 오히려 예수님은 '하늘에서 온 만나'에 대한 유대교의 소망을 활용하셨고, 성찬 전례를 메시아의 만나와 동일시하셨다.

이 내용이 예수님의 말씀에 의도된 의미를 설명하는 데 어떤 도움이 될까? 이 말씀을 고대 유대인의 시각에서 보면 실제로는 상당히 간단한 내용이다. 유대인의 시각에서는, 예수님의 성찬 전례가 하늘에서 온 새 만나라면 그것은 그저 상징에 불과할 수 없다. 그것은 하늘에서 온 초자연적 떡임에 틀림없다. 앞서 살펴보았듯이, 구약에서 출애굽의 옛 만나는 평범한 떡이 아닌 기적의 떡이었다. 그렇기 때문에 이스라엘 민족이 만나를 다른 기적의 물건들(아론의 싹 난 지팡이와 ['하나님의 손'으로 기록된] 십계명 돌판[히 9:4])과 함께 성막에 보관한 것이다. 다시 말하지만, 이스라엘 민족은 그전에는 만나 같은 것을 본 적이 전혀 없었다. 그래서 만나를 '천사(개역개정에서는 '힘센 자'—역주)의 떡'이라 불렀다(시 78:25). 그리고 후대 유대교 전통에서 만나가 천상의 실제이며 아담과 하와의 타락 이전부터 존재했고 메시아가 오실 때까지 하늘 성전에 보관된다고 믿었던 이유도 그 때문이다.

이제 핵심축이 되는 질문을 던져보자. 만약 1세기 유대인들이 옛 만나를 하늘에서 온 초자연적 떡이라고 믿었다면, 새 만나가 단지 상징에 불과할 수 있을까? 만약 옛 만나가 기적에 해당하는 '천사의 양식'이었다면, 새 만나가 단지 평범한 떡과 포도주에 불과할 수 있을까? 만약 그렇다면, 옛 만나가 새 만나보다 **나은** 게 아닌가! 하지만 성경의 구원 역사는 그런 식으로 진행되지 않는다. (모형[type]으로 알려진) 구약의 예형은 결코 (대형[antitype]으로 알려진) 신약의 완성보다 나을 수 없다.[29] 성경에서 다윗 왕은 예수님의 예형이다. 다윗은 왕의 자리에 앉은 '하나님의 아들'로 불린다(시 2편). 하지만 다윗은 예수님보다 더 큰 존재가 아니다. 밧세바와의

---

29. 성경 모형론에 대해서는 Danielou, *From Shadows to Reality*; Leonhard Goppelt, *Typos: The Typological Interpretation of the Old Testament in the New*, trans. Donald Madvig (Grand Rapids: Eerdmans, 1982)를 보라.

사건을 기억하라. 마찬가지로 솔로몬 왕 역시 예수님의 모형이다. 그는 지혜로운 왕이자 수많은 '잠언'의 저자였다(왕상 4장). 하지만 솔로몬 역시 예수님보다 더 큰 존재가 아니다. 그에게 700명의 아내와 300명의 첩이 있었다는 사실을 기억하라. 예수님도 복음서에서 "솔로몬보다 더 큰 이가 여기 있다"고 말씀하셨으며(마 12:42), 메시아는 다윗의 '자손'에 불과한 게 아니라 다윗의 '주님'이라고 말씀하셨다(막 12:36-37).

요약하자면, **출애굽의 옛 만나가 하늘에서 온 초자연적 떡이었다면, 메시아의 새 만나도 하늘에서 온 초자연적 떡이어야 한다.** 예수님이 가버나움 회당에서 하신 말씀이 바로 이런 의미인 게 틀림없다. 예수님은 새 만나를 자신의 '살'과 동일시한 후(요 6:51), "이것은 하늘에서 내려온 떡이니 조상들이 먹고도 죽은 그것과 같지 아니하여 이 떡을 먹는 자는 영원히 살리라"는 선언으로 설교를 마무리하신다(요 6:58). 정말 놀라운 진술이다. 유대 성경에 "이것을 먹으면 영원히 살리라"고 언급된 유일한 다른 사례는 생명나무 열매에 대한 언급이다. 하나님은 아담과 하와가 이 열매를 따먹고 영생할까 봐 그들을 추방하셨다(창 3:22). 예수님이 혹시 만나가 타락 이전부터 존재했다는 고대 유대교 전통을 염두에 두고 말씀하신 건 아닐까? 확실히 알 수는 없다. 하지만 하나는 분명하다. 만약 예수님이 유대인 제자들에게 성찬 전례를 평범한 양식과 음료로 이해시키려 했다면, 결코 성찬의 양식을 하늘에서 온 새만나와 동일시하지는 않으셨을 것이다.

"이 말씀은 어렵도다"

이 장을 마무리하면서, 독자들의 마음에 계속 남아있을지 모를 마지막 쟁점에 관한 이야기를 하는 게 좋겠다. 그것은 '**어떻게**'에 관한 의문이다. 예수님의 말씀을 그대로 받아들인다 해도, 실제로 제자들에게 그분의 살을 먹도록 주는 일이 어떻게 가능한가? 그분의 의도는 제자들에게 식인 행위를 하라는 것인가? 그리고 동물의 피를 마시지 말라는 레위기의 금지 조항은 어떻게 되는가? 제자들에게 자기 피를 마시라고 명령하셨으니, 예수님은 하나님의 율법을 어기신 것인가? 마찬가지로 중요한 마지막 질문인데, 어떻게 그분은 뻔뻔하게 보일 정도인 그런 주장을 하실 수 있단 말인가? 그들의 구원이 어떤 식으로든 그분의 살과 피를 먹고 마시는 데 달려 있다는 가르침도 마찬가지이지만, 어떻게 한낱 인간에 불과한 자신을 이런 식으로 다른 사람에게 줄 수 있단 말인가?

제자들이 새 만나에 관한 예수님의 설교에 반응한 방식과 이어서 예수님이 그들의 반응에 응답한 방식을 자세히 살펴보면, 이 질문들에 대한 답을 찾을 수 있다. 예수님의 말씀을 역사적 맥락에서 해석하는 법을 알고 싶다면, 예수님의 첫 제자들이 그분을 이해했을 방식을 살펴볼 필요가 있다. 제자들도 모두 유대인이었다는 사실을 잊지 말라. 그들은 예수님의 가르침에 어떻게 반응했는가? 다음 절에 이어지는 요한의 이야기에 따르면, 그다지 훌륭한 반응은 아니었다.

제자 중 여럿이 듣고 말하되, "이 말씀은 어렵도다. 누가 들을 수 있느냐?" 한대, 예수께서 스스로 제자들이 이 말씀에 대하여 수군거리는 줄 아시고 이르시되, "이 말이 너희에게 걸림이 되느냐? 그러면 너희는 인자가 이전에 있던 곳으로 올라가는 것을 본다면 어떻게 하겠느냐? 살리는 것은 영이니 육은 무익하니라. 내가 너희에게 이른 말은 영이요 생명이라. 그러나 너희 중에 믿지 아니하는 자들이 있느니라" 하시니, 이는 예수께서 믿지 아니하는 자들이 누구며 자기를 팔 자가 누구인지 처음부터 아심이러라. 또 이르시되, "그러므로 전에 너희에게 말하기를 내 아버지께서 오게 하여 주지 아니하시면 누구든지 내게 올 수 없다 했노라" 하시니라.

그때부터 그의 제자 중에서 많은 사람이 떠나가고, 다시 그와 함께 다니지 아니하더라. 예수께서 열두 제자에게 이르시되, "너희도 가려느냐?" 시몬 베드로가 대답하되, "주여 영생의 말씀이 주께 있사오니 우리가 누구에게로 가오리이까? 우리가 주는 하나님의 거룩하신 자이신 줄 믿고 알았사옵나이다." (요 6:60-69)

가장 먼저, 예수님의 제자들 다수가 그분의 성찬 전례 설교에 부정적인 반응을 보였다는 사실을 강조해야겠다. 그들의 반응이 얼마나 중요한지는 아무리 강조해도 지나치지 않다. 회당에 있던 다른 유대인들처럼 **예수님의 제자들도 그분의 말을 곧이곧대로**

받아들였다. 예수님의 말씀은 그들에게 '걸림이 됐고', 그들은 그분을 떠나기로 결정했으며, 그분은 그들을 떠나보내셨다. 이 사실은 여러 이유로 굉장히 많은 사실을 보여준다.

먼저, 이 내용에서 우리는 예수님의 말씀이 실제 1세기 유대인들에게 어떻게 들렸을지 알려주는 직접 증언을 볼 수 있다. 양식과 음료의 형태로 자신의 살을 먹고 자신의 피를 마셔야 한다는 예수님의 주장이 유대인들의 귀에는 너무나 충격적이었다. 그래서 그 소리를 가만히 듣고만 있을 수 없었다. 그들은 "이 말씀은 어렵도다. 누가 들을 수 있느냐?"(요 6:60)고 말했다. 광야에서 만나를 두고 불평했던 이스라엘 백성처럼(출 16:2-9), 예수님의 제자들도 이해하기 어렵고 귀에 거슬리는 그분의 주장을 듣고 '수근거렸다'. 달리 말해, 그들은 예수님을 믿지 않았다. 예수님의 말씀처럼, "너희 중에 믿지 아니하는 자들이 있다"(요 6:64).

나아가, 제자들에게 딜레마였던 내용과 딜레마가 아니었던 내용이 정확히 무엇인지 확인해 보라. 문제는 그들이 예수님의 말씀을 너무 문자 그대로 받아들여 오해했다는 것이 **아니다.** 전에도 비슷한 일이 있었고, 그런 상황에서 예수님은 자신의 말을 설명하거나 분명하게 정리해 주셨다. 예를 들면, 제자들이 예수님의 말씀을 너무 문자 그대로 받아들인 상황에서, 예수님은 자신의 가르침을 비유로 풀어 설명하셨다.

제자들이 [호수] 건너편으로 갈새 떡 가져가기를 잊었더니, 예수께서 이르시되, "삼가 바리새인과 사두개인들의 누룩을 주의하라" 하시니, 제자들이 서로 논의하여 이르되, "우리가 떡을 가져오지 아니했도다" 하거늘, 예수께서 아시고 이르시되, "믿음이 작은 자들아 어찌 떡이 없으므로 서로 논의하느냐? 너희가 아직도 깨닫지 못하느냐? … 어찌 내 말한 것이 떡에 관함이 아닌 줄을 깨닫지 못하느냐? 오직 바리새인과 사두개인들의 누룩을 주의하라" 하시니, 그제서야 제자들이 떡의 누룩이 아니요 바리새인과 사두개인들의 교훈을 삼가라고 말씀하신 줄을 깨달으니라. (마 16:5-12)

이 반응을 예수님의 성찬 전례 담화와 비교해 보라. 제자들이 생명의 떡 담화를 듣고 반대하는 태도를 보였을 때, 예수님은 "아직도 알지 못하며 깨닫지 못하느냐?"(마 8:17)고 반응하시지 않고, "이 말이 너희에게 걸림이 되느냐?"고 말씀하셨다(요 6:61). 달리 말해, 예수님의 성찬 전례 가르침과 관련하여 제자들의 일차적인 문제는 그들이 이해하지 못했다는 것이 아니다. 문제는 그들이 예수님을 믿지 않았다는 것이다.

이 때문에 충격적인 일이 벌어진다. 생명의 떡 설교에 이어 **예수님의 제자 중 다수가 그분을 떠났고, 예수님은 그들이 떠나도록 놔두셨다.** 복음서의 설명대로, "그때 이후로 그의 제자 중에서 많은 사람이 떠나가고 다시 그와 함께 다니지 않았다"(요 6:66). 이 말은 그들이 예수님의 제자이기를 그만두었다는 의미다. 이 사건은 보통 사건이 아니다. 예수님의 가르침 때문에 제자들에게 버림받은 경우는 사복음서에서 딱 이 한 번이다. 그들은 왜 떠났는가? 예수님의 성찬 가르침을 곧이곧대로 이해했기 때문이다. 그런데 예수님이 자기주장을 철회하셨는가? 아니다.

실제로 예수님은 이 믿지 않는 제자들이 떠나도록 놔두셨을 뿐 아니라, 베드로와 열두 제자를 돌아보고 그들에게도 떠나라고 권하셨다. "너희도 가려느냐?"(요 6:67). 요점은 분명하다. 예수님은 자신의 살과 피에 관한 수수께끼에 있어서 어떤 타협도 용납하지 않으실 것이다. 이 내용은 제자도를 시험하는 리트머스 종이와 같다. 베드로는 이 시험에 어떤 반응을 보였는가? 열두 제자의 대변인으로서 그는 "주여, 영생의 말씀이 주께 있사오니 우리가 누구에게로 가오리이까? 우리가 주는 하나님의 거룩하신 자이신 줄 믿고 알았사옵나이다"라고 말한다(요 6:68-69). 베드로는 본질상 "주여, 당신이 방금 하신 말씀의 **의미**를 제가 완전히 파악하진 못했지만, 당신이 **누구신지**는 제가 압니다"라고 말하고 있었다.

그리고 또 하나, 예수님의 성찬 전례 가르침은 알레고리를 사용한 "씨 뿌리는 자" 비유와 다르다.[30] 그 비유의 경우는 제자들에게 어느 정도의 설명이 필요했다. 그런데 그분의 살을 먹고 그분의 피를 마셔야 한다는 충격적인 말씀은 초자연적 믿음을 요청한다. 예수님이 자신을 믿지 않은 사람들을 향해 하신 다음 말씀의 의미가 바로 그것이다. "내 아버지께서 오게 하여 주지 아니하시

---

30. 막 4:1-20과 비교해 보라.

면 아무도 내게 올 수 없다"(요 6:65).

하지만 이것이 이야기의 끝이 아니다. 예수님은 제자들의 불신에 대한 반응 속에, **그분의 신비로운 말씀을 이해하기 위한 단서를 제시해 두셨다.** 이 내용은 아무리 강조해도 지나치지 않는다. 복음서에 의하면, 예수님은 혼란에 빠진 제자들을 어둠 속에 내버려 두지 않으셨다. 그분의 말씀을 다시 한번 꼼꼼하게 읽어보자.

> 예수께서 스스로 제자들이 이 말씀에 대하여 수군거리는 줄 아시고 이르시되, "이 말이 너희에게 걸림이 되느냐? **그러면 너희는 인자가 이전에 있던 곳으로 올라가는 것을 본다면 어떻게 하겠느냐? 살리는 것은 영이니 육은 무익하니라. 내가 너희에게 이른 말은 영이요 생명이라.** 그러나 너희 중에 믿지 아니하는 자들이 있느니라" 하시니, 이는 예수께서 믿지 아니하는 자들이 누구며 자기를 팔 자가 누구인지 처음부터 아심이러라. (요 6:61-64)

예수님은 이 반응에서 그분의 난해한 말씀을 열두 제자가 잘 이해하도록 돕기 위해 두 가지 단서를 제시하신다. (1) 그분의 신적 정체성에 관한 신비, (2) 성령의 능력을 통해 일어날 그분 몸의 부활과 승천의 신비. 이 두 가지 내용을 잠깐 시간을 내서 들여다보자.

첫 번째 열쇠: 예수님의 신적 정체성에 관한 신비

첫 번째 열쇠는 결정적으로 중요한 내용이다. 이 성찬 설교를 실제적인 의미로 보는 해석을 가장 강력하게 반대하는 입장은, 어떤 인간도 자신의 시체를 먹게 만드는 것 외에는 다른 사람에게 자신의 살과 피를 줄 방도가 도무지 없다는 사실에 그 근거를 둔다. 게다가 (예언자든 아니든) 그런 사람이, 영원한 생명을 얻기 위해서는 자신의 살을 먹고 자신의 피를 먹어야 한다고 선언할 정도로 뻔뻔하다면 더 놀랄 일이다. C. S. 루이스(Lewis)의 유명한 말을 빌리자면, 그런 사람은 사기꾼, 광신도이거나 정말로 주님이거나 둘 중 하나일 것이다.[31] 그런데 이것이 바로 예수님께서 제자들의 불

---

31. Lewis의 말은 다음과 같다: "사람들이 예수에 관하여 종종 던지는 정말로 어리석은 말이 있는데, 앞으로는 아무도 그런 말을 하지 못하도록 내가 여기서 힘을 써볼 생각이다. 그 말은 '나는 예수를 위대한 도덕 교사로는 받아들일 용의는 있지만, 자신이 하나님이라는 예수의 주장은 도저히 받아들이지 못하겠다'이다. 우리는 절대 이런 이야기를 해서는 안 된다. 한낱 인간에 불과하면서 예수가 했던 그런 말들을 하고 다닌 다른 사람이 있다고 해서, 그런 사람을 가리켜 위대한 도덕 교사라고 하지는 않는다. 그런 사람은 ('내가 삶은 계란이요'라고 주장하는 사람과 같은 수준의) 광신도이거나 지옥의 악마일 것이다. 당신은 선택해야 한다. 이 사람을 (과거에도 현재에도) 하나님의 아들로 인정하든지, 아니면 미친 사람이나 그보다 형편 없는 사람으로 비웃든지 양자택일해야 한다. 당신은 예수를 바보 취급해서, 그의 입을 다물게 하고, 그에게 침을 뱉고, 그를 악마라며 죽일 수도 있다. 역으로 예수 앞에 엎드리고 그를 주님과 하나님으로 칭송할 수도 있다. 그렇지만 예수가 위대한 인간의 스승이라는 식의 생색내는 허튼 소리를 둘러대진 말자. 그것은 예수가 우리에게 내민 선택지가 아니다. 예수에게는 그런 의도가 없었다." C. S. Lewis, *Mere Christianity* (London: Collins; New York: Macmillan, 1955), 52.

신에 반응하면서 천상의 메시아라는 자신의 정체성을 가장 먼저 언급하신 이유다. "그러면 너희는 인자가 **이전에 있던 곳으로 올라가는 것**을 본다면 어떻게 하겠느냐?"(요 6:62)

그런데 이런 이야기가 등장하는 곳이 여기만이 아니다. 공관복음과 요한복음에서 예수님이 평범한 인간성의 경계를 벗어나는 내용을 언급하면서 오직 그분의 신비로운 신적 정체성으로만 합당하게 설명될 수 있는 주장을 하시는 본문은 하나가 아니다.[32] 사례를 조금 이야기하면, 예수님은 가버나움에서 중풍병자에게 "작은 자야, 네 죄 사함을 받았느니라"고 말씀하신 적이 있다. 근처에 앉아 있던 유대인 서기관들이 이 말을 듣고는 즉시 반박했다. "이사람이 어찌 이렇게 말하는가? 신성모독이로다! 오직 **하나님 한분** 외에는 누가 능히 죄를 사하겠느냐?" 그들의 반박에 예수님은 "인자에게 땅에서 죄를 사하는 권세가 있다"는 대답으로써, 자신에게 신적인 특권이 있다고 주장하신다(막 2:5-10).

또 한 본문에서 예수님은 안식일에 해서는 안 될 일을 제자들

---

32. 예수의 신적 정체성에 대해서는 Ratzinger, *Jesus of Nazareth*, 319-355; Dean L. Overman, *A Case for the Divinity of Jesus: Examining the Earliest Evidence* (New York: Rowman & Littlefield, 2010); Beverly Roberts Gaventa and Richard B. Hays, eds., *Seeking the Identity of Jesus: A Pilgrimage* (Grand Rapids: Eerdmans, 2008); Richard Bauckham, *Jesus and the God of Israel* (Grand Rapids: Eerdmans, 2008)을 보라. 내 의견으로, Hilarin Felder, O.F.M. Cap., *Christ and the Critics*, 2 volumes; trans. John L. Stoddard (London: Burns Oates and Washbourne, 1924)는 다소 오래된 내용이며 실질적으로 잊힌 책이지만, 그럼에도 여전히 예수의 신적 자기 정체성에 관한 성경의 증거들을 가장 탁월하고 방대하게 다룬 현대의 논의로 보인다.

이 했다는 바리새인들의 질문을 받고, 그 비판자들에게 반격을 가하신다. "**성전보다 더 큰 이가 여기 있다**", 그리고 "인자는 **안식일의 주인**이다"(마 12:6-8). 정말 놀라운 이야기다. 유대인의 관점에서 성전은 다름 아닌 하나님께서 땅에 거하시는 장소였다. 그런데 하나님을 제외한 어떤 존재가 '성전보다 더 클' 수 있단 말인가? 그리고 하나 더, 어떻게 예수님은 인자(예수님은 계속해서 자신을 인자와 동일시하신다)가 '안식일의 주인'이라고 주장하실 수 있단 말인가? 유대인의 관점에서 안식일의 주인은 오직 **한 분**, 즉 안식일을 만드신 창조주 하나님이실 수밖에 없는데 말이다.

또 다른 본문에서 예수님은 대적들에게 이렇게 이야기하신다. "진실로 진실로 너희에게 이르노니, **아브라함이 나기 전부터 내가 있느니라**(헬라어 **에고 에이미**[*ego eimi*])"(요 8:58). 예수님은 이 말로써 과거 모세에게 계시됐던 하나님의 이름이 자신의 이름이라고 주장하는 선까지 나아가신다(출 3:14을 보라). 그 결과 돌에 맞아 죽을 수도 있는 상황을 자초했다는 사실은 놀라울 게 없다.

마지막으로(하지만 앞선 내용과 마찬가지로 중요하다) 하누카 축제 동안 유대 성전에서 예수님이 하신 충격적인 진술을 살펴보자.

> 예루살렘에 수전절이 이르니 때는 겨울이라. 예수께서 성전 안 솔로몬 행각에서 거니시니, 유대인들이 에워싸고 이르되, "당신이 언제까지나 우리 마음을 의혹하게 하려 하나이까? 그리스도이면 밝히 말씀하소서" 하니, 예수께서 대답하시되, "내가 너희에

게 말했으되 믿지 아니하는도다. 내가 내 아버지의 이름으로 행하는 일들이 나를 증거하는 것이거늘, … **나와 아버지는 하나이니라**" 하신대, 유대인들이 다시 돌을 들어 치려 하거늘, 예수께서 대답하시되, "내가 아버지로 말미암아 여러 가지 선한 일로 너희에게 보였거늘, 그중에 어떤 일로 나를 돌로 치려 하느냐?" 유대인들이 대답하되, "**선한 일로 말미암아 우리가 너를 돌로 치려는 것이 아니라 신성모독으로 인함이니, 네가 사람이 되어 자칭 하나님이라 함이로라**." (요 10:22-33)

이번에도 예수님의 말씀을 들은 유대인 청중들은 이 말을 제대로 이해했다. 하나님 아버지와 자신이 하나라고 주장하셨으니, 예수님은 자신이 하나님이라고 주장하신 셈이었다. 그분의 주장이 사실이 아니라면, 이 말은 정말로 신성모독이며, 십계명 중 하나를 어긴 행위가 된다.

요약하자면, (내가 하고 싶은 말이면서, 내 생각에 예수님도 하고 싶으셨을 말이다) 예수님은 이렇게 자신의 신적 정체성을 주장하셨으며, 먼저 이 주장을 파악하지 않고서는 성찬 전례에 관한 주장도 이해할 수 없다. 인자이신 그분께 신적 권능이 있다는 사실을 이해하지 못하면, 인자이신 그분이 자신의 살과 피를 양식과 음료로 주실 수 있다는 사실도 이해할 수 없다. 그분은 성전보다 크신 분이요, 안식일의 주인이시며, 다름 아닌 하나님의 이름을 가지신 분이다. 이런 이유로 예수님은 제자들의 불신에 대한 가장 첫 반응으로 세상이 창조되기 전부터 존재했던 천상의 인자라는 자신의 **정체성을** 알리신 것이다. "너희는 인자가 이전에 있던 곳으로 올라가는 것을 본다면 어떻게 하겠느냐?"(요 6:62) 예수님이 '참된 양식'과 '참된 음료'의 형태로 자신의 살과 피를 제자들에게 주시는 것은 (요 6:55), 오직 그분의 신적 정체성과 신적 권능이라는 신비를 통해서만 가능하다.

두 번째 열쇠: 부활의 신비

두 번째 열쇠도 동일하게 중요한데, 천상의 인자에 관한 언급에 바로 뒤이어 나온다. 예수님은 "너희는 인자가 이전에 있던 곳으로 올라가는 것을 본다면 어떻게 하겠느냐?"(요 6:62)고 말씀하신 후에, "살리는 것은 영이니 육은 무익하니라"(요 6:63)고 선언하신다. 대단히 중요한 사실이 있는데, 이 두 절을 분리하지 않고 **함께** 해석해야 한다는 것이다. 그렇게 하면 즉시 예수님이 지금 자신의 시체를 먹으라고 이야기하시는 게 아님을 알 수 있다(그건 식인 행위다). 그게 아니라 예수님은 자신의 **부활한 몸의** 살아 있는 살을 먹으라고 이야기하고 계셨다. 그분의 몸은 '성령'의 능력으로 '살게' 되고 승천하여 하늘로 올려질 것이다.

이 내용은 새 만나가 기적의 떡이라는 사실에 관한 또 다른 단서다. 예수님은 성찬 전례에서 십자가에 못 박히고 **부활한** 자신의 살과 피를 주실 것이다. 왜냐하면 부활하고 하늘로 승천한 후에 그분의 몸은 더 이상 시간과 공간의 제약을 받지 않기 때문이다.

그분은 자신이 원하는 때, 원하는 장소에, 원하는 형태로 나타나실 수 있게 된다. 이를테면 나중에 엠마오로 가는 길 위에서(눅 24:16, 31), 혹은 막달라 마리아를 만난 동산에서(요 20:14) 나타나신 경우를 생각해 보라. 신약학자 레이먼드 브라운(Raymond Brown)이 예수님이 몸으로 승천하신 것을 두고 표현했듯이, 예수님은 "성찬 전례에서 소용이 있을 것은 나의 죽은 몸, 죽은 살이 아니라, 생명의 영으로 가득 찬 부활한 나의 육체다"라고 말하고 계셨다.[33]

　성찬 전례와 몸의 부활 사이의 이러한 연관성에 대해 어떤 오해도 없도록, 잠시 생명의 떡 설교로 돌아가서, 예수님께서 두드러지게 부활을 언급하신다는 사실을 확인하자.

> 예수께서 이르시되 내가 진실로 진실로 너희에게 이르노니, 인자의 살을 먹지 아니하고 인자의 피를 마시지 아니하면 너희 속에 생명이 없느니라. 내 살을 먹고 내 피를 마시는 자는 영생을 가졌고, **마지막 날에 내가 그를 다시 살리리니**, 내 살은 참된 양식이요 내 피는 참된 음료로다. (요 6:53-55)

　예수님은 이 말로써 자신의 살과 피를 마지막 날 성도들의 부활할 몸과 직접 연결하신다. 이 연결이 중요한 이유 가운데 하나는, 제자들의 반발에 대한 예수님의 반응이 종종 잘못 해석되어, 방금 성찬 전례에 관하여 하신 말씀 전체가 단순한 비유에 불과한

---

33. Brown, *The Gospel of John*, 1:303.

내용으로 변질되곤 하기 때문이다. 이러한 생각을 거슬러 올라가
면 종교개혁 지도자 중 한 사람인 울리히 쯔빙글리(Ulrich Zwingli)가
나온다. 그는 '육은 무익하니라'는 한 구절(요 6:63)을 문맥에서 완
전히 분리해서는, 그 구절을 예수님이 오로지 상징적인 의미로만
이야기하고 계셨다는 증거인 것처럼 처리한다.[34]

하지만 쯔빙글리의 견해는 말이 안 된다. 먼저, 예수님께서 '영
과 생명'(요 6:63)이라는 단어를 사용해서 이야기하셨을 때는, 그저
상징적인 의미로 말씀하신 게 아니다. 헬라어 단어 **프뉴마**(pneuma,
'영')에는 '상징적'이라는 의미가 없다.[35] 구약과 신약 모두에서 그

---

34. Zwingli의 정확한 말은 다음과 같다: "이렇게 말씀을 공들여 조사하는 작업
   에 자극 받아 힘들어 하는 사람이 아무도 없기를 바란다. 왜냐하면 내 주장
   을 뒷받침하는 근거는 이런 공들인 연구가 아니라, '육은 무익하다'(요 6:63)
   는 표현 하나이기 때문이다. 이 표현은 너무나 강력해서 이 문장의 '~하다'가
   '~를 가리키다' 혹은 '~의 상징이다'란 의미로 사용됐음이 분명해 보인다. 물
   론 이 담화 자체에는 그런 의미를 알아챌 수 있는 단서가 전무하지만 말이
   다. … 내 설명으로, 이 살이 실제 몸의 살이라는 터무니없는 관념이 충분히
   반박됐기를 바란다." Ulrich Zwingli, *Commentary on True and False Reli-
   gion*, ed. S. M. Jackson (Durham: Labyrinth Press, 1981), 231 and 216, 재인
   용은 O'Connor, *The Hidden Manna*, 144. Zwingli의 관심이 실제 예수의 말
   씀을 둘러싼 맥락을 '공들여 조사'하는 데 있지 않았다는 사실에 주목하라.
   여기에는 담화 전체에 대한 논의도 없고, 성만찬을 새 만나로 언급하는 경우
   도 전혀 없다. 그는 그저 요한복음 6:63 한 절을 문맥에서 완전히 뽑아내서,
   그 내용을 마치 예수가 성만찬은 오로지 그의 몸을 가리키는 '상징'일 뿐이
   라고 말하고 있었다는 결정적인 증거인 것처럼 이야기한다. 이 설명은 어떤
   본문을 문맥에서 뽑아내 그럴싸한 증거로 활용하는 전형적인 사례다.

35. Bauer et al., *A Greek-English Lexicon of the New Testament*, 674-78에 있는
   "영"(*pneuma*) 항목을 보라. 또 주목해야 할 사실은, 예수가 자신의 말이 "영
   적"(*pneumatikos*)이라고 말하지 않았다는 사실이다. 더구나 이 단어조차도

영은 **실재**이며, 가시적인 물질세계에 존재하는 그 어떤 것보다 더 실제적이다. 같은 복음서의 더 앞부분에 나오는 본문에서 예수님이 '하나님은 영[*pneuma*]이시다'(요 4:24)고 말씀하셨을 때, 하나님이 단지 상징에 불과하다는 의미가 아님은 두말할 나위가 없다!

이보다 훨씬 더 중요한 내용은, 예수님이 제자들에 대한 반응으로 '**그** 육(*the* flesh)은 무익하다'(요 6:63)고 말씀하셨다는 사실이다. '**내** 살(*my* flesh)은 무익하다'고 말씀하신 게 **아니다**.[36] 이 둘은 서로 완전히 다른 진술이다. 또한, 예수님이 '내 살은 무익하다'고 이야기하셨다면, 그것은 명백한 자기모순이다. 이전의 설교를 주의 깊게 읽어보면, 영생을 얻으려면 반드시 그분의 살을 먹어야 한다는 내용이 겨우 일곱 절 안에서 무려 여섯 번이나 등장함을 알 수 있다.

- 내가 줄 떡은 곧 세상의 생명을 위한 **내 살**이니라. (51절)
- 내가 진실로 진실로 너희에게 이르노니, **인자의 살**을 먹지 아니하

"비유적인"의 의미가 아니다.

36. 오래전에 St. John Chrysostom은 이 사실을 지적했다: "어떻게 우리 주님이 자신의 살을 먹으라고 줄 수 있는지 의심하는 사람이 있다. 이것은 세속적인 모습이다. 그렇다면 무엇이냐고? 진짜 살이 아니라는 의미냐고? 단언컨대 진짜 살이다. 나중에 '**육은 무익하다**'고 말씀하신 것은, 자신의 살에 관한 이야기가 아니라, 그분의 말씀을 세속적인 관점에서 듣는 사람들에 관한 이야기다." 재인용은 Thomas Aquinas, *Catena Aurea Volume IV-Part I: St. John* (London: John Henry Parker, 1842), 248. Augustine도 *Tractates on John* 27.5에서 이 문제를 두고 고심했다. O'Connor, *The Hidden Manna*, 68을 보라.

고 인자의 피를 마시지 아니하면 너희 속에 생명이 없느니라. (53절)

- **내 살**을 먹고 내 피를 마시는 자는 영생을 가졌다. (54절)
- **내 살**은 참된 양식이요 내 피는 참된 음료로다. (55절)
- **내 살**을 먹고 내 피를 마시는 자는 내 안에 거한다. (56절)
- **나를** 먹는 그 사람도 나로 말미암아 살리라. (57절)

이 내용에 비추어 보면, 예수님이 제자들에게 보인 반응이 예수님 자신의 육신이 무익하다는 의미일 리는 없다.[37] 이런 주장을 하는 사람은 자신의 주장이 (예수님께서 성육신하셔서 몸소 입으신 육체는 말할 것도 없고) 예수님이 십자가에서 내주신 육신까지 마찬가지로 무익하게 만들어 버린다는 사실을 인식하지 못한다.[38] 이 주장은 어불성설이다. 특별히 인류의 구원을 위해 말씀이 '육신이 되셨

---

37. 예를 들면, James Dunn은 요한복음 6:63의 의미가 **"성만찬의 육체는 무익하다. 생명은 성령과 예수의 말씀을 통해 온다"**라고 주장한다. James D. G. Dunn, *Baptism in the Holy Spirit: A Re-examination of the New Testament Teaching on the Gift of the Spirit in Relation to Pentecostalism Today* (SBT 2.15; London: SCM Press, 1970), 184-85.

38. St. Augustine도 몇 세기 전에 이 점을 지적했다. "그렇다면 왜 당신은 '육은 무익하다'고 말하는가? 그들이 그 말을 이해한 바에 따르면 그것은 무익한 것이다. 왜냐하면 그들은 육의 의미를 영으로 생명을 얻은 상태가 아니라, 동물의 시체를 각 뜬 상태로, 혹은 시장에서 팔리는 상태로 이해했기 때문이다. … '육은 무익하다'는 말을 들은 이 경우에도 그런 의미로 들은 것이다. 이 말은 육 자체를 의미한다. 하지만 (마치 지식에 자애가 더해지듯이) 육에 영이 더해지면 그 육은 굉장히 유익하다. 육이 무익하다면, 말씀이 우리 가운데 거하기 위해 육이 되지도 않았을 것이다." Augustine, *Tractatus in Jo.* 27:5, 번역은 O'Connor, *The Hidden Manna*, 68.

다'는 사실(요 1:14)을 강조하는 복음서라면 더욱더 그렇다. 예수님
은 '내 육신'이 아닌 '그 육신'(헬라어 호 사륵스[ho sarx])이라고 말씀하
셨다.[39] 이 어구는 '자연적인 혹은 지상적인'의 의미로 사용되는 표
준적인 표현이며, 그런 관점에서만 현실을 바라보는 사람을 가리
키기도 한다. 요한복음에서 몇 장만 뒤로 넘어가면 이 내용을 뒷
받침하는 증거가 나온다. 예수님은 바리새인을 향해 "너희는 육신
(헬라어 호 사륵스[ho sarx])을 따라 판단한다"고 말씀하셨다(요 8:15).

달리 말해, 바리새인이 예수님을 거부했던 이유는, 그들이 예
수님의 초자연적 기원을 인식하지 못하고 대신 겉모습만 보고 판
단했기 때문이다. 마찬가지로 예수님의 제자들 역시 하늘에서 온
새 만나의 초자연적 특성을 이해하지 못했기 때문에 예수님의 성
찬 전례 가르침을 믿지 않았다. 그들은 그 가르침을 오직 겉모습
만으로 판단했다. 그들은 예수님이 떡과 포도주라는 베일 아래 기
적처럼 존재하는 자신의 부활한 살과 피를 주기 원하신다는 사실
을 이해하지 못했다.[40]

---

39. Bauer, *A Greek-English Lexicon*, 744을 보라. 그리고 Brown, *The Gospel According to John*, 1.131: "요한에게 '육'은 피조물의 죽을 수밖에 없는 운명과 연약함을 강조한다. … 육과 대조되는 영은 인간의 영역에 작용하는 신적인 권능과 생명의 원칙이다."
40. 비슷하게, 베드로가 예수가 "살아 계신 하나님의 아들" 메시아라고 고백했을 때, 예수는 그에게 "이 사실을 너에게 드러낸 것은 육[sarx]과 혈이 아니라, 하늘에 계신 내 아버지시다"(마 16:17)고 말씀하셨다. 하나님의 은혜로 베드로는 예수의 인간성이라는 겉모습을 넘어 그가 하나님의 아들이심을 볼 수 있었던 것이다.

여담이지만, 예수님이 새 만나와 몸의 부활 사이를 이렇게 연결하실 때 고대 유대교에 완전히 낯선 내용을 언급하신 게 아니라는 사실도 지적해야겠다. 이를테면, 고대 유대교의 한 창세기 주석에서 랍비 요슈아는 "자신의 목숨을 바쳐 하나님을 섬기는 사람은 **장차 올 세상의 떡**으로 배부를 것이다"고 말했다(『창세기 랍바』 82:8).[41]

고대 유대교 사상에서 '장차 올 세상'은 구원의 시대를 말하는 다른 표현이었다. 그 시대가 되면 하나님은 메시아를 보내겠다는 약속을 성취하는 정도가 아니라, 나아가 죽은 자를 살리고 눈에 보이는 우주를 '새 하늘과 새 땅'으로 변모시킴으로써 창조 세계 자체를 회복하실 것이다(사 64-65장을 보라). 만약 예수님이 성찬 전례를 랍비들이 말한 '장차 올 세상의 떡'으로 보셨다면, 그 떡을 평범한 떡으로 보셨을 리가 없다. 오히려 그 떡은 새 창조의 맛보기이자 보증이었다. 예수님이 생명의 떡 담화에서 말씀하신 의미도 정확히 이 내용인 것이 틀림없다. 내 살을 먹고 내 피를 마시는 자는 영생을 가졌고 '마지막 날'에 내가 그를 다시 살릴 것이다(요 6:54).

중요한 마지막 내용이다. 그것은 '하늘에서 온 새 만나'와 '예수님의 부활한 몸' 사이의 이 관련성을 파악하지 못하는 한, 그분의 피를 마시라는 놀라운 명령(요 6:53-56)을 설명할 길이 없다는 사

---

41. 약간 다른 번역으로 Freedman and Simon, *Midrash Rabbah*, 2:758, 168을 보라.

실이다. 구약이 동물의 피를 마시는 것을 이스라엘 백성에게 명백하게 금지하고 있는 마당에, 어떻게 예수님이 그런 이야기를 하실 수 있겠는가? 나는 구약에서 하나님께서 피를 마시는 행위를 금지하신 이유가 예수님께서 제자들에게 그분의 피를 마시라고 명령하신 이유와 같다고 생각한다. "육체의 생명(히브리어 네페쉬[neph-esh])은 피에 있음이라"(레 17:11). 예수님은 모세 율법을 알고 계셨을 것이며, 자신의 부활한 '생명'(그의 '영혼')이 지닌 능력이 자신의 피에 있다는 사실도 알고 계셨을 것이다. 따라서 **제자들이 예수님의 부활한 몸이 지닌 '생명'에 동참하고 싶다면, 그분의 몸과 그분의 피에 참여해야 한다.** 그들이 예수님의 부활한 몸이 지닌 생명에 참여하고 싶다면, 그들에게 음료로 주어지는 그분의 피를 받아 마셔야 한다. "인자의 살을 먹지 아니하고 인자의 피를 마시지 아니하면 **너희 속에 생명이 없느니라.** 내 살을 먹고 내 피를 마시는 자는 영생을 가졌고, 마지막 날에 내가 그를 다시 살릴 것이다"(요 6:53-54).

제5장
진설병

이렇게 '유월절'과 '만나'라는 렌즈를 통해 마지막 만찬을 살펴
보고 나면, 더 많은 질문이 떠오른다. 만약 예수님의 의도가 자신
의 죽음과 부활을 통해 새 출애굽을 개시하는 데 있었다면, **그 새
출애굽이 시작됐을 때 어떻게 하나님을 예배할 것으로 생각하셨
을까?** 구체적으로 이야기하면, 하나님께서 과거 모세의 성막에 거
하셨다면, 이제는 자기 백성 가운데 어떤 방식으로 거하시는가?

예수님이 새 출애굽을 고대하셨다는 사실에는 많은 학자가 동
의하지만, '예수님은 실제로 새 출애굽이 개시된 후의 예배가 어
떤 모습일 것으로 생각하셨는지'라는 질문은 무시되어 왔다. 하지
만 고대 유대인의 관점에서 이 질문은 굉장히 중요했을 것이다.
첫 출애굽 때처럼 새 성막이 있게 될까? 그렇다면 그 성막에서는
어떤 제사를 드리게 될까? 예배에는 레위기에 기술된 것과 같은

동물 제사가 포함될까? 아니면 다른 제사가 중심이 될까? 이를테면, 주후 2세기 랍비 갈릴리의 므나헴(Menahem)은 "장차 올 세상에서는 모든 제사가 폐하겠지만, 감사 제사만은 결코 폐지되지 않을 것이다"라고 가르쳤다(『레위기 랍바』 9:7).[1] 정말 눈에 띄는 비전이다. 예수님 시대에서 그리 머지않은 시기의 한 유대교 랍비가 토라에 기술된 많은 제사 중 대부분이 그치고 오직 하나(감사 제사, 레 7장을 보라)만이 남을 것이라고 예언한 것이다. 랍비 므나헴이 이런 예배를 기대했다면, 예수님은 어떤 예배를 기대하셨을까?

　나는 이 장에서 마지막 만찬을 이해하기 위한 세 번째 열쇠인 '신비로운 진설병'을 조사함으로써 이 질문들에 대답해 보려 한다. 흥미로운 사실이 있는데, 많은 현대 독자들이 유대인의 성막에 보관됐던 이 거룩한 떡에 대해 들어본 적이 없다는 것이다. 그러니 이 떡이 성만찬의 유대적 뿌리를 이해하는 데 어떤 실마리를 던져주는지에 대해서도 그다지 조사가 이루어지지 않았다.

　아마도 이런 상황의 원인은 진설병에 관한 내용이 구약에서도 가장 난해한 본문, 말하자면 성막에 대한 상세한 묘사(출 25장)나 레위인의 제사장 규례와 규칙(레 24장) 본문 속에 파묻혀 있기 때문일 것이다. 아니면 오래된 영어 성경들이 이 떡을 지칭하는 히브리어를 다소 모호한 표현인 'Showbread'(혹은 'Shewbread')로 번역했기

1. 　W. D. Davies, *Torah in the Messianic Age and/or the Age to Come* (SBLMS 7; Philadelphia: Society of Biblical Literature, 1952), 55-56; Hartmut Gese, "The Origin of the Lord's Supper," in *Essays on Biblical Theology,* trans. Keith Crim (Minneapolis: Augsburg, 1981), 117-140 (여기서는 130)을 보라.

때문일 수도 있다. 앞으로 살펴보겠지만, 이런 상황은 이 떡의 중요성을 제대로 이해하는 데 방해가 되어왔다.

진설병이 거의 알려지지 못한 이유가 무엇이든지, 나는 이 장에서 구약의 진설병이 성만찬 수수께끼를 푸는 데 굉장히 중요한 퍼즐 조각이라는 사실을 보여줄 것이다. 실제로 복음서의 유대적 맥락을 조사해 보면 예수님이 마지막 만찬을 '새 유월절'과 '하늘에서 온 새 만나'로 보셨을 뿐만 아니라, 진설병의 메시아적 성취로도 보셨다는 사실을 확인할 수 있다.

마지막 만찬과 진설병 사이의 관계를 확인하려면, 다시 한번 구약과 유대교 전통, 그리고 이 신비로운 떡을 둘러싼 실천과 믿음을 되돌아보아야 한다.[2]

얼굴의 떡

대다수 독자가 진설병에 친숙하지 않지만, 실제로 구약을 보면 진설병이 여러 차례 언급된다.[3] 우리 목적에 적합한 본문으로,

---

2. Paul V. M. Flesher, "Bread of the Presence," in *Anchor Bible Dictionary*, 6 volumes, ed. David Noel Freedman et al. (New York: Doubleday, 1992), 1:780-81; Menahem Haran, "Shewbread," *Encyclopedia Judaica*, 16 volumes, ed. Cecil Roth (Jerusalem: Keter, 1971), 14:1394-96; Jeremias, *The Eucharistic Words of Jesus*, 63-65을 보라.

3. 출 25:23-30; 37:10-16; 레 24:5-9; 민 4:7; 삼상 21:5-7; 왕상 7:48; 대상 9:32; 23:29; 28:16; 대하 2:4; 13:11; 29:18; 느 10:33; 마카비1서 1:22; 4:49; 마

진설병을 상세하게 기술한 두 가지 본문이 있는데, 하나는 출애굽기에, 다른 하나는 레위기에 있다. 이 두 본문을 잠시 차례로 살펴보자.

하나님의 얼굴의 떡

진설병이 구약에 처음 등장하는 것은 출애굽 기간이다. 하나님은 이스라엘에게 십계명을 주시고 천상의 연회로 그들과의 언약을 인 치신 후(출 20-24장), 곧이어 이스라엘이 하나님을 예배할 방식을 명시한 가르침을 주셨다. 이 모든 가르침의 한가운데에는 예배의 중심지인 '회막'이 있었는데, 회막은 성막으로도 불렸다(출 26장).

성막과 관련하여 기억해야 할 첫 번째 내용은 하나님께서 성막 내부에 보관하라고 모세에게 명령하신 신성한 물건 셋이 있었다는 사실이다.

1. 언약궤
2. 금등잔대(메노라라고 한다)
3. 진설병을 두는 금상

굉장히 흥미로운 사실은, 하나님께서 성막 자체에 관한 이야기를 시작하기도 전에 이미 모세의 관심을 안쪽 성소인 지성소에

12:4; 막 2:26; 눅 6:4; 히 9:2을 보라.

보관될 이 신성한 기구 셋에 집중시킨다는 사실이다. 이 세 기구
가 특별히 중요하다는 것은 분명하다. 실제로 성경은 모세가 이
기구들을 만들기 위한 문양을 하나님께서 시내산 꼭대기에서 그
에게 '보이신' 환상 속에서 보았다고 말한다(출 25:9, 40). 달리 말해,
언약궤와 등잔대, 진설병의 모양은 **천상의** 실재를 모사한 것이다.

이 중 첫 번째 기구인 유명한 언약궤는 나중에 이스라엘 민족
이 십계명 돌판과 만나, 아론의 지팡이를 보관한 금상자였다(출
25:10-22). 언약궤 위에는 '속죄소'를 두었다. 속죄소는 금으로 만든
큰 뚜껑이었는데, '금으로 된 그룹'(말하자면 천사 모양의 조각상)으로
그 위를 덮었다. (하나님은 금으로 이 천사 **조각상**을 만드는 것을 십계명 위반
으로 간주하지 않으신 게 틀림없다. 이 사실에 주목하라. 일부 성경 독자들의 생각
과 달리, 아브라함과 이삭과 야곱의 하나님은 금을 반대하지도, 조각상을 반대하
지도 않으셨음이 분명하다!)

두 번째 기구는 금등잔대로, 히브리어인 **메노라**(menorah)로 더
알려져 있다(출 25:31-40). 이 나뭇가지 모양의 촛대에는 일곱 개의
가지가 있었고, 꽃으로 덮인 나무 혹은 덤불 모양으로 장식됐다.
제사장들은 이 메노라의 불이 꺼지지 않도록 계속 밝혀 놓아야 했
는데, 이 불이 지성소 내부의 유일한 빛이었기 때문이다.

마지막으로 우리에게 가장 중요한 기구다. 그것은 이스라엘
민족이 진설병을 올려놓던 금상이다. 자세한 묘사를 읽어보자.

너는 조각목으로 상을 만들되 ⋯ **순금**으로 싸고 주위에 금테를

두르고, … 너는 대접과 숟가락과 **전제를 붓기 위한 병과 잔**을 만
들되 순금으로 만들며, **상 위에 진설병을 두어 항상 내 앞에 있게
할지니라.** (출 25:23-24, 29-30)

이 본문에는 이 낯선 떡의 의미를 이해하는 데 중요한 세 가지
단서가 들어있다.

첫째, 자세히 살펴보면, 금상 위에 진설병만 두었던 것이 아님
을 알아챌 것이다. 진설병 옆에는 '전제'(포도주를 부어 드리는 음료 제
사)를 붓기 위한 '병과 잔'이 있었다(민 15:5-7; 28:7과 비교하라). 모세의
성막과 관련해서라면 진설병을 진설의 **떡과 포도주**라 불러도 무
방하다. 흥미로운 사실은, 유대교 학자 므나헴 하란(Menahem Haran)
의 주장대로 이 포도주가 제사장이 '부어서' 드리는 제물이 아니
었다는 점에서 다른 모든 포도주 제물과 차이가 난다는 것이다.
오히려 이 진설의 포도주는 떡과 포도주로 구성된 신성한 식사에
서 붓는 게 아니라 **마셔야** 했던 것으로 보인다.[4]

둘째, 앞서 언급했듯이 KJV(King James Version)을 비롯한 대부분
의 옛 영어 성경은 'Showbread'를 이야기한다. 하지만 실제 히브
리어 표현은 **레헴 하 파님**(*lehem ha panim*)이며, 대부분의 현대 영어
성경은 '현존의 떡'(Bread of the Presence)으로 번역했다.[5] 문제는 이것

---

4.   Menahem Haran, *Temples and Temple-Service in Ancient Israel* (Oxford:
     Clarendon, 1978), 216-17을 보라.
5.   상당히 이상한 사실이 있는데, 이 어구를 "지속적인 제사의 떡"(bread of
     continual offering, Jerusalem Bible) 혹은 "showbread"(NAB)로 번역한 것이

이다. 이 표현을 어떻게 번역해야 정확한 번역일까? 또 그 의미는
무엇인가?

먼저, 일부 학자는 이 히브리어 표현을 '전시된 떡' 혹은 '제물
의 떡'으로 번역한다.[6] 이 관점에서 그 히브리어 표현은 **하나님의
'현존' 앞에,** 즉 지성소 앞에 가져다 놓은 떡을 가리킨다. 지성소는
하나님의 현존인 영광의 구름이 언약궤 위에 내려와 있는 장소이
기 때문이다. 이 해석의 큰 문제는 그 히브리어 자체가 말하는 바
를 전달하지 못한다는 데 있다. 이 해석은 그 떡에 취해야 할 조치
를 말해 주지만, 정작 히브리어 단어인 **파님**(panim)을 번역한 내용
이 아니다.[7]

가톨릭교회라는 사실이다. 반면에 개신교 혹은 초교파 번역은 이 어구를 문
자 그대로 "현존의 떡"(bread of the Presence, RSV; NIV)이라 번역했고, 이
는 Umberto Cassuto, *A Commentary on the Book of Exodus*, trans. Israel
Abrahams (Jerusalem: Magness, 1967), 340 같은 유대교 주석도 마찬가지
다. 불행한 용어인 *showbread*나 *shewbread*는 라틴어 불가타역(Latin Vul-
gate)의 "제헌의 떡"(*panes propositionis*)을 번역한 옛 독일어인 *Schaubrod*를
경유하여 영어로 들어온 것 같다. 이런 번역이 초래된 것은 현존의 떡이 "진
설된 떡"(the bread of laying out) 혹은 "진열된 떡"(bread of the row)으로
지칭된 경우들 때문이다(대상 9:32; 23:29; 느 10:34[10:33 개역개정]; 히
9:2).

6.   예를 들면, Cassuto, *A Commentary on the Book of Exodus*, 340; Baruch A.
Levine, *Leviticus* (The JPS Torah Commentary; Philadelphia: Jewish
Publication Society, 1989), 165은 "전시된 떡"(bread of display)으로 번역했
다.

7.   이런 해석에 대한 비판으로 P. A. H. De Boer, "An Aspect of Sacrifice," in
Studies in the Religion of Ancient Israel, ed. G. W. Anderson et al. (Vetus
Testamentum Supplements; Leiden, the Netherlands: Brill, 1972), 27-47을

다음으로 어떤 학자는 이 표현이 가능하면 문자 그대로의 의미로 번역되어야 한다고 주장한다. 그들은 흔히 **현존**으로 번역되는 이 단어가 실제로는 '**얼굴**'에 해당하는 히브리어 단어(*panim*)라는 사실을 지적한다. 따라서 이 히브리어를 가장 축자적으로 번역하면 '**얼굴의 떡**'이다. 이 관점으로 보면 이 표현의 의미가 명쾌해진다.[8] 그런데 그 함의가 엄청나다. 즉, 현존의 떡이 다름 아닌 **하나님의** 얼굴의 떡이라는 것이다. 이 관점에서는 어떤 식으로든 그 떡 자체가 하나님의 얼굴을 보여주는 가시적인 증표인 것이다.

이 두 번째 해석을 뒷받침하려면, 진설병이 처음 이스라엘 백성에게 주어졌던 바로 그때의 상황을 기억해야 한다. 출애굽기에서 하나님이 모세에게 진설병을 놓을 금상을 만들라고 명령하신 때(출 25장)는 모세와 장로들이 시내산에서 참여한 천상의 연회(출

보라. 그가 지적하듯이, 이 히브리어 표현을 "전시된 떡"(bread of display, JPS)으로 번역한다면 "이 떡에 취해야 할 조치"를 알려줄 뿐이지, **하파님**(*hapanim*)을 번역한 것은 아니다(32).

8.   예를 들면, John E. Hartley, *Leviticus* (Word Biblical Commentary 4; Dallas: Word Books, 1991), 400: "이 히브리 표현의 문자적 의미는 '얼굴의 떡'('bread of the face' or 'facial bread')이다." 또한 de Vaux, *Ancient Israel*, 422: "방금 기술한 제물과 다소 유사한 것이 shewbread인데, 히브리어로 *lehem happanim*([하나님의] '얼굴의 떡') 혹은 '현존의 떡'이라 불린다."; De Boer, "An Aspect of Sacrifice," 34을 보라. 내가 보기에는 이 입장이 가장 강력하다. 특히 최근 연구들을 보면, 고대 세계에서 성전에서 (그리고 후대 교회에서) 제물로 드려진 떡 조각에는 종종 신성의 상징으로 여겨지는 표시를 찍었기 때문이다(렘 7:18; 44:19과 비교해 보라). George Galavaris, *Bread and the Liturgy: The Symbolism of Early Christian and Byzantine Bread Stamps* (Madison: University of Wisconsin Press, 1970), 22을 보라.

24장) **직후**였다. 이 시간상의 근접성이 중요한 이유는 천상의 식사 이야기가 그들이 먹고 마실 때 하나님을 뵙기도 했다는 사실을 강조하기 때문이다.

> 모세와 아론과 나답과 아비후와 이스라엘 장로 칠십 인이 올라가서 **이스라엘의 하나님을 보니** … 하나님이 이스라엘 자손들의 존귀한 자들에게 손을 대지 아니하셨고 **그들은 하나님을 뵙고 먹고 마셨더라.** (출 24:9-11)

한마디로, 진설병에 관한 내용을 성경적 맥락에 두고 보면, 지상의 '얼굴의 떡'에 담긴 의도가 모세와 장로들이 '먹고 마시는' 동안 이스라엘의 하나님을 '보았던' 천상의 연회를 기념하는 데 있다는 사실이 눈에 들어온다. 하나님께서 모세에게 '그 산에서' 그에게 보이신 천상의 '양식'을 따라 (언약궤, 메노라와 더불어) 진설병 상을 만들라고 하신 이유도 거기에 있다(출 25:9, 40). 지상의 성막은 하나님이 거하시는 비가시적인 천상의 장소를 나타내는 가시적인 신호였고, 지상의 진설병은 비가시적인 하나님의 천상의 얼굴을 나타내는 가시적인 신호였다.

한 구약학자의 표현대로, 성막에 있는 떡 안에서 "자신을 믿는 자들에게 주셔서 신적인 권능과 신적인 생명을 주시는 주인" 역할을 하시는 분은 바로 하나님 '자신'이시다.[9]

---

9. De Boer, "An Aspect of Sacrifice," 35.

'영원한 언약'의 떡

이것이 끝이 아니다. 출애굽기에 나오는 진설병에 대한 간략한 기술 외에, 레위기에는 더 상세한 이야기가 나온다. 레위 지파 제사장들을 위한 규례를 담고 있는 이 책에서 우리는 그 떡과 포도주가 단지 하나님의 현존의 증표 정도가 아니라 언약의 증표이기도 하다는 사실을 배운다. 달리 말해, 이 떡은 하나님과 이스라엘 열두 지파 사이의 신성한 유대 관계를 대표한다.

> 너는 고운 가루를 가져다가 **떡 열두 개**를 굽되 각 덩이를 십분의 이 에바로 하여, 여호와 앞 순결한 상 위에 두 줄로 한 줄에 여섯씩 진설하고, 너는 또 정결한 유향을 그 각 줄 위에 두어 기념물로 여호와께 화제를 삼을 것이며, **안식일마다 아론은 이 떡을 여호와 앞에 항상 진설할지니, 이는 이스라엘 자손을 위한 것이요 영원한 언약이니라.** 이 떡은 아론과 그의 자손에게 돌리고 그들은 그것을 거룩한 곳에서 먹을지니, 이는 여호와의 화제 중 그에게 돌리는 것으로서 지극히 거룩함이니라. 이는 영원한 규례니라. (레 24:5-9)[10]

여기서 주목해야 할 내용이 몇 가지 있다.

무엇보다도 먼저, 진설병은 하나님과 이스라엘 사이의 '영원한 언약'의 증표로 분명하게 규정된다. 앞서 살펴보았듯이, 이 언

10.　RSVCE를 약간 수정했다.

약 관계는 시내산에서 일어난 사건들을 통해 수립됐는데, 그때 모세와 이스라엘의 장로들은 시내산 기슭에서 제사를 드렸다(출 24:8-11). (다시 한번 말하지만, 시내산 꼭대기에서 모세에게 '보이신' 천상의 환상에 등장한 양식을 따른[출 25:9]) 진설병에 담긴 의도는 시내산에서 이스라엘을 상대로 인 쳐진 그 '언약'의 기념이자 **증표**인 것으로 보인다. 그렇기 때문에 무교병의 개수가 열두 지파당 각각 하나씩인 열두 개였던 것이다.

둘째, 레위기에 따르면 진설병은 성막에서 여호와 앞에 지속적으로 있어야 할 '영구한' 제사다. 진설병은 이스라엘 민족이 더 이상 시내산에 있지 않아도 하나님께서 여전히 그들과 함께 계신다는 사실을 보여주는 영구한 증표가 되어야 한다. 굉장히 흥미로운 사실은, 진설병이 성막 안에 있는 한, 메노라의 불꽃도 그 옆에 '계속해서' 켜 두어야 한다는 내용 역시 레위기에 포함되어 있다는 사실이다(레 24:1-4). (현대 가톨릭교회도 유사한 관습을 유지하고 있다. 성당에 성체 램프를 두고, 성찬 전례가 진행될 때 늘 켜 둔다.) 금상을 성막에서 **빼야** 하는 경우에는 언제나 레위 지파 제사장이 금상을 보자기로 덮어야 한다(민 4:1-16).

셋째(중요한 내용이다), 진설병은 단순한 상징이 아니다. 그것은 **제물**이기도 하다. 많은 성경 독자가 동물 제사에만 친숙하다. 하지만 사실 구약에는 두 종류의 제물이 있다.[11] (1) 소와 염소, 양의 죽

---

11. George Buchanan Gray, *Sacrifice in the Old Testament: Its Theory and Practice* (New York: KTAV, 1971 [original 1925]), 398-402을 보라.

음이 동반되는 '피가 있는' 제물과 (2) 자주 떡과 포도주로 구성되는 '피가 없는' 제물. 진설병은 피가 없는 제물로서 히브리어로는 **민하**(*minhah*)이다(레 2장과 비교하라). 이 사실과 관련하여 의혹의 여지를 없애기 위해, 금상에는 향도 피워져야 했다는 사실에 주목하자. 구약에서 제사를 드릴 때에는 항상 향이 함께 있어서 제사가 하늘로 올라간다는 사실을 상징했다.[12] 게다가 예언자 에스겔은 실제로 진설병 떡상을 '제단'이라 지칭한다(겔 41:21-22). 달리 말해, 이 떡은 음식인 동시에 제물이었다. 하나님께서 (음식 형태로) 제사장에게 주시는 선물이자, 제사장이 (제물의 형태로) 하나님께 드리는 제사였다.

마지막 네 번째, 진설병은 그저 그런 제물이 아니었다. 진설병은 '가장 거룩한' 제물로서, 레위기는 아론과 대제사장이 진설병을 '안식일마다' 드려야 한다고 말한다. 이처럼 진설병과 안식일이 연결되어 있다는 사실을 충분히 강조할 필요가 있다. 왜냐하면 현대 독자들은 주로 안식일을 쉬는 날로 생각하지, 제사를 드리는 날로는 생각하지 않는 경향이 있기 때문이다. 분명히 (아마도 주전 3세기에) 예루살렘 외부의 유대인 거주지에서 회당이 발달한 이후로는, 매주 안식일 예배는 일차적으로 기도하고 토라를 공부하고 하나님을 찬양하는 노래를 부르기 위해 지역 회당에 참석하는 일이 됐다. 하지만 성경에 따르면 안식일 예배에는 **의식적인** 측면도 있었다. 성막(후대에는 예루살렘 성전)이라는 공간에서 안식일의 두드러

---

12.   De Vaux, *Ancient Israel*, 422.

진 특징은 제사장이 드리는 제물이었고, 거기에는 피가 있는 제물과 피가 없는 제물 모두가 포함됐다. 의미심장하게도, 매주 드려지는 피 없는 제물이 다름 아닌 현존의 떡과 현존의 포도주였다. 모든 제사가 멈춘 것은 (예수님의 시대가 지난) 주후 70년 로마가 성전을 파괴한 후였다. 그 비극적 사건 이전 매주 안식일 예배에서의 중심은 신선한 진설병을 제물로 드리고 지성소에서 제사장이 그 떡을 먹는 의식이었다.

요컨대, 구약을 들여다보면 진설병이 이스라엘 예배의 핵심에 자리잡고 있었다는 사실이 분명해진다. 유명한 언약궤와 금메노라와 더불어 진설병은 고대 성막의 안쪽 성소였던 지성소에 보관된 가장 신성한 물건 셋 중 하나였다. 고대 이스라엘에서 안식일이 얼마나 중요했는지 의심하는 사람은 없다. 그런데 진설병이 **바로 그** 안식일의 제물, '가장 거룩한' 제사였다. 마지막으로, 진설병은 하나님께서 이스라엘과 맺으신 '영원한 언약'의 증표이자, 성막에 여호와께서 영원히 현존하심을 나타내는 떡, 즉 전능하신 하나님의 '얼굴의 떡'이었다. 유대 성경에 따르면, 신비로운 진설병은 평범한 떡이 아니었음이 분명하다.

"보라, 너희를 향한 하나님의 사랑이다"

고대 유대 전통은 진설병에 대해 무슨 이야기를 했을까? 이 문제를 조사해 보면, 유월절과 만나를 조사할 때와 매우 유사한 상황임을 알게 된다. 성경에 나오지 않는, 눈에 띄는 몇 가지 전통은 신비로운, 심지어 기적적이기까지 한 이 떡의 특성에 대한 경외심이 발전해가는 과정을 담고 있다.

진설병과 제사장 멜기세덱

창세기나 히브리서에 친숙한 사람이라면 성경에서 가장 수수께끼 같은 인물 가운데 한 명이 멜기세덱이라는 사실을 인정할 것이다. 베일에 쌓인 이 인물은 구약성서를 통틀어 딱 두 번 언급된다. 처음 등장하는 곳은, 아브라함이 약속의 땅에서 이방 왕들에게 승리를 거둔 이야기다. 아브라함(이때는 아브람이었다)은 포로로 잡힌 사촌 롯을 구출한 뒤 멜기세덱의 방문을 받았다. 멜기세덱은 제사장이자 왕이었는데, 하나님께 매우 특별한 제물을 드린 것으로 기술된다.

> 아브람이 그돌라오멜과 그와 함께한 왕들을 쳐부수고 돌아올 때에, … **살렘 왕 멜기세덱이 떡과 포도주를 가지고 나왔으니 그는 지극히 높으신 하나님의 제사장이었더라.** 그가 아브람에게 축복하여 이르되, "천지의 주재이시요 지극히 높으신 하나님이여, 아브람에게 복을 주옵소서. 너희 대적을 네 손에 붙이신 지극히 높으신 하나님을 찬송할지로다!" 하매, 아브람이 그 얻은 것에서 십분의 일을 멜기세덱에게 주었더라. (창 14:17-20)

이 신비로운 왕은 누구인가? 성경에서 '제사장'(히브리어 코헨 [kohen])이라 불린 최초의 인물이 이 사람인 이유는 무엇일까? 그리고 그는 왜 소나 염소나 양이 아닌 '떡과 포도주'를 하나님께 제물로 드렸을까?

이 질문들에 가능한 한 간단하게 답변해 보겠다. 먼저, 고대 유대 전통에는 멜기세덱이 다름 아닌 셈(노아의 의로운 첫째 아들)이라는 믿음이 널리 퍼져 있었다. 이 전통에 따르면, 셈은 노아의 첫째 아들의 본명이고, '의의 왕'이라는 뜻인 멜기세덱은 그의 왕명(王名)이었다. 나아가 1세기의 유대인 역사가인 요세푸스의 주장에 따르면, 멜기세덱이 왕으로 다스렸던 '살렘'이라는 도시는 다름 아닌 예루살렘으로 믿어졌는데, 이곳은 나중에 다윗의 도시요, 성전이 자리잡은 장소가 됐다(시 76:1-3을 비교해 보라).[13]

어쨌든, 우리에게 중요한 사실은 유대 전통에서 멜기세덱이 제물로 드린 떡과 포도주를 현존의 떡, 현존의 포도주와 연결했다는 사실이다. 창세기 14장에 대한 고대 주석에는 다음과 같은 설명이 나온다.

"살렘 왕 멜기세덱이 떡과 포도주를 가지고 나왔다"[창 14:18] …

13. Hahn, *Kinship by Covenant*, 97-100, 130-34; Martin McNamara, "Melchizedek: Gen 14, 17-20 in the Targums, in Rabbinic and Early Christian Literature," *Biblica* 81 (2000): 1-31; L. Ginzberg, *Legends of the Jews*, 7 volumes (Philadelphia: Jewish Publication Society, 1968), 5:225-26을 보라.

랍비 슈무엘 벤 나흐만(Samuel ben Nahman)은 이렇게 설명한다: 이
장면은 **멜기세덱이 아브라함에게 제사장의 규례를 가르친 것으
로, '떡'은 현존의 떡을, '포도주'는 전제를 암시한다.** 이 랍비는
다음과 같이 말했다: "너는 와서 내 떡을 먹으며 내가 혼합한 포
도주를 마시라"[잠 9:5]고 기록됐듯이, 멜기세덱은 그에게 토라를
계시하고 있었다. (『창세기 랍바』 43:6)

이 해석에서 멜기세덱은 단순히 예루살렘 최초의 제사장-왕으
로 부각되는 정도가 아니다. 그가 제물로 드린 떡과 포도주는 현
존의 떡과 포도주로 분명하게 규정됐고, 그는 제사장으로서 제물
을 드리는 법을 아브라함에게 가르치고 있었다. 따라서 일부 고대
유대인에게 현존의 떡과 포도주는 그저 출애굽 때 제정된 제사들
가운데 하나에 불과한 게 아니었다. 그 기원은 인류의 초창기까지
거슬러 올라간다. 그때는 **모든** 사람이 제사장이었으니, 그들은 (이
스라엘이 금송아지를 경배한 이후 제사장 지파로 정해진[출 32장]) 레위 지파
의 반차가 아닌 제사장 '멜기세덱의 반차'를 따랐다(시 110:4).[14] 그리

---

14. 앞에 언급한 한 사례를 포함하여 이러한 전통 중 일부는 현존의 떡을 잠언
     9:1-4에 기술된 "지혜 여인"의 연회와도 연결한다. 예를 들면, 『레위기 랍바』
     11:4("'지혜가 포도주를 혼합했다'는 전제[붓는 제사—역주]를 가리키며, '지
     혜가 상을 차렸다'는 진설병 덩어리를 차려 놓았다는 암시다"); 『민수기 랍
     바』 13:15-16("성경은 '와서 내 떡을 먹으라'[잠 9:5]고 말하며, 또한 진설병
     과 연결해서 '너는 대접과 숟가락과 병과 붓는 잔을 만들라'[출 25:29]고 말
     한다. 그리고 우리는 '붓는 잔'이 모양 틀이며, 그 틀로 진설병을 준비한다는
     사실을 배웠다"). 비슷한 맥락에서 G. K. Beale은 진설병이 "아담의 생계를

고 이 태고의 제사장 반열이 드렸던 제물이 다름 아닌 떡과 포도
주였다.

금상에 놓인 기적의 떡

멜기세덱 같은 성경 인물에 관한 전승 외에도, 예수님 당시에
유대교 성전에서 어떻게 진설병을 드렸는지 알려주는 전통이 여
럿 있다. 예를 들면, 미쉬나에 나오는 한 랍비는 진설병 떡 덩어리
의 끝에는 마치 소의 뿔처럼 위로 올라간 작은 뭉치로 된 '뿔'이
있었다고 말한다(미쉬나, 『메나호트』11:4). 이 뿔 때문에 이 떡은 마치
성전 바깥뜰에 있던 놋 제단처럼 보였다.[15] 성경이 그 떡을 증표이
자 제물로 묘사한 게 그럴 만도 하다는 이야기다.

게다가 어떤 랍비들은 진설병이 하나님께 제물로 드려질 때
이 떡에 특별한 일이 벌어진다고 믿었다. 이 떡이 지성소에서 제
물로 드려지기 **전에는** 대리석 상 위에 둘 수 있다. 하지만 제사장
이 하나님께 성별해서 바친 **후에는** 금상 위에 두어야 한다.

> 그 집(=성전)으로 들어가는 입구에 있는 현관에는 상 둘이 있었다.
> 하나는 대리석 상이고, 다른 하나는 금상이었다. **진설병이 안으**
> **로 들어오면 대리석 상에 놓았고, 다시 밖으로 나오면 금상 위에**

위해 에덴동산에서 만들어졌던 음식을 반영하는 것으로 보였을 것"이라는
　전통을 인용한다. Beale, *The Temple*, 74-75을 보라.
15.　Herbert Danby에 따르면, "제단 뿔 모양으로 네 귀퉁이에 작은 떡 덩어리를
　뭉쳐놓았다." Danby, *The Mishnah*, 507 n10.

놓았다. 왜냐하면 거룩한 것은 [그것을 기념하여] 높이 들어야지, 바닥으로 내리면 안 되기 때문이다. 내부에는 금상이 있었고, 그 위에는 끊임없이 진설병이 놓여 있었다. (미쉬나, 『메나호트』 11:7)[16]

이 예식은 고대 유대교 랍비들에게 진설병이 극도로 신성한 대상이었음을 분명하게 보여준다. 하지만 오직 지성소에서 하나님께 제물로 드려진 후에만 그렇다. 제물로 드려지기 전에는 그저 평범한 떡에 불과해서 평범한 대리석 상에 두어도 된다. 하지만 일단 제물로 바쳐지면 이제는 '거룩하다'(히브리어 **카도쉬**[qadosh]로 '구별된' 혹은 '성별된'의 의미다). 그렇기 때문에 이 떡은 지성소에 있는 모든 기구와 기물이 금으로 만들어진 것처럼 금상 위에 두어야 한다(출 25장을 보라).

심지어 다른 전통 하나에서는 진설병이 성별되고 나면 실제로 **초자연적인 성질**을 드러낸다고까지 이야기한다. 제사장이 지성소에서 그 떡을 가지고 나온 후에는, '금상' 위에 두어 그들이 먹을 수 있게 한다(미쉬나, 『메나호트』 11:7). 유대 탈무드에 따르면, 특별히 거룩했던 한 대제사장의 재임 기간에는 진설병의 작은 조각조차 기적적인 양식을 제공할 수 있었다고 한다.

[의인 시몬이 대제사장으로 재임하던 기간 전체에는] 축복이 그 **오멜**('omer),

---

16. 약간 수정한 번역이다. Danby, *The Mishnah*, 508-509과 미쉬나 『쉐칼림』 6:4을 보라.

즉 진설병 두 덩이에 내려서, 모든 제사장이 그것의 올리브 크기
만큼만 떼어서 받아 먹고도 배가 불렀고, 일부는 먹고 나서 심지
어 남기기까지 했다. (바빌로니아 탈무드, 『요마』 39a)

복음서에 친숙한 사람이라면 여기서 오천 명을 먹인 유명한
사건이 떠오를 것이다. 그 이야기에서 예수님은 떡 다섯 덩이를
여러 개로 늘려, '다 배불리 먹고' 심지어 일부는 '남겼다'(마 14:20).
고대 유대인의 관점에서 진설병은 이전의 만나와 마찬가지로 평
범한 떡이 아니었다. 적어도 일부 랍비는 진설병에 기적적인 측면
이 있다고 믿었다.

성전 안에 있는 떡

이제 살펴보려는 마지막 전통이 아마도 가장 충격적인 내용일
것이다. 이 내용 역시 예수님 당시 성전 안에 있던 진설병과 관련
된 것이다.

예수님 당시 이스라엘 땅에 사는 유대인 남자라면 유월절, 오
순절, 초막절을 지키기 위해 1년에 세 번 예루살렘과 성전으로 올
라가는 것이 관습이었다('오순절'은 유대교 축제인 칠칠절을 지칭하는 헬라
어 이름인데, 유월절 기간의 일요일이 지난 후 일곱 주 동안 진행됐던 절기다). 이
관습의 뿌리는 하나님께서 모세에게 주신 율법이었는데, 법적 구
속력이 있었다. "너희의 모든 남자는 매년 세 번씩 주 여호와 이스
라엘의 하나님 앞에 보일지라"(출 34:23; 23:17). 예루살렘 탈무드와

바빌로니아 탈무드 모두에 나오는 내용에 따르면, 이 각각의 절기에 성전의 제사장들은 눈에 띄는 일을 하나 했다. 그들은 유대인 순례자들이 볼 수 있게끔 성소의 진설병 금상을 밖으로 빼서는,[17] 높이 쳐들고 이렇게 말하곤 했다.

> 그들[제사장들]은 그것[금상]을 높이 쳐들고 그 위에 있는 진설병을 축제에 참석하러 온 사람들의 눈앞에 보이고는 말했다. **"보십시오. 당신을 향한 하나님의 사랑입니다!"** (바빌로니아 탈무드, 『메나호트』 29A)

이처럼 제대로 문서화되어 있지 않았다면, 이 전통은 신빙성이 거의 없었을 것이다. 먼저 이 내용은 성전 관례의 측면에서 보면, 전대미문의 규칙 위반으로 보인다. 제사장 외에는 아무도 성역에 들어갈 수도 없고, 성소 내부에 보관된 신성한 물건을 볼 수도 없다. 그런데 순례자들이 몰려오는 축제 기간에, 바깥 휘장 뒤에 감추어진 신성한 물건들 가운데 **하나**를 볼 수 있도록 허락됐던 것이다! 그것이 바로 진설병이다. 더욱더 놀라운 사실은 이 거룩한 떡을 들어 올리면서 제사장들이 공포했던 내용이다. 어떻게 진설병을 하나님의 '사랑'과 그렇게 밀접하게 연관 지을 수 있었을까?

---

17. 또한 바빌로니아 탈무드, 『하기가』 26b: "그들은 그 상을 들어올려 축제 순례자들에게 진설병을 보여주었고, 그들을 향해 '전능하신 분께서 너희를 붙들고 계신 그 사랑을 보라'고 말했다는 사실을 배운다." 그리고 미쉬나, 『숙코트』 5:7; 『메나호트』 11:4도 확인해 보라.

고대 유대교의 관점에서 이 말은 어떤 의미였을까?

추정일 수밖에 없지만, 진설병이 언약의 증표였기 때문에 하나님의 사랑을 드러내는 증표도 될 수 있었다고 안전하게 이야기할 수 있겠다. 구약에서 하나님과 이스라엘 사이의 언약은 종종 '결혼' 관계의 언어로 묘사됐다. 즉, 신적인 신랑(하나님)과 지상의 신부(이스라엘) 사이에 맺은 **사랑의 언약**으로 묘사됐다(겔 16장; 사 54장; 호 1-2장을 보라). 앞서 살펴보았듯이 토라는 분명하게 말한다: 진설병은 안식일에 드려지는 '가장 거룩한' 제물인 정도가 아니라, '영원한 언약'의 증표이기도 하다(레 24:8). 진설병은 이 영원한 언약의 가시적인 증표로, 신랑이신 하나님의 신부를 향한 사랑을 보여주는 가시적인 증표이기도 하다. 아마도 이런 이유 때문에 제사장들은 그 떡을 들어올리며 "보십시오. 당신을 향한 하나님의 사랑입니다!"라고 말할 수 있었을 것이다.

주님의 '얼굴'을 보다

이제 마지막 의문이다. 왜 제사장들은 유독 진설병만 가지고 나왔을까? 왜 금메노라나 언약궤가 아닌가?

이번에도 확신할 수는 없지만, 그 이유는 궁극적으로 구약에 담겨있는 것으로 보인다. 앞서 언급한 이야기 중에, 출애굽기가 모든 이스라엘 남자가 유월절, 오순절, 초막절이라는 세 절기를 지켜야 한다고 규정했다는 사실을 기억하라. 최근 몇몇 학자가 지적했듯이, 대부분의 영어 번역본은 이스라엘 남자들이 "하나님 앞에 모습을 보여야" 한다고 번역한다. 하지만 히브리어 문자 그대로는 "너희의 모든 남자는 매년 세 번씩 주 여호와 이스라엘의 하나님, **그분의 얼굴을 본다**"로 읽힌다(출 34:23; 23:17). 이 줄에서 하나님의 '얼굴'에 해당하는 히브리어 단어가 **파님**(*panim*)인데, 바로 '진설병'(현존의 떡) 혹은 '얼굴의 떡'에 사용된 그 단어다(출 25:30). 달리 말해, 성전의 제사장들은 **파님**의 떡을 순례자들에게 보임으로써 이스라엘 남자들에게 주님의 '얼굴을 보라'고 명령한 율법을 지키는 것이다. 유대인 학자 이스라엘 크놀(Israel Knohl)은 다음과 같이 썼다.

> 내가 보기에 그 관습은 전례에서 벗어나는데, '얼굴을 보아야' 한다는 의무를 충족시킬 목적으로 성전 기구를 밖으로 드러낼 수 있게 허용한 것 같다. 다르게 표현하면, 이 거룩한 기구를 큰 군중 앞에 제시함으로써 공적인 신현(theophany) 경험을 만들어낸 것이다. 성전 뜰에 가보기를 갈망하며 '언제 하나님의 얼굴을 뵐 수 있을까'라고 물었던 이스라엘 사람들이 순례의 절기에 성전으로 올라와, 휘장 뒤에서 그 모습을 드러낸 성전 기구를 목도했다. 이렇게 함으로써 그들의 영적 갈증이 해갈되고, 그들은 "너희의 모든 남자는 매년 세 번씩 주 여호와 이스라엘의 하나님, 그분의 얼굴을 보아야 한다"는 토라의 명령을 지킬 수 있었다(출 34:23).[18]

---

18. Israel Knohl, "Post-Biblical Sectarianism and the Priestly Schools," *Tarbiz* 60 (1991): 140-41, 재인용은 Gary A. Anderson, "To See Where God

이 말의 의미는 명약관화하지만, 하나는 분명하게 언급하고 넘어가야겠다. 고대 유대인에게 진설병은 하나님의 **실제** 얼굴이 아닌, 그분의 얼굴을 드러내는 지상의 증표였다고 결론 내리는 게 합당하다. 하나님의 드러난 얼굴을 보고도 살 수 있는 자는 없다 (출 33:20). 구약은 이 부분에 대해서는 상당히 분명한 태도를 취한다. 하지만 모세와 이스라엘 장로들이 시내산에 올라갔을 때 무언가 신적인 광경을 보았다는 사실 역시 상당히 분명하다. 토라의 진술대로 그들은 "하나님을 뵙고, 먹고 마셨다"(출 24:11).

이 말들을 어떻게 해석하든, 한 가지 사실은 분명하다. 예수님 같은 1세기 유대인들은 분명히 예루살렘에서 절기를 지켰고 아마도 금상을 들어올리는 광경을 목격했을 것인데, 이들에게 진설병은 결코 평범한 떡이 아니었다! 진설병은 안쪽 성소에 영원히 봉인되어 있는, 지난날의 고대 유물 정도가 아니었다. 고대 유대 전통에 따르면, 이 거룩한 떡은 멜기세덱이 드렸던 태고의 제물이요, 성소에서 먹던 기적의 음식이었으며, 전능하신 하나님의 얼굴의 떡이었다. 마지막으로 (그렇지만 중요한 내용이다) 이 거룩한 떡은 자기 백성을 향한 하나님의 사랑을 보여주는 생생하고 가시적인 증표였고, 이 떡을 보는 순간은 지상에 사는 그의 백성들이 그들의 마음속에 있는 궁극적인 욕구, 즉 하나님의 얼굴을 뵙고 살고 싶은

Dwells: The Tabernacle, the Temple, and the Origins of the Christian Mystical Tradition," *Letter & Spirit* 5 (2008): 13-45 (여기서는 25).

욕구, 그분이 그들을 사랑하신다는 사실을 확인하고 싶은 욕구를 잠시나마 충족할 수 있는 순간이었다.

그 순간은 이 모든 의미를 담았어야 했다고 표현할 수도 있겠다. 하지만 비극적이게도, 성전에서 드렸던 유월절 어린 양 제사와 마찬가지로 매주 드렸던 진설병 제사 역시 주후 70년에 쓰라린 종말을 맞았다. 로마 군대가 예루살렘 성전을 파괴했기 때문이다. 그후로 지금까지 진설병 제사는 멈춘 상태다. 오늘날에도 로마에 가면 그 유명한 티투스 개선문(Arch of Titus)을 볼 수 있다. 이 문은 도미티아누스 황제가 예루살렘 함락을 기념하기 위해 건설했다. 거기에는 로마 군사들이 성전에서 금메노라와 진설병 금상을 옮기는 모습이 돌로 조각되어 있다.

예수님과 새 진설병

이러한 성경 배경과 유대교 전통을 염두에 두고 이제 질문을 던져보자. 예수님이 직접 진설병을 언급하신 적이 있는가? 그런 적이 있다면, 이 신비로운 떡과 포도주는 마지막 만찬에서 예수님이 하신 행위를 이해하는 데 어떤 도움을 주는가? 만약 예수님이 자신이 새 출애굽을 개시한다고 이해하셨다면, 새 성소가 있을 것이라는 생각도 하셨을까? 그분은 새 성소가 어떤 모습일 것으로 생각하셨을까? 그 안에는 진설병과 포도주가 놓일 자리도 있었을까?

예수님은 공생애 동안에 적어도 한 번은 실제로 진설병을 언급하신 적이 있다. 그것은 안식일에 이삭을 잘라 먹은 제자들의 행위를 둘러싼 논쟁에서였다. 일부 바리새인은 제자들의 행위가 안식일의 안식을 깨는 것으로 보았다. 구약 자체에는 안식일에 이삭을 자르는 행위를 금지하는 명시적인 규정이 없지만, 바리새인의 구전은 그 행위를 금지했다.[19] 그 때문에 다음 사건이 발생했다.

그때에 예수께서 안식일에 밀밭 사이로 가실새 제자들이 시장하여 이삭을 잘라 먹으니, 바리새인들이 보고 예수께 말하되, "보시오, 당신의 제자들이 안식일에 하지 못할 일을 하나이다." 예수께서 이르시되, "다윗이 자기와 그 함께한 자들이 시장할 때에 한 일을 읽지 못했느냐? **그가 하나님의 전에 들어가서** 제사장 외에는 자기나 그 함께한 자들이 먹어서는 안 되는 **진설병을 먹지 아니했느냐?** 또 안식일에 제사장들이 성전 안에서 안식을 범하여도 죄가 없음을 너희가 율법에서 읽지 못했느냐? 내가 너희에게 이르노니 성전보다 더 큰 이가 여기 있느니라." (마 12:1-6)[20]

19. 유대교 자료에 대해서는 W. D. Davies and Dale C. Allison, Jr., *A Critical and Exegetical Commentary on the Gospel According to Saint Matthew*, 3 volumes (London: T. & T. Clark, 1988, 1991, 1998), 2:307-311; Meier, *A Marginal Jew*, 4:235-51, 267-93을 보라.
20. 막 2:23-28; 눅 6:1-5과 비교해 보라.

이 논쟁(확실히 압축되어 있는 논의다)의 과정을 이해하려면 예수님께서 제자들의 행위를 정당화하기 위해 내세운 세 가지 내용을 부각시켜 설명해야 한다.

다윗 왕과 제사장의 진설병

첫째, 예수님은 제자들을 변호하기 위해 다윗 왕과 그의 추종자들 이야기를 근거로 드셨다. 그들은 레위 지파 제사장이 아님에도 모세의 성막에 들어가 진설병을 먹었다.

이 이야기는 사무엘상에 나온다. 다윗이 사울 왕을 피해 도망하고 있을 때, 모세의 성막(그 당시에는 놉이라는 마을에 있었다)에 도착해 제사장에게 음식을 구했다. 그리고 다음과 같은 일이 벌어졌다.

> 다윗이 놉에 가서 제사장 아히멜렉에게 이르니, … "이제 당신의 수중에 무엇이 있나이까? 떡 다섯 덩이나 무엇이나 있는 대로 내 손에 주소서" 하니, 제사장이 다윗에게 대답하여 이르되, "보통 떡은 내 수중에 없으나 거룩한 떡은 있나니, 그 소년들이 여자를 가까이만 하지 아니했으면 주리라" 하는지라. 다윗이 제사장에게 대답하여 이르되, "우리가 참으로 삼 일 동안이나 여자를 가까이 하지 아니했나이다. 내가 떠난 길이 보통 여행이라도 소년들의 그릇이 성결하겠거든, 하물며 오늘 그들의 그릇이 성결하지 아니하겠나이까?" 하매, **제사장이 그 거룩한 떡을 주었으니, 거기는 진설병 곧 여호와 앞에서 물려 낸 떡밖에 없었음이라. 이 떡**

은 더운 떡을 드리는 날에 물려 낸 것이더라. (삼상 21:1, 3-6)

고대 유대인이라면 누구나 그렇게 느꼈겠지만, 이 이야기는 특이하다. 토라는 굉장히 분명하게 진설병을 오직 '아론과 그의 자손', 즉 레위 지파 제사장만이 먹을 수 있다고 규정하기 때문이다(레 24:9). 하지만 다윗과 그의 부하들은 레위 지파가 아니었다. 오히려 다윗은 다른 지파, 즉 유다 지파 출신이었다. 그렇다면 다윗과 그의 부하들은 어떻게 율법을 어기지 않고도 제사장의 진설병을 먹을 수 있었을까?

먼저, 그들은 우연히도 성적인 면에서 제의적 정결을 유지하고 있는 상태였다. 거의 알려지지 않은 사실이지만, 성적인 절제를 하는 관습은 신약에서 시작된 일이 아니다.[21] 이미 구약에서 이스라엘 남자들은 두 가지 상황에서 일시적인 '금욕'을 지켰다. (1) 전쟁 임무를 수행할 때, (2) 성소에서 제사장 직무를 할 때. 제사장 아히멜렉이 "거룩한 떡은 있나니, 그 소년들이 여자를 가까이만 하지 아니했으면 주리라"라는 다소 이상한 진술을 한 이유가 바로 이 때문이다. 그들이 제사장으로서 지켜야 할 정결 상태를 유지하고 있는 경우에만 아히멜렉이 진설병을 줄 수 있었다. 다윗과 그의 부하들은 운 좋게도 전투를 준비하고 있던 차여서 그런 상태였다.

---

21. 출 19:15; 레 15:16-18; 신 23:10-11과 비교해 보라. 또한 11QTemple(11Q19) 45:7-12을 보라.

하지만 훨씬 더 중요한 사실이 있다. 다윗은 예언자 사무엘이 기름을 부어 임명한 왕이었다(삼상 16장을 보라). 그런데 성경에 따르면 다윗은 **제사장**이기도 했다.[22] 온갖 이유가 있지만 심지어 학자들도 종종 이 사실을 잊곤 한다. 그래도 이것은 사실이다. 다윗이 제사장의 의복인 '베 에봇'을 입고 제단에서 제사장이 드리는 제사인 "번제와 화목제"를 드릴 수 있었던 것은 바로 그가 제사장이었기 때문이다(삼하 6:14-17). 그리고 성경이 "다윗의 아들들은 제사장"(삼하 8:18, 개역개정은 '대신'으로 번역—역주)이라고 말한 것도 그가 제사장이었기 때문이다. 아버지가 제사장이니, 아들도 제사장인 것이다. 하지만 (이 사실은 중요하다) 다윗은 **평범한** 제사장이 아니었다. 그는 레위 계열을 따른 제사장이 아니다. 레위 계열의 제사장 제도가 설립된 것은 이스라엘 민족이 시내 광야에서 금송아지를 경배한 후였다(출 32장). 다윗은 고대 살렘의 제사장-왕인 멜기세덱의 계열을 따른 제사장이다. 다윗 자신이 한 시편에서 그의 왕위를 승계할 자에게 한 말을 보라.

다윗의 시편

여호와께서 내 주에게 말씀하시기를,

---

22. Hahn, *Kinship by Covenant*, 180-82, 192-93, 198-200; C. E. Armending, "Were David's Sons Priests?" in *Current issues in Biblical and Patristic Interpretation*, ed. G. Hawthorne (Grand Rapids: Eerdmans, 1975), 75-86; A. Cody, *A History of Old Testament Priesthood* (Rome: Pontifical Biblical Institute, 1969), 105을 보라.

"내가 네 원수들로 네 발판이 되게 하기까지 너는 내 오른쪽에
앉아 있으라" 하셨도다.

여호와께서 시온에서부터 주의 권능의 규를 내보내시리니
주는 원수들 중에서 다스리소서. …

여호와는 맹세하고 변하지 아니하시리라. 이르시기를,
"너는 멜기세덱의 계열을 따라 영원한 제사장이라" 하셨도다.

(시 110:1-4)

이 시편이 명쾌하게 보여주듯이, 다윗 왕과 그의 계승자 모두
는 단순한 왕이 아니다. 또한, 그들은 성경에서 처음으로 '제사장'
이라 불린 인물인 멜기세덱의 계열을 따른 제사장이기도 하다(창
14:18). 그리고 그렇기 때문에 다윗이 정결한 상태를 유지하는 한,
그는 진설병을 먹을 수 있었다. 그렇다면 다윗 편에서 율법을 어
긴 행위로 보였던 내용이 사실은 전혀 그렇지 않은 게 된다.

이 사실을 염두에 두고 복음서 본문으로 돌아가자. 예수님은
제자들을 비판한 바리새인의 말에 답변하면서 사실상 "나는 다윗
왕과 같고, 내 제자들은 다윗의 부하들과 같다. 또 다윗은 멜기세
덱의 계열을 따른 제사장이었으니, 우리는 제사장처럼 행동할 수
있다"고 말씀하시고 있었다. 기억하라. 멜기세덱이 하나님께 무엇
을 드렸던가? 떡과 포도주였다.[23]

---

23. Crispin H. T. Fletcher-Louis, "Jesus as the High-Priestly Messiah: Part 2,"
　　Journal for the Study of the Historical Jesus 5 (2007): 57-79 (특히 76)을 보라.

성전의 제사장과 진설병

예수님이 제자들을 변호하신 두 번째 근거를 보자. 그는 성전의 제사장들이 안식일에 일을 해도 그것은 율법을 어긴 것이 아니라는 사실에 호소한다. "안식일에 제사장들이 성전 안에서 안식을 범하여도 죄가 없음을 너희가 율법에서 읽지 못했느냐?"(마 12:5) '율법'을 언급할 때 예수님은 레위기에 나오는 제사장의 행동 규칙을 암시하신 것이다. 레위기는 성전의 제사장들이 안식일에 진설병을 준비하고 바치는 일을 **했음**을 분명하게 진술한다.

> 너는 고운 가루를 가져다가 떡 열두 개를 굽되 … 여호와 앞 순결한 상 위에 두 줄로 한 줄에 여섯씩 진설하고 … 안식일마다 이 떡을 여호와 앞에 항상 진설할지니, 이는 이스라엘 자손을 위한 것이요 영원한 언약이니라. (레 24:5-6, 8)

생각해 보면 정말 눈에 띄는 내용이다. 평범한 나머지 유대인은 안식일에 일을 하지 않고 (심지어 음식을 만들지도 않고) 쉬는데, 제사장들은 성전에서 안식일 제사를 드려야 한다. 그런데 그 제사에 진설병이 포함된다. 말하자면 그들은 사실상 안식일을 '어기고 있었지만' 성전에서는 그게 옳은 행위였다!

그럼에도 불구하고 예수님이 지적하셨듯이 얼핏 보면 제사장들이 안식일을 '범한' 것으로 보인다. 그래도 그들은 '죄가 없다'.

왜 그럴까? **그들이 제사장이기 때문에,** 그들이 성전 안에 있기 때문에, 그들이 진설병을 드리기 때문에, 예외가 적용된다. 하지만 다시 한번 바리새인을 향한 예수님의 메시지는 "내 제자들이 안식일에도 '일할' 수 있는 것은, 그들이 성전의 제사장 같은 특권과 특혜를 가지기 때문"이라는 것이다.

성전보다 더 큰 이

하지만 어떻게 예수님은 그런 유추를 하실 수 있는가? 지금 이 사건이 일어난 장소는 성전이 아닌 갈릴리의 곡식밭인데, 어떻게 이런 이야기를 하실 수 있단 말인가?

이 질문을 따라가면 예수님의 마지막 세 번째 요점이 나온다. 이 내용이 아마도 셋 중에 가장 중요할 것이다. 예수님은 **자신**을 성전과 동일시함으로써 제자들의 행동을 정당화하신다. 바리새인에 대한 이 마지막 반응의 근거가 성경이 아닌 예수님 자신의 권위, 그 자신의 신비로운 정체성이라는 사실에 주목하라. 놀랍게도 그분은 자신과 제자들을 변호하면서 **"성전보다 더 큰 이가 여기 있느니라"**고 말씀하신다(마 12:6).

문맥을 통해 분명해지듯이, 이 표현은 예수님 자신을 지시하는 은근한 표현이다. 실제로 예수님은 다른 상황에서도 비슷한 표현을 사용하셨다. "솔로몬보다 더 큰 이가 여기 있다"와 "요나보다 더 큰 이가 여기 있다"(마 12:41-42; 눅 11:31-32). 그런데 '성전보다 더 큰 이'라니? 이런 주장이 예수님 당시 원래 유대인 청중에게 얼

마나 충격적인 내용이었을지는 짐작하기 어렵지 않다. 바리새인
이라면 누구나 알고 있었듯이, 성전은 다름 아닌 **하나님께서 지상**
에 거하시는 거처였다. 그렇기 때문에 성전이 특별한 장소이며, 그
렇기 때문에 성전이 거룩하며, 그렇기 때문에 성전은 다른 모든
건물과 구별되는 건물이었다. 그곳은 하나님의 거처였다. 예수님
도 다른 곳에서 이야기하셨듯이, "성전으로 맹세하는 자는 성전과
그 안에 계신 이로 맹세하는" 것이었다(마 23:21).

그런데 여기서 매우 중요한 질문이 제기된다. 만약 고대 유대
인들에게 성전이 하나님께서 지상에 거하시는 거처였다면, 도대
체 무엇이, 도대체 누가 성전보다 더 클 수 있단 말인가? 분명한
답변을 회피하려고 시도할 수도 있겠지만, 이 질문에 대한 유일한
적절한 답변은 몸소 오셔서 육체로 '천막을 치신' 하나님 자신이
다.[24] 다시 한번 우리는 예수님의 신적 정체성이라는 신비를 마주
하고 있다. 그분은 자신이 누구라고 주장하고 계신가? 그분은 자
신이 무엇이라고 주장하고 계신가? 간단히 답하면, 예수님은 **자신**
이 진정한 성전이라고 말하고 계셨다. 그 자신이 하나님이 지상에
거하시는 거처다. 그가 바로 하나님의 현존이시다.

아직도 예수님이 자신의 신적 정체성을 주장하셨다는 사실에
의구심이 남아 있는가? 그렇다면 이 말에 바로 뒤이어 자신을 '안
식일의 주인'인 인자로 언급하신다는 사실에 주목하라(마 12:8). 앞

---

24. Brant Pitre, "Jesus, the New Temple, and the New Priesthood," in *Letter &*
    Spirit 4 (2008): 47-83 (여기서는 53)을 보라.

서 이야기했듯이, 그리고 고대 유대인이라면 누구나 알고 있었듯이, '안식일의 주인'은 오직 한 분, 세상을 지으실 때 안식을 제정하셨던 그분뿐이다(창 2장). 예수님이 내세우신 이 두 주장에 비추어보면, 복음서들이 바리새인의 반응을 기록하지 않았다는 사실이 놀랍지 않다. 그들은 아마도 신성모독으로 들리는 예수님의 주장에 할 말을 잃고 현장을 떠났을 것이다.

예수님의 3단계 변호를 이해하고 나면, 다른 방식으로는 이해하기 힘든 예수님의 답변이 이해가 될 뿐 아니라, 굉장한 의미들이 드러난다. 왜냐하면, 그 내용들은 예수님이 자신을 새로운 다윗으로, 따라서 멜기세덱과 같은 제사장-왕으로 보셨음을 알려주기 때문이다. 또한, 예수님은 자신의 제자들도 제사장직을 가진 부하들로 보셨고, 그래서 진설병을 드렸던 제사장들처럼 그들도 안식일에 일할 수 있다고 보셨다. 마지막으로 이 내용들로 보건대, 예수님은 자신을, 실제로는 자신의 몸을 하나님의 새 성전으로 보셨던 것이 너무나 분명하다. 그리고 기억하라. 진설병 제사를 드리고 먹었던 곳이 바로 성전이다.

예수님의 현존의 떡과 포도주

마지막 만찬에 관한 책들을 보면 종종 이 식사의 특이한 모습에 혼란스러워하는 학자들이 보인다. 이 식사가 정말로 새 유월절 식사였다면, 예수님이 어린 양을 구운 고기를 집어 들고 **그 고기**를 자신의 몸과 동일시하는 게 맞지 않나? 그렇지 않고 떡과 포도주에 초점을 맞춘 이유가 무엇일까? 게다가 예수님은 어떤 이유로 그 떡과 포도주를 자신과 그토록 밀접하게 연관 지으셨을까? 떡과 포도주가 어떤 식으로든 특정한 **사람**을 대변할 수 있다는 (분명히 낯선) 개념을 도대체 어디서 가져오신 것일까?

확실한 것은 떡을 떼고 포도주를 붓는 행위가 예수님의 임박한 죽음을 가리키는 가시적인 증표일 수 있다는 사실이다. 떼인 떡은 그분의 상한 몸을 상징하고 부어진 포도주는 그분의 피가 흘려질 것을 상징한다. 하지만 어떤 사람의 현존을 가리키기 위해 사용되는 흔한 상징을 생각해 볼 때, 떡과 포도주가 가장 먼저 떠오르는 것은 아니라는 점을 인정해야 한다. 우리가 1세기 유대인으로서 그저 인간의 현존이 아닌 하나님의 현존에 대해 이야기하고 있지 않다면 말이다.

그런데 앞서 살펴보았듯이, 떡과 포도주가 신적 현존의 증표일 수 있다는 개념은 유대인에게 쉽게 수긍이 되는 개념이었다. 그들은 일 년에 세 차례, 즉 유월절과 오순절과 초막절에 이를 체험했기 때문이다. 방금 확인했듯이, 이 각각의 축제에서는 순례자들이 볼 수 있도록 진설병 떡상이 밖으로 꺼내졌고, 제사장들은 "보십시오. 당신을 위한 하나님의 사랑입니다!"라고 선언했다.

지금까지 살펴본 모든 내용에 비추어볼 때, 나에게는 예수님의 관점에서 마지막 만찬은 새 유월절에 불과한 게 아니라 새로운 현존의 떡과 포도주였다는 주장이 일리 있어 보인다. 대부분의 독자는 마지막 만찬을 현존의 떡과 포도주의 관점에서 보지 않지만,

나는 그런 관점으로 볼 것을 추천한다.

또 떡을 가져 감사 기도하시고 떼어 그들에게 주시며 이르시되,
"이것은 너희를 위하여 주는 **내 몸**이라. 너희가 이를 행하여 나를
기념하라" 하시고, 저녁 먹은 후에 잔도 그와 같이 하여 이르시
되, "이 잔은 **내 피로 세우는 새 언약**이니, 곧 너희를 위하여 붓는
것이라." … "너희는 나의 모든 시험 중에 항상 나와 함께한 자들
인즉, 내 아버지께서 나라를 내게 맡기신 것같이, 나도 너희에게
맡겨 너희로 내 나라에 있어 **내 상에서 먹고 마시며** 또는 보좌에
앉아 이스라엘 열두 지파를 다스리게 하려 하노라." (눅 22:19-20,
28-30)

종종 간과되어 왔지만, 현존의 떡과 포도주, 그리고 마지막 만
찬의 떡과 포도주 사이에는 아주 흥미로운 유사점이 여럿 있다.
다음 표를 보라.

진설병(출 25:23-30, 레 24:5-9)	마지막 만찬(눅 22:19-30)
1. 열두 지파를 위한 열두 떡	1. 열두 지파를 대변하는 열두 제자
2. 하나님의 현존을 가리키는 떡과 포도주	2. 예수님의 현존을 가리키는 떡과 포도주
3. '영원한 언약'(*diatheke*)	3. 새 '언약'(*diatheke*)
4. '기념'(*anamnesis*)으로	4. 예수님을 '기념'(*anamnesis*)하여
5. 대제사장이 드리고 제사장들이 먹음	5. 예수님이 드리고 제자들이 먹음
6. 예루살렘 성전에 있는 금'상'(*trapeza*)에서 먹음	6. 아버지의 왕국에 있는 예수 '상'(*trapeza*)에서 먹음

이 유사점들을 어떻게 이해해야 할까? 그저 우연일까? 나는 그렇게 생각하지 않는다. 내가 보기에, 예수님은 자신의 말과 행동을 통해서 마지막 만찬이 단순히 새 유월절을 제정하는 행위 정도가 아니라고 이야기하고 계셨다. 또한 메시아의 새 만나를 주는 행위에 그치는 것도 아니다. 마지막 만찬은 **새 현존의 떡과 포도주**, 예수님 자신의 임재를 가리키는 떡을 제정하는 행위이기도 하다.

요컨대, 예수님이 자신이 하나님과 그의 백성 사이에 수립할 영원할 언약을 드러내고 싶었을 때, 그분은 유월절 어린 양의 고기를 선택하지 않았다. 오히려 제자들의 관심을 마지막 만찬의 떡과 포도주에 집중시켰고, 그 떡과 포도주를 자신과, 즉 자신의 몸과 피와 동일시했다. 예수님은 고난과 죽음, 부활 이후에 이 떡과 포도주를 통해, 새 현존의 떡을 통해 제자들과 함께하실 것이다. 바로 이런 이유 때문에 제자들에게 "이를 행하여 나를 기념하라"고 말씀하신 것이다. 예수님이 제자들을 향한 그분의 사랑을 나타내는 영원한 증표를 남기고 싶으셨을 때, 제자들에게 준 것이 이 떡과 포도주다. "이것은 너희를 위하여 주는 내 몸이라"(눅 22:19). "이것은 많은 사람을 위하여 흘리는 나의 피 곧 언약의 피니라"(막 14:24). **앞서 성전에서 일했던 제사장들과 마찬가지로, 예수님도 마지막 만찬을 통해 제자들을 향해 "보라, 너희를 향한 하나님의 사랑이다"라고 말씀하시고 있었다.**

실제적 현존

이 책을 시작하면서 던졌던 질문으로 이 장을 마무리할 수 있겠다. 1세기 유대인이었던 예수님이 어떻게 "이것은 내 몸이요 이것은 내 피다"와 같은 말을 내뱉으실 수 있었을까? 그리고 어떻게 첫 그리스도인들은 성만찬이 실제 그리스도의 몸과 피라고 믿게 됐을까?

이 질문을 고대 유대인의 시각에서 바라보면 해답을 찾을 수 있다. 예수님과 첫 유대인 그리스도인들이 마지막 만찬을 새로운 현존의 떡을 제정한 사건으로 보았다면, 자연스럽게 그들은 그 만찬을 평범한 떡과 포도주로 이해하지 않았을 것이다. 그 음식은 예수님의 **실제적** 현존을 담고 있는 증표이자 도구였다. 하나님께서 모세 성막과 솔로몬 성전에 진실로, 실제로 현존하여 자기 백성과 함께하셨듯이, 이제 예수님도 성만찬을 통해 자기 제자들과 진실로, 실제로 현존하여 함께하신다. 그리고 옛 현존의 떡이 하나님의 '영원한 언약'의 증표였듯이, 이제 성만찬이 예수님의 피로 인 쳐진 새 언약의 영원한 증표가 될 것이다. 그리고 현존의 떡이 하나님의 얼굴의 떡이기도 했듯이, 이제 성만찬이 그리스도의 얼굴의 떡일 것이다. 진실로 성만찬 의식에서 초대 그리스도인들은 예수님과 더불어 "여기 성전보다 더 크신 이가 계시다"라고 말할 수 있었다.

그렇다면 우리는 그러한 신비를 어떻게 이해해야 할까? 예수님이 떡과 포도주라는 겉모습 아래 실제로 존재할 수 있는가? 어떻게 이런 일이 가능한가?

먼저, 만나와 진설병을 논하면서 이미 확인했듯이, 성만찬에 예수님이 현존하신다는 신비는 그분의 신적 정체성이라는 신비와 밀접하게 연결되어 있다. 예수님이 그저 지상의 메시아에 불과하다면, 그분의 피가 '새 언약'의 영원한 증표가 될 것이라는 생각에 쉽게 이의가 제기될 것이다(실제로 쉽게 신성모독이라고 단죄할 수 있었다). 예수님이 그저 위대한 예언자에 불과하다면, 그분의 몸이 하나님의 현존을 가리키는 새 떡이 될 것이라는 생각에도 곧장 이의가 제기될 것이다. 어떤 예언자도 그런 이야기를 한 적이 없기 때문이다.

하지만 만약 예수님이 예언자 **이상의** 존재라면, 만약 '성전보다 더 큰 이'를 구현하고 계시다면, 만약 하나님의 **신적인** 아들이시라면, 그분이 제정하는 새 언약의 새 떡과 새 포도주도 단순한 상징이 아닌 게 된다. 한마디로 말해, 새로운 현존의 떡은 기적의 떡이다. 결국 떡과 포도주가 메시아의 몸과 피로 변하기 위해 필요한 것도 바로 그것, 기적이다.

예루살렘의 성 퀴릴로스(Cyril)는 그 거룩한 땅의 토박이였고 또한 주후 4세기 예루살렘 교회의 주교였는데, 그가 정확하게 이런 주장을 한 것도 아마 그런 이유 때문일 것이다. 성만찬에 대한 가장 오래된 기독교 문헌 중 하나에서 퀴릴로스는 예수님이 성만찬에 실제로 현존하신다는 신비를 설명하기 위해 고대의 현존의 떡을 활용한다.

> 구약에도 현존의 떡이 있었다. 하지만 이 떡은 구약에 속했기 때문에 종말을 고했다. 그런데 신약에는 하늘의 떡과 구원의 잔이 있어 영혼과 몸을 정결케 한다. … 그러니 그 떡과 그 포도주를 있는 그대로의 물질로 생각하지 말라. 주님의 선언에 따르면, 그 떡과 포도주는 그리스도의 몸과 피이기 때문이다. 당신의 감각은 그렇지 않다고 이야기할지 몰라도, 당신의 믿음이 당신을 지키게 하라. 그 물질을 맛으로 판단하지 말고, 의혹 없이 온전한 확신으로 가득 찬 믿음으로 판단하라. 그리스도의 몸과 피가 당신에게 제공됐다는 믿음 말이다. (St. Cyril of Jerusalem, *Mystagogical Catechesis* 4:5-6)[25]

다시 한번, 이 모든 내용이 진실이 되려면, 예수님이 마지막 만찬에서 하신 행위가 증표나 상징 정도가 아닌 **기적**이었어야 한다. 그런데 성 퀴릴로스 자신도 지적하듯이, 예수님이 초자연적인 물질 변화의 기적을 일으키셨다는 복음서의 기록을 생각하면 이 역시 실제로는 문제가 되지 않는다. 퀴릴로스의 말처럼 "예수님은 갈릴리 가나에서 물을 포도주로, 즉 피와 유사한 물질로 변화시킨

---

25. Philip Schaff and Henry Wace, *Nicene and Post-Nicene Fathers: Second Series*, 14 volumes (Peabody, Mass.: Hendrickson, 1994), 7:152의 번역으로 약간 수정했다.

적이 있다. 그분이 포도주를 피로 변화시겼다는 말이 터무니없는 이야기로 들리는가?"[26]

---

26. Cyril of Jerusalem, *Mystagogical Catechesis*, 4:2; in Schaff and Wace, *Nicene and Post-Nicene Fathers, Second Series*, 7:151; O'Connor, *The Hidden Manna*, 27-31을 보라.

제6장
네 번째 잔과 예수님의 죽음

지금까지 유대 성경과 전통을 따라온 여정을 잠깐 정리해 보자. 우리는 예수님 당시 유대 민족이 어떻게 메시아의 새 출애굽을 기다리고 있었는지, 그리고 예수님은 그 기대들의 성취를 어떻게 알리고 계셨는지 확인했다. 그리고 새 출애굽을 향한 그들의 소망을 연구했고, 예수님이 마지막 만찬에서 어떤 식으로 자신을 참 유월절 양과 동일시하셨는지 조사했다. 유월절 양의 피는 제사 예식에서 부어져야 했다. 또한, 유대 민족이 기적의 만나가 재개될 것을 기다렸다는 사실과, 예수님이 그 만나를 자신의 몸이라는 형태로 주겠다고 약속하셨다는 사실도 확인했다. 마지막으로 우리는 유대 민족이 진설병에 두었던 신앙과, 예수님이 하나님의 언약적 사랑을 드러내는 이 신비한 증표를 떡과 포도주와 관련된 자신의 행위 속에서 성취하고 계셨다는 사실을 확인했다.

우리의 조사를 마무리하는 이 시점에서 확인해야 할 마지막 내용이 있다. 이 내용은 굉장히 중요하다. 예수님은 마지막 만찬에서 그저 유대 민족의 구원사, 즉 애굽의 유월절, 모세의 만나, 성막의 진설병을 **되돌아**보신 것만이 아니다. 또한, 자신의 고난과 죽음을 **내다**보고 계셨다. 예수님은 그렇게 함으로써 마지막 만찬에서 떡과 포도주에 하신 행동을 구원의 역사뿐만 아니라 곧 예루살렘에서 성취될 자신의 '출애굽/탈출'(눅 9:31)과도 연결하신다. 이 출애굽/탈출, 새 출애굽은 그 거룩한 도시에서 그분이 십자가의 죽음으로 향할 때 발생할 일들을 통해 이루어질 것이다.

우리는 이 장에서 마지막 만찬과 그리스도인들이 파스카 신비(Paschal mystery)라 부른 내용(예수님의 고난과 죽음, 그리고 부활) 사이의 이러한 연관성을 조사할 것이다. 이를 위해 다시 유월절 주제로 되돌아가 이 여정의 대단원을 마무리할 필요가 있다. 이렇게 하는 게 전적으로 적절한 이유는, '파스카' 신비라는 표현 자체가 헬라어 **파스카**(유월절)에서 유래했기 때문이다. 예수님의 파스카 신비는 정말 문자 그대로 유월절 신비이다.

그런데 이 장에서 집중적으로 살필 대상은 예루살렘 성전에서 드렸던 유월절 제사가 아니라, 제물이 드려진 후 유대 백성이 먹었던 유월절 식사다. 내가 보여주고 싶은 것은, 마지막 만찬을 고대 유대인의 유월절 식사와 비교하면 굉장히 이상한 점이 있다는 사실이다. 복음서에 따르면 **예수님은 마지막 만찬을 마무리하시지 않았다.** 적어도 다락방에서는 그 식사를 끝내시지 않았다.

하지만 시작에 앞서 작은 경고를 하나 해야겠다. 이제 내가 주장하려는 내용은 이전 장의 내용에 비해 추측에 근거한 내용이 더 많다. 하지만 예수님이 다락방에서 유월절 식사를 마무리하시지 않았다는 가설을 받아들인다면, 그렇지 않을 경우 설명하기 힘든 복음서의 수수께끼 세 가지에 대한 개연성 있는 역사적 설명을 제시할 수 있다는 게 내 생각이며, 앞으로 이를 보여줄 것이다. 그 세 가지 수수께끼는 마지막 만찬에서 예수님이 그 나라가 오기 전까지는 포도주를 마시지 **않겠다**고 맹세하신 것, 겟세마네 동산에서 자신의 임박한 죽음에 대해 **잔**을 '마시는 것'으로 묘사하신 것, 그리고 십자가에서 죽음을 맞기에 앞서 마지막 순간 **포도주를 마신** 예상치 못한 행위이다. 이 수수께끼들이 어떻게 설명되는지 확인하기 위해서는 유대교의 유월절이라는 주제로 다시 돌아가야 한다.

유대교 유월절 식사의 형태

앞서 우리는 고대 유대교의 유월절 제사의 모습과 어린 양이 성전에서 도축되는 과정을 조사하는 데 상당한 시간을 투자했다. 하지만 예수님 당시 유월절에는 그 제사 외에도 다른 요소가 많았다. 그중 하나가 유월절 **식사**인데, 이 식사에도 나름의 순서와 규칙, 단계가 있었다. 결국 질서가 잘 잡힌 이 식사는 나중에 유월절

세데르(Passover Seder)로 불리게 됐는데, 세데르는 히브리어로 '질
서'라는 의미다.[1]

예수님 당시에 유월절 식사가 실제로 세데르로 불렸다는 증거
는 없지만, 성경 외부 문헌에서 그 식사를 기술한 가장 오래된 자
료에 따르면 실제로 그 식사는 잘 정돈된 순서를 따라 진행됐다.
우리는 두 가지 자료, 즉 유대교 미쉬나와 유대교 토세프타(Tosefta)
에서 가장 상세한 기술을 확인할 수 있다. 미쉬나의 경우는 본서
에서 이미 상당히 많이 활용했다. 토세프타는 미쉬나가 집대성된
후 미쉬나에 포함된 전통을 보충하는 성격으로 유대 전통을 모아
놓은 책이다('추가', '보충'에 해당하는 히브리어가 **토세페트**[tosefet]이다). 학
자들은 이 고대 유대 전통과, 1세기의 복음서에서 확인되는 마지
막 만찬에 대한 기술 사이의 놀라운 유사성을 연구하여, 예수님
당시 유월절 식사의 기본적인 형태를 개연성 있게 재구성해낼 수
있었다.[2]

이 유대교 문헌들을 훑어볼 때 다음 사실을 꼭 염두에 두자. (몇
가지 중요한 예외가 있긴 하지만) 우리가 아는 한, 이 내용이 바로 예수
님이 돌아가시기 전날 밤 다락방에서 그분과 제자들이 행하고 있

---

1. 토세프타의 번역본으로는 Jacob Neusner, *The Tosefta*, 2 volumes (Peabody,
   Mass.: Hendrickson, 2002)를 보라.
2. 내가 여기서 제안한 재구성과 유사한 것으로는 Jeremias, *The Eucharistic
   Words of Jesus*, 85-86; Scot McKnight, *Jesus and His Death: Historiography,
   the Historical Jesus, and Atonement Theory* (Waco: Baylor University Press,
   2005), 256; I. Howard Marshall, *Last Supper and Lord's Supper* (Grand
   Rapids: Eerdmans, 1981), Table 1을 보라.

었을 의식이라는 사실이다. 곧 살펴보겠지만, 마지막 만찬과 평범한 유월절 식사 사이의 차이점도 그 유사점만큼이나 중요하다.

네 잔의 포도주

성경 외부의 자료 중 가장 오래된 기술에 따르면, 유대교 유월절 식사는 네 잔의 포도주를 중심으로 조직됐던 것으로 보인다. 이 네 잔의 포도주는 모든 축하 의식에서 핵심이었다. 미쉬나와 토세프타 둘 다 이 내용을 뒷받침한다.

> 유월절 전날에는 저녁 제사 때부터 해가 질 때까지 아무것도 먹어서는 안 된다. 이스라엘에서 가장 가난한 사람조차도 상에 앉기 전까지는 먹어서는 안 되며, 각 사람에게 **마실 포도주가 네(4) 잔보다 적게 제공되어서는 안 된다.** (미쉬나, 『페사힘』 10:1)

> 유월절 전날에는 매일 드리는 저녁 제사 직전부터 어두워지기 전까지 아무것도 먹어서는 안 된다. 가장 가난한 이스라엘 사람조차도 식탁에 눕기 전까지는 먹어서는 안 된다. 그리고 **그들은 그에게 네(4) 잔 이상의 포도주를 제공해야 한다.** (토세프타, 『피샤』 10:1)

여기서 두 가지 내용에 주목하라. 첫째, 유월절 어린 양을 먹기 전 저녁 제사 때(대략 오후 3시)부터 몇 시간 동안의 금식이 선행되어

야 한다. 지금도 성만찬에 앞서 금식을 행하는 그리스도인들에게
는 이 내용이 친숙하게 들릴 것인데, 이 관습의 기원도 초대 교회
로 거슬러 올라간다. 둘째, 의무적으로 최소한 네 잔의 포도주를
마셔야 했다. 이스라엘 사람들 가운데 거의 포도주를 마실 기회가
없었을 가장 가난한 사람도 이 네 잔의 포도주를 마셔야만 유월절
을 기념한 것이다.

　포도주가 왜 그렇게 중요했을까? 랍비들은 이유를 말해 주지
않는다. 추측 가능한 이유 하나는, 전체적인 유월절 식사가 네 잔
의 포도주를 마시는 행위를 중심으로 구성된 것처럼 보인다는 것
이다. 잠시 시간을 들여 이 각 단계와 친숙해지려고 노력해 보자.
그래야만 마지막 만찬으로 다시 돌아왔을 때, 마지막 만찬이 랍비
문헌에 기술된 고대의 유월절 식사와 어떻게 맞아떨어지는지 (그
리고 맞아떨어지지 않는지) 확인할 수 있을 것이다.

첫 번째 잔: 도입 의식

　랍비들에 따르면, 유월절 식사는 저녁에, '해가 지기' 직전에
시작됐다.[3] 이 시간이 되면 유대인 가정의 아버지들은 가족을 큰
상으로 불러 모은다. 그러면 가족 모두는 식탁 주변에 비스듬히
눕는다. 이 자세는 하나님께서 출애굽 때 쟁취해 주신 자유를 상
징한다.

　이 단계가 완료되면, 엄밀한 의미에서 유월절 식사의 도입 의

3.　이어지는 과정에 대해서는 미쉬나, 『페사힘』 10:1-2을 보라.

식(랍비들이 사용한 용어가 아니라 내가 만든 용어다)이 첫 번째 포도주 잔을 붓고 섞는 것으로 시작된다. '섞는다'는 것은 포도주 잔에 약간의 물을 혼합하는 것을 가리킨다. 이 첫 잔은 거룩의 잔으로 불렸는데, 히브리어로는 **킷두쉬** 잔(*kiddush cup*)이다.[4] 아버지들은 이 첫 잔을 붓고 섞은 다음, 그 포도주 잔과 그 축제의 날을 축복하는 형식적인 문구를 낭독하는 것으로 식사를 시작한다. 미쉬나에 따르면 그 포도주를 위한 표준적인 유대교의 축복 문구는 다음과 같았다.

> "찬송하리로다, 주 우리 하나님, 우주의 왕이시여, 그가 포도 열매를 만드셨음이라." (미쉬나, 『베라코트』 6:1을 보라)[5]

이 축복문 낭독이 끝나면, 음식을 식탁으로 가져와 아버지 앞에 놓는다. 음식에는 적어도 네 가지 핵심 요리가 포함된다. 즉, 무교병 몇 덩어리와 쓴 나물 한 접시, **하로세트**(*haroseth*: 과일과 견과류로 만든 달콤하고 어두운 색의 페이스트—편주)으로 알려진 양념장 한 종지, 그리고 구운 유월절 어린 양. 굉장히 흥미로운 사실은 미쉬나가 구운 어린 양을 가리켜 유월절 어린 양의 '몸'(히브리어 **구프**[*guph*])이라 부른다는 사실이다(『페사힘』 10:3).

---

4.   미쉬나, 『페사힘』 10:2.

5.   미쉬나 본문 자체는 이 내용을 축약해서 인용하지만, 표준적인 축복 문구는 그 공백을 메운다. Jacob Neusner, *The Mishnah: A New Translation* (New Haven and London: Yale University Press, 1988), 9을 보라.

이 시점에서 (우리가 전채 요리라 부르는) 일종의 예비 식사가 시작됐을 것이다. 아버지는 쓴 나물 약간을 집어 하로세트 양념장을 묻혀 먹는다. 아마도 그는 식탁에 앉은 다른 가족에게도 그렇게 만들어서 주었을 것이다. 이 단계가 끝나면, 시작 의식이 종결된다. 하지만 엄밀한 의미의 식사는 아직 시작된 게 아니다.

두 번째 잔: 성경을 선포하다

이제 두 번째 포도주 잔을 섞는다. 하지만 마시지는 않는다. 이 잔은 선포의 잔으로 알려져 있는데, 히브리어로는 **학가다** 잔(*haggadah cup*)이다.[6] 왜 그렇게 불렀을까? 유월절 식사의 이 시점에서 아버지들이 여호와께서 이스라엘을 애굽에서 해방시키셨을 때 하신 행위들을 '선포'했기 때문이다. 고맙게도 랍비들은 이 두 번째 단계를 상당히 상세하게 묘사해 놓았다.

> 그 후에 그들은 그[아버지]에게 **두 번째 잔**을 넘긴다. 그리고 여기서 아들이 아버지에게 묻는다. … **"왜 오늘 밤이 다른 날 밤과 다릅니까?** 다른 날 밤에는 양념 된 음식을 한 번만 먹지만 오늘 밤에는 두 번 먹고, 다른 날 밤에는 유교병이나 무교병을 먹는데 오늘 밤에는 무교병만 먹고, 다른 날 밤에는 고기를 굽거나 삶거나 요리해서 먹는데, 오늘 밤에는 구운 고기만 먹습니다." 아버지는 아들의 이해력에 따라 그를 가르치는데, 수치스러운 이야기로 시

---

6.   미쉬나, 『페사힘』 10:4.

작해 영광스러운 이야기로 마친다. "내 조상은 방랑하는 아람 사
람으로 …"(신 26:5)에서 시작해 그 단락 전체를 설명한다. (미쉬나,
『페사힘』 10:4)

아들의 질문이 두 번째 포도주 잔과 바로 연결되어 있다는 사
실에 주목하라. 또한 아버지가 아들의 질문에 성경의 특정 단락을
인용해서 답변한다는 사실에도 주목하라. 아버지는 애굽에서의
해방과 약속된 땅으로 들어간 이야기를 인용한다(신 26:5-11을 보라).
이렇게 성경을 읽으며 출애굽에서 쟁취된 속량을 되돌아보는 행
위가 유월절 식사에서 중요한 부분이었다는 사실을 이미 확인할
수 있다.

하지만 아버지의 역할은 이게 전부가 아니었다. 또한, 그는 유
월절 식사에 포함된 요소, 이를테면 어린 양과 떡, 쓴 나물의 의미
를 **설명했다**. 미쉬나에 따르면 이 부분은 적어도 예수님과 동시대
의 인물이었던 랍비 가말리엘(Gamaliel) 이후로 요구됐던 사항이다.

우리의 스승 가말리엘은 이렇게 말하곤 했다. "유월절에 이 세 가
지 내용[에 관한 성경 구절]을 언급하지 않는 사람은 모두 자기 의무
를 다하지 못한 것이다." 여기서 이 세 가지 내용은 유월절, 무교
병, 쓴 나물이다. '유월절'(Passover)은 하나님께서 애굽에서 우리
조상의 집들을 넘어갔기(passed over) 때문에 그렇게 부르는 것이
고, '무교병'을 먹는 것은 우리 조상이 애굽에서 속량됐기 때문이

며, '쓴 나물'을 먹는 것은 애굽 사람이 애굽에서 우리 조상의 삶을 쓰라리게 만들었기 때문이다. 모든 세대의 사람들은 마치 자신이 애굽에서 나오는 것처럼 간주해야 한다. 그것은 "너는 그날에 네 아들에게 보여 이르기를, '이 예식은 내가 애굽에서 나올 때에 여호와께서 나를 위하여 행하신 일로 말미암음이라' 하라"(출 13:8)고 기록된 바와 같다.[7] 따라서 우리는 이 모든 놀라운 일을 우리 조상과 우리를 위해 행하신 그분께 감사와 찬송과 영광과 영예를 돌리고, 그분을 높이고 찬미해야 한다. 그가 우리를 속박에서 해방으로, 슬픔에서 기쁨으로, 통곡에서 축제로, 어둠에서 찬란한 빛으로, 노예 상태에서 속량으로 옮기셨다. 그러니 그분 앞에서 할렐루야를 외치자! (미쉬나, 『페사힘』 10:5)

이 식사의 의미를 설명하는 순서가 이 단계의 핵심이라는 사실에는 이론의 여지가 없다. 우선, 이 순서는 유월절을 '기념'의 날(출 12:14)로 지키라는 원래의 하나님의 명령을 성취한다. 덧붙여, 이 순서는 출애굽이라는 사건이 지닌 과거의 의미와 현재의 의미가 하나로 합쳐지는 지점이기도 하다. 아무리 많은 세월이 흘렀어도, 각 사람은 이 식사의 의미를 설명함으로써 출애굽 때 쟁취된 속량에 어떤 식으로든 동참할 수 있게 된다.

유월절에 참여하는 사람은 모두 이 선언에 응답하여, 하나님께서 그들에게 행하신 일에 '감사를 드려야' 한다. 이 시점에서 그

---

7.   Herbert Danby의 번역을 약간 수정했다.

들은 감사의 마음을 표현하기 위해 시편 113-114편을 불렀다. 이 시편들은 주님의 선하심을 찬양하고 이스라엘을 애굽에서 구원하신 것에 감사하는 내용을 담고 있다(미쉬나, 『페사힘』 10:6). 시편 115-118편과 더불어 이 두 시편은 할렐 시편(Hallel Psalms)으로 불렸는데, 히브리어 **할렐**의 의미는 '찬양'이다. 할렐 시편은 유월절 식사가 진행되는 내내 불려졌다.

세 번째 잔: 음식을 먹다

다음으로 세 번째 포도주 잔을 섞는다. 이 순서는 본식사가 시작되는 것을 알려서, 마침내 유월절 어린 양과 무교병을 먹는다.[8]

불행히도 이 순서가 진행됐던 모습을 정확하게 재구성하기는 어렵다. 왜냐하면 장소마다 관습이 달랐기 때문이다. 하지만 적어도 기본적인 세 단계로 진행됐을 것이다. 첫째, 식사에 앞서 무교병을 두고 축복의 기도를 드렸다. 표준적인 축복 기도는 다음과 같았다.

> "찬송하리로다, 주 우리 하나님, 그가 땅으로부터 떡을 주셨음이라" (미쉬나, 『베라코트』 6:1을 보라).

둘째, 아마도 식사는 전채 요리가 나오는 것으로 시작됐을 것인데, 소스 그릇에 담긴 약간의 빵이 그것이었다. 미쉬나에서는 이

---

8.   미쉬나, 『페사힘』 10:7; 토세프타, 『피샤』 10:9을 보라.

빵 조각이 일종의 전채 요리로 언급된다.[9] 가룟 유다가 예수님을 팔아넘기기 위해 마지막 만찬을 떠나기 전, 예수님이 '그릇'에 적셔서 주신 것도 아마 이 '빵 조각'이었을 것이다(요 13:26-27). 셋째, 전채 요리를 먹은 후 주식을 먹었는데, 주식은 일차적으로 무교병과 유월절 어린 양 고기였다.

이 식사를 마치면, 아버지는 세 번째 포도주 잔에 또 다른 축복의 기도를 했다. 세 번째 잔은 축복의 잔, 히브리어로 **베라카** 잔(berakah cup)으로 불렸다. 이 잔을 마시는 것으로 유월절 식사의 셋째 단계가 마무리된다.

네 번째 잔: 마무리 의식

유월절 식사의 마무리 의식은 대부분의 다른 예식과 마찬가지로 간단하다. 이 단계는 두 개의 주요 부분으로 이루어졌다.

첫째, 할렐 시편의 남은 부분으로 노래 부른다.[10] 시편 115-118편이 여기에 해당하는데, 그중 마지막 시편은 대할렐(Great Hallel)로 알려져 있었다. 그런데 당신이 이 시편들에 그다지 친숙하지 않다면 이 사실이 그렇게 큰 의미로 다가오지 않을 것이다. 하지만 예수님과 제자들은 이 시편들을 굉장히 잘 알고 있었다. 왜냐하면 매년 유월절에 이 노래를 불렀기 때문이다. 그들은 어린 양이 도

---

9. 미쉬나, 『페사힘』 10:3의 일부 사본에 *parpereth*가 언급되어 있는 것을 보라.
    참고, 미쉬나, 『베라코트』 3:5; 『아보트』 3:19; Danby, *The Mishnah*, 150 n5.
10. 미쉬나, 『페사힘』 10:7.

살되던 성전에서도, 또 유월절 식사 동안에도 이 노래를 불렀다.
이제 예수님께 곧 일어날 일들을 머릿속에 떠올리면서, 마지막 만
찬에서 **이 시편을 부르고 계신 예수님의 모습을 상상해 보라.**

> 내게 주신 모든 은혜를 내가 여호와께 무엇으로 보답할까?
> **내가 구원의 잔을 들고**
> **여호와의 이름을 부르며 …**
> 그의 경건한 자들의 죽음은
> 여호와께서 보시기에 귀중한 것이로다.
> **여호와여, 나는 진실로 주의 종이요**
> **주의 여종의 아들, 곧 주의 종이라.**
> 주께서 나의 결박을 푸셨나이다.
> 내가 주께 **감사 제사**를 드리고
> 여호와의 이름을 부르리이다.
>
> (시 116:12-13, 15-17)

예수님이 마지막 만찬에서 하고 계셨던 일이 바로 정확히 이
것이다. 즉, 하나님께 '감사제', 새로운 '감사 제사'(*zebah todah*)를 드
리고 계셨다. 헬라어를 사용하는 그리스도인들은 이것을 '감
사'(*eucharistia*)라고 불렀다.

훨씬 더 놀라운 사실이 있다. 예수님이 곧 십자가에서 고난을
당하실 것이라는 사실을 염두에 두고, 그 배신당하던 날 밤에 대

할렐에 포함된 다음 내용을 예수님이 (아마도 히브리어로) 노래 부르시는 모습을 상상해 보라.

> 내가 고통 중에 여호와께 부르짖었더니
>
> 여호와께서 응답하시고 나를 넓은 곳에 세우셨도다. …
>
> **내가 죽지 않고 살아서**
>
> 여호와께서 하시는 일을 선포하리로다.
>
> 여호와께서 나를 심히 경책하셨어도
>
> 죽음에는 넘기지 아니하셨도다.
>
> 내게 의의 문들을 열지어다.
>
> 내가 그리로 들어가서 여호와께 감사하리로다.
>
> 이는 여호와의 문이라.
>
> 의인들이 그리로 들어가리로다.
>
> **주께서 내게 응답하시고 나의 구원이 되셨으니,**
>
> **내가 주께 감사하리이다.**
>
> **건축자가 버린 돌이**
>
> **집 모퉁이의 머릿돌이 됐나니,**
>
> 이는 여호와께서 행하신 것이요, 우리 눈에 기이한 바로다.
>
> (시 118:5, 17-23)

이 책에서 반복해서 확인했지만, 이렇게 복음서의 이야기를 유대 성경과 유대교 전통이라는 맥락에 두고 보면, 갑자기 그 내용이 생생하게 살아나 새로운 의미와 놀라운 연관성이 펼쳐진다. 이 경우에는 할렐 시편의 내용이 '감사 제사'를 드릴 하나님의 종 (시 116:17)을 위한 일종의 '대본'에 다름 아니다. 예수님은 이 유대 찬양을 부르시는 가운데, 시편에 묘사된 고난받는 하나님의 종에 관한 내용 속에 드러나는 메시아의 모습을 자신의 운명으로 보셨을 것이다.

시편 118편을 부른 다음 네 번째 포도주 잔을 들이킨다. 미쉬나에 따르면 '세 번째 잔과 네 번째 잔' 사이에는 한 모금의 포도주도 마시지 못하도록 금지됐다(『페사힘』 10:7). 이 네 번째 포도주 잔은 찬양의 잔, 히브리어로 **할렐** 잔(*hallel* cup)으로 알려졌다. 이 잔을 마시면 유월절 식사가 마무리된다.

예수님은 마지막 만찬을 마무리하셨는가?

이런 유대교 전통을 염두에 두고, 이제 마지막 만찬의 상세한 내용으로 돌아가 방금 랍비 문헌에서 발견한 내용들과 비교해 보자. 그러면 마지막 만찬과 평범한 유월절 식사 사이의 유사점과 차이점이 드러나는데, 이 두 가지 모두 굉장히 의미심장하다. 우선, 마지막 만찬을 가장 상세하게 기술한 본문(눅 22장)을 보면 실제로 한 잔 이상의 포도주가 언급된다. 이 사실은 미쉬나와 토세프타에 나오는 여러 포도주 잔에 대한 기술과 강한 유사성을 보여준다. 마찬가지로 마태복음과 마가복음은 둘 다 예수님과 제자들이 식사를 마칠 때 '찬양'을 불렀다고 기록한다. 이 모습은 대할렐을 불렀던 유대교 전통을 반영하는 게 틀림없다. 다른 한편으로, 복음서에 나오는 기술을 좀 더 자세히 들여다보면, 예수님이 실제로는 유월절 식사를 마무리하지 않으셨다는 암시를 받는다.

이제 잠시 상세한 내용을 확인해 보자.

마지막 만찬에는 포도주가 몇 잔 등장하는가?

마지막 만찬에는 몇 잔의 포도주가 나왔을까? 랍비 문헌을 조사하기 전까지는 이 질문에 대한 답이 쉬웠다. '한 잔'이었다. 하지만 누가복음의 이야기는 다르다. 고대 유대교 유월절 식사에서 전통적으로 포도주 네 잔을 마셨다는 사실에 친숙하지 않은 사람이라면, 이 차이를 간과하기 쉽다(나도 수년 동안 이 사실을 간과했다). 하지만 누가복음의 이야기를 자세히 들여다보면 그 차이를 확인할 수 있다.

> 때가 이르매 예수께서 사도들과 함께 앉으사 이르시되, "내가 고난을 받기 전에 **너희와 함께 이 유월절 먹기를 원하고 원했노라.** 내가 너희에게 이르노니 이 유월절이 하나님의 나라에서 이루기까지 다시 먹지 아니하리라" 하시고, **이에 잔을 받으사** 감사 기도하시고 이르시되 "이것을 갖다가 너희끼리 나누라. 내가 너희에게 이르노니 내가 이제부터 하나님의 나라가 임할 때까지 포도나

무에서 난 것을 다시 마시지 아니하리라" 하시고, 또 떡을 가져
감사 기도하시고 떼어 그들에게 주시며 이르시되 "이것은 너희
를 위하여 주는 내 몸이라. 너희가 이를 행하여 나를 기념하라"
하시고, **저녁 먹은 후의 잔도 그와 같이 하여** 이르시되 "이 잔은
내 피로 세우는 새 언약이니, 곧 너희를 위하여 붓는 것이라." (눅
22:14-20)

여기에는 두 개의 포도주 잔이 나온다. 하나의 잔을 위해서는
감사 기도를 하시고, 다른 잔에 대해서는 그의 피로 세우는 새 언
약이라고 규정하신다. 이 둘은 각각 유월절 식사의 네 잔 중에 어
디에 해당하는가?

고맙게도 누가는 이 질문에 답할 실마리를 제공한다. 그는 예
수님이 자신의 피를 '저녁 먹은 **후의** 잔'과 동일시했다고 언급한
다(눅 22:20). 유월절에 관한 랍비 문헌의 기술에서 이 잔은 식사 후
마셨던 **세 번째 잔**, 즉 '축복(베라카[berakah])의 잔'만을 가리킬 수 있
다.[11] 우리는 주후 50년경에 기록된 바울의 고린도전서를 통해 이

---

11. "이제 예수는 주요리를 마친 후, 아마도 유월절의 세 번째 잔이었을 잔을 취
한다." Darrell L. Bock, *Luke*, 2 volumes (Grand Rapids: Baker, 1996),
2:1727. "누가복음의 설명에 따르면, 종말론적 어록들은 유월절의 첫 번째 잔
과 연결된다. … 유대교 '축복의 잔'(*kol shel berakah*)은 (잔의 의미를) 해석하
는 말씀에 해당한다(막 14:23과 평행 본문, 마 26:27; 고전 11:25; 눅 22:20)."
Leonhard Goppelt, "*poterion*," *Theological Dictionary of the New Testament*,
10 volumes, ed. G. Kittel (Grand Rapids: Eerdmans, 1968), 6:153-54. "유월
절이라는 상황에서 17절에 언급된 잔"은 "세 번째 잔, 소위 축복의 잔이다."

내용을 확인할 수 있다. 바울은 이 편지에서 예수님의 피에 해당
하는 성만찬 잔을 실제로 언급하는데, 이때 세 번째 잔을 가리키
는 랍비 문헌의 표현을 활용한다.

> 우리가 축복하는 바 **축복의 잔**은 그리스도의 피에 참여함이 아니
> 며, 우리가 떼는 떡은 그리스도의 몸에 참여함이 아니냐? (고전
> 10:16)

예수님이 자신의 피와 동일시하신 포도주 잔이 정말로 세 번
째 잔이었다면, 누가가 언급한 다른 잔은 십중팔구 **두 번째** 잔, 즉
'선포(**학가다**[*haggadah*])의 잔'이었을 것이다.[12] 이 의견을 뒷받침하는
증거는, 유대인 아버지들이 두 번째 잔을 마신 후에 했던 행동처
럼 예수님도 축사하신 후 무교병의 의미를 설명하셨다는 사실이
다. 그런데 예수님은 과거의 출애굽과 유월절 어린양 '고기'를 언
급하는 대신, 그 떡을 자신의 '몸', 즉 자기 자신과 동일시하신다(눅

G. R. Beasley-Murray, *Jesus and the Kingdom of God* (Grand Rapids: Eerd-
mans, 1985), 261. Beasley-Murray는 H. Schürmann, *Der Einsetzungsbericht
Lk. 22, 19-20* (Münster, Germany: Aschendorff, 1955), 133-50의 내용을 따
른다.

12. 예를 들면, Joseph A. Fitzmyer, *The Gospel According to Luke* (2 vols.; An-
chor Bible; New York: Doubleday, 1983, 1985)를 보라. 일부 학자는 이것이
첫 번째 잔이었다고 생각한다는 사실을 언급해야겠다. 예를 들면, Beasley-
Murray, *Jesus and the Kingdom of God*, 262.

22:19).[13] 달리 말해, 마지막 만찬은 분명 유대교의 유월절 식사였지만, 결코 평범한 유월절이 아니었다. 그것은 메시아의 새 유월절이었다.

예수님의 맹세와 네 번째 잔

마지막 만찬과 유대교 유월절 사이에는 유사점만 있는 게 아니다. 마태복음과 마가복음에 나오는 마지막 만찬 기사로 눈을 돌리면, 거기서도 랍비 문헌과의 유사점과 차이점이 드러나며, 이는 의미심장한 내용일 수 있다. 예수님은 예식을 제정하는 말씀을 하신 뒤 즉시 고대 유대인이라면 누구나 당황했을 법한 말과 행동을 하셨다.

> 또 잔을 가지사 감사 기도하시고, 그들에게 주시며 이르시되 "너희가 다 이것을 마시라. 이것은 죄 사함을 얻게 하려고 많은 사람을 위하여 흘리는 바 나의 피, 곧 언약의 피니라. 그러나 너희에게 이르노니 **내가 포도나무에서 난 것을** 이제부터 내 아버지의 나라에서 새것으로 너희와 함께 마시는 날까지 **마시지 아니하리**

---

13. "예수는 유월절 식사의 요소들을 자신의 관점에서 재해석한다. 떡과 '식사 후의 잔'에 대한 그의 말씀은, 원래 식사 때 먹는 떡에 대해 각 집의 **가장** (*paterfamilias*)이 선언했던 말을 재해석한 내용으로 이해되어야 한다. 가장들은 '이것은 "고난의 떡"(신 16:3)으로, 우리 조상들이 이집트에서 나왔을 때 이 떡을 먹어야 했다'고 선언했다. 예수는 **무교병**(*massot*)을 '고난의 떡'과 동일시하는 대신, 자신의 '몸', 즉 그 자신과 동일시한다." Fitzmyer, *The Gospel According to Luke*, 2:1391.

라" 하시니라. 이에 **그들이 찬미하고**, 감람산으로 **나아가니라**. (마 26:27-30)

이르시되 "이것은 많은 사람을 위하여 흘리는 나의 피, 곧 언약의 피니라. 진실로 너희에게 이르노니 **내가 포도나무에서 난 것을** 하나님 나라에서 새것으로 마시는 날까지 **다시 마시지 아니하리라**" 하시니라. 이에 **그들이 찬미하고**, 감람산으로 **가니라**. (마 14:24-26)

무엇인지 알아챘는가? 두 기사 모두에서 이상한 내용 둘이 발견된다.

첫째, 예수님은 하나님 나라가 오기 전까지는 '포도나무에서 난 것'을 마시지 않겠다고 맹세하신다. 이건 큰 문제다. 1세기 유대인이라면 누구나 알았듯이, 유월절 식사의 이 시점(식사 직후)에는 마셔야 할 포도주가 아직 한 잔(네 번째 잔) 남아 있다. 하지만 예수님은 적어도 그 나라가 오기 전까지는 포도주를 마시지 않겠다고 말씀하신다.

둘째, 다른 고대 유대인처럼 예수님도 세 번째 잔을 마신 후에 제자들과 함께 '찬미했다'(헬라어 **힘네산테스**[hymnesantes]). 대부분의 주석자가 인식하듯이, 이 행동은 마지막 할렐 시편인 시편 115-118편을 불렀음을 가리키는 게 분명하다.[14] 하지만 다시 한번 빠진 요

---

14. "제2성전이 서 있을 때에는 초막절, 하누카, 오순절과 마찬가지로 유월절에

소에 주목하라. 예수님은 찬양을 부르셨다. 하지만, 마태와 마가 둘 다 그분이 유월절 식사의 마지막 잔, 즉 네 번째 포도주 잔을 마셨다는 언급을 하지 않는다. 대신 예수님과 제자들은 다락방에서 '나와' 예루살렘 바깥으로 향했고, 계곡을 지나 감람산으로 갔다고 언급할 뿐이다.

이 두 가지 내용(다시 포도주를 마시지 않겠다는 예수님의 맹세, 예수님이 네 번째 잔을 마셨다는 내용의 부재)을 종합하면, 예수님은 마지막 만찬에서 네 번째 포도주 잔을 언급하셨고 또한 그것을 마시기를 거부하셨다는 설득력 있는 주장을 할 수 있다. 적어도 이런 내용이 20세기의 위대한 유대인 학자인 데이비드 도브(David Daube)의 의견이다. 그는 수년 전 다음과 같은 주장을 했다.

> 마태와 마가에는 유월절 예식의 마지막 네 번째 잔에 대한 언급도 등장한다. 그 언급은 "내가 포도나무에서 난 것을 이제부터 내 아버지의 나라(혹은 하나님 나라)에서 새것으로 너희와 함께 마시는 날까지 마시지 아니하리라"는 구절에 들어 있다. **그 의미는 그 예식의 다음 단계에서 통상적인 절차였던 네 번째 잔을 마시지 않겠다는 것이다. 그 절차는 그 나라가 완전히 수립될 때까지 연기**

도 성경의 일부분인 시편 113-118편으로 구성된 할렐('찬양')이 노래로 불려졌다(참고, 미쉬나, 『페사힘』 5:7). 아마도 제2성전기에 이미 유대인들은 유월절 세데르를 마무리하면서 할렐을 부르기 시작했을 것이다." Marcus, *The Gospel According to Mark*, 2:968. 또한, Davies and Allison, *Saint Matthew*, 3:483-84; Bokser, *Origins of the Seder*, 43-45을 보라.

된다. … [이 사실에 비추어보면] "이에 그들이 찬미하며 감람산으로 나아가니라"의 의미가 더 확연하게 드러난다는 사실에 주목하라. 이 내용에 함축된 의미는, 그들이 '찬미'를 한 후 네 번째 잔을 마시지 않고, 그리고 아마도 '축복의 노래'를 낭독하지도 않고, 곧바로 나왔다는 것이다. 거행되지 않은 이 절차는 실제로 마지막 나라가 올 때까지 연기된다.[15]

달리 말해, 마지막 만찬을 유대인의 관점으로 바라보면, **예수님은 그의 마지막 유월절 식사를 실제로는 마무리하시지 않은 것이다.** 이 사실은 굉장히 의미심장하다. 예수님은 유월절 어린 양의 고기가 아닌 자신의 몸과 피에 초점을 맞추는 것으로 이 식사를 변경하셨다. 하지만 그 정도로 끝이 아니다. 또한, 예수님은 '포도나무에서 난 열매'를 먹지 않겠다고 선언하고 실제로 포도주를 마시지 않고 다락방을 떠남으로써, 의도적으로 유월절 예식을 끝마치지 않은 상태로 놔두신 것으로 보인다.

예수님의 이런 행동에 제자들은 얼마나 당혹스러웠을까? 이 사실은 중요하다. (물론 제자들은 예수님의 사역에서 이 시점쯤에는 당혹스러운 상황에 꽤나 익숙해진 상태였을 것이다.) 그들이 이전에 참석했던 다른 유대교 유월절은 모두 네 번째 잔, 즉 **할렐** '찬양의 잔'을 마시는 의식으로 마무리됐다. 하지만 이 유월절은 중간에 끝이 났다. 이

---

15. David Daube, *The New Testament and Rabbinic Judaism* (Peabody, Mass.: Hendrickson, 1995 [original 1956]), 330-31.

식사는 달랐다. 왜 그랬을까? 왜 예수님은 하나님 나라가 올 때까지 유월절 포도주를 마시지 않겠다고 맹세하셨을까? 왜 그분은 찬미를 한 후 다락방을 떠나셨을까?

예수님의 겟세마네 기도

이 질문에 대한 답변이 발견되는 곳은 마지막 만찬 자체가 아니라, 차후에 일어난 예수님의 고난과 죽음을 둘러싼 사건들에서다. 실제로 예수님의 맹세에 대한 데이비드 도브의 해석을 뒷받침하는 강력한 증거를 겟세마네 동산에서 예수님이 고뇌하셨던 이야기에서 찾을 수 있다. 많은 독자들이 이 장면에 익숙할 테지만, 마지막 만찬과 유월절을 염두에 두고 다시 한번 이 이야기를 읽어 보자.

> 이에 예수께서 제자들과 함께 겟세마네라 하는 곳에 이르러 제자들에게 이르시되, "내가 저기 가서 기도할 동안에 너희는 여기 앉아 있으라" 하시고, 베드로와 세베대의 두 아들을 데리고 가실새 고민하고 슬퍼하사 이에 말씀하시되, "내 마음이 매우 고민하여 죽게 됐으니 너희는 여기 머물러 나와 함께 깨어 있으라" 하시고, 조금 나아가사 얼굴을 땅에 대시고 엎드려 기도하여 이르시되, **"내 아버지여 만일 할 만하시거든 이 잔을 내게서 지나가게 하옵소서. 그러나 나의 원대로 마시옵고 아버지의 원대로 하옵소서"** 하시고, 제자들에게 오사 그 자는 것을 보시고 베드로에게 말씀

하시되, "너희가 나와 함께 한 시간도 이렇게 깨어 있을 수 없더냐? 시험에 들지 않게 깨어 기도하라. 마음에는 원이로되 육신이 약하도다" 하시고, 다시 두 번째 나아가 기도하여 이르시되, "**내 아버지여 만일 내가 마시지 않고는 이 잔이 내게서 지나갈 수 없거든 아버지의 원대로 되기를 원하나이다**" 하시고, 다시 오사 보신즉 그들이 자니 이는 그들의 눈이 피곤함일러라. 또 그들을 두시고 나아가 세 번째 **같은 말씀으로** 기도하신 후, 이에 제자들에게 오사 이르시되, "이제는 자고 쉬라. 보라, 때가 가까이 왔으니 인자가 죄인의 손에 팔리느니라. 일어나라. 함께 가자. 보라, 나를 파는 자가 가까이 왔느니라." (마 26:36-46)

이 내용은 명약관화하다. 예수님은 겟세마네 동산에서 괴로워하시면서 아버지께 **세 번에** 걸쳐 자신이 마셔야 할 '잔'에 대해 기도하셨다. 그 이유는 무엇일까? 십자가 처형을 언급하는 표현이라면 조금 이상하지 않은가? 예수님은 왜 자신의 죽음을 잔을 마신다는 비유로 묘사하셨을까? 그분이 언급하신 것은 어떤 잔이었을까?

이 기도의 배경이 유월절이라는 점을 고려하면(아직 유월절 밤이었다), 그리고 예수님이 다락방을 떠나신 지 얼마 지나지 않았다는 사실을 고려하면, 이 질문에 대한 답변은 명백하다. 예수님은 아버지께 네 번째 잔, 즉 유월절 예식의 마지막 잔에 대해 기도하고 계셨다. 예수님은 방금 마지막 만찬을 거행하셨고, 그 식사에서 자신

의 **몸**을 새 유월절의 제물로 규정하셨다. 또한, 포도주 잔 가운데
하나를 자신의 **피**로 규정하면서, 죄 용서를 위해 부어질 것이라고
말씀하셨다. 달리 말해, 예수님은 암시적으로 자신을 새 유월절 어
린 양으로 규정하셨다. 이러한 자기규정 속에 함축된 내용은 정신
을 번쩍 들게 만든다. 즉, **이 새 유월절이 마무리될 때쯤 예수님은
죽은 상태일 것이다.** 그게 유월절 어린 양에게 일어나는 일이다.
어린 양은 살아서 도망칠 수 없다.

요약하면, 예수님은 성만찬 제정 말씀과 겟세마네 기도를 통
해 자신의 운명을 유대교 유월절 식사와 엮으셨다. 식사가 종료되
고 마지막 잔을 마시면, 그것은 자신의 죽음이 왔다는 의미다. 그
것이 바로 예수님이 마지막 만찬을 끝내시지 않은 이유였다. 그것
이 바로 예수님이 네 번째 잔을 마시지 않으신 이유였다. 개신교
주석가인 윌리엄 레인(William Lane)의 말처럼,

> 예수님이 마시기를 거절하신 잔은 네 번째 잔으로, 일상적으로는
> 유월절 교제를 마무리하는 순서였다. … 예수님은 선택받은 공동
> 체를 대신하는 자신의 대속적 죽음을 언급할 목적으로는 속량의
> 약속과 연관되어 있는 세 번째 잔을 활용하셨다. 그분이 거절하
> 신 네 번째 잔은 완성의 잔이었다.[16]

---

16. Lane, *The Gospel According to Mark*, 508. 또한, Gillian Feeley-Harnik, *The
    Lord's Table: Eucharist and Passover in Early Christianity* (Philadelphia:
    University of Pennsylvania Press, 1981), 145을 보라. 마지막 만찬의 여러 잔
    이 유대교 유월절의 두 번째, 세 번째 잔이라는 사실을 인식한 학자는 많지

만약 이 해석이 옳다면(나는 그렇다고 생각한다), 실제로 우리가 던져야 할 질문은 딱 하나다. **이후로** 예수님은 마지막 만찬을 완결하셨는가? 만약 완결하셨다면, 네 번째 잔을 마셨는가?

내가 목마르다

한 가지 사실은 분명하다. 예수님은 십자가로 향하는 길 위에서는 마지막 포도주 잔을 마시지 않으셨다.

유다가 겟세마네 동산에 도착한 후 비극적 사건이 신속하게 전개된다. 예수님이 체포되고, (산헤드린으로 알려진) 대제사장과 장로들로 구성된 유대인 공의회에, 그리고 로마 총독인 본디오 빌라도에게 넘겨지신다. 예수님은 공개적으로 사형 선고를 받고, 모욕과 조롱을 당하며, 십자가 처형을 위해 넘겨지신다. 그런데 이 모든 고난의 정중앙에서 복음서는 예수님이 포도나무에서 난 열매를 마시지 않으셨다는 사실을 강조한다.

만, 그들이 모두 네 번째 잔에 대한 예수의 맹세가 지닌 함의를 추적한 것은 아니다. 예를 들면, Beasley-Murray, *Jesus and the Kingdom of God*, 262-63; Fitzmyer, *The Gospel According to Luke*, 2:1390; Hermann Patsch, *Abendmahl und historischer Jesus* (Stuttgart, Germany: Calwer, 1972), 90-100.

희롱을 다한 후 홍포를 벗기고 도로 그의 옷을 입혀 십자가에 못 박으려고 끌고 나가니라. 나가다가 시몬이라는 구레네 사람을 만나매 그에게 예수의 십자가를 억지로 지워 가게 했더라. 골고다 즉 해골의 곳이라는 곳에 이르러, **쓸개 탄 포도주를 예수께 주어 마시게 하려 했더니, 예수께서 맛보시고 마시고자 하지 아니하시더라.** 그들이 예수를 십자가에 못 박은 후에 그 옷을 제비 뽑아 나누고, 거기 앉아 지키더라. (마 27:31-36)

이것은 마태의 설명이다. 마가는 같은 내용을 훨씬 더 강하게 묘사한다. "몰약을 탄 포도주를 주었으나 **예수께서 받지 아니하시니라**"(막 15:23). 왜 그러셨을까?

죽어가는 사람에게 포도주를 건네던 유대인의 관습

가능한 설명 하나는, 사형을 선고 받은 사람에게 '포도주'를 건네던 고대 유대인의 관습에서 찾을 수 있다. 이 관습은 탈무드에 언급되어 있다.

처형을 당하러 끌려가는 사람에게 감각을 무디게 할 목적으로 약간의 몰약이 섞인 한 잔의 포도주를 주었다. "독주는 죽게 된 자에게, 포도주는 마음에 근심하는 자에게 줄지어다"(잠 31:6)라고 기록되어 있기 때문이다. 그리고 예루살렘에 거주하는 고상한 여인들이 포도주를 내놓아 건네주곤 했다는 가르침도 전해 내려온

다. (바빌로니아 탈무드, 『산헤드린』 43A)

　　이 내용에는 흥미로운 점이 두 가지 있다. 첫째, 이 내용은 십자가로 향하는 길에 예수님께 포도주가 제공된 이유를 설명해 준다. 그것은 긍휼의 조치로서, 십자가 처형에서 겪게 될 끔찍한 죽음의 고통에 앞서 그의 감각을 둔화시키기 위한 것이다. 이 관점에서 보면, 예수님이 십자가를 지고 가는 동안 포도주 마시기를 거부하신 이유는 고난 중에 겪는 고통을 둔화시키기를 원치 않으셨기 때문이다. 둘째, 이 관습은 예수님이 의도적으로 유월절 식사를 마무리하지 않고 중단하면서, 나중에 포도나무에서 난 열매를 마실 상황이 일어날 것으로 예상할 수 있었던 이유도 설명해 준다. 예수님의 입장에서, 그분이 예언자로서 자신에게 일어날 일을 미리 알고 있었을지 여부와 전혀 무관하게, 사형에 처해질 사람에게 포도주를 건네던 유대인의 관습(탈무드에서 이 관습의 뿌리는 성경의 명령[잠 31:6]이다)을 알고 계셨다면, 당연히 자신의 마지막 순간에도 그와 같은 긍휼이 베풀어질 것으로 확신하셨을 것이다.

　　둘 중 어느 쪽이든, 우리 시선을 십자가를 지고 가는 장면에서 예수님의 죽음 직전 마지막 장면으로 옮기면, 놀라운 사실이 눈에 들어온다. 예수님은 마지막 순간에 **정말로** "포도나무에서 난 열매"를 마시**셨다.** 마태와 마가는 둘 다 그 사실을 말하면서, 구경꾼 중 한 사람이 "해면을 가져다가 신 포도주에 적셔 갈대에 꿰어, 마시도록 그에게 건넸다"라고 이야기한다(마 27:48; 막 15:36).[17] 하지만 예수님의 죽음을 가장 상세하게 묘사한 내용은 요한복음에 나온다. 요한에 따르면 예수님은 처형의 포도주를 받아들인 정도가 아니라, 죽음 직전에 마실 음료를 직접 **요청하셨다.**

> 그 후에 예수께서 모든 일이 이미 이루어진 줄 아시고 성경을 응하게 하려 하사 이르시되, **"내가 목마르다"** 하시니, 거기 신 포도주가 가득히 담긴 그릇이 있는지라. 사람들이 신 포도주를 적신 해면을 우슬초에 매어 예수의 입에 대니, **예수께서 신 포도주를 받으신 후에 이르시되, "다 이루었다"** 하시고 머리를 숙이니 영혼이 떠나가시니라. (요 19:28-30)[18]

무슨 일이 있었는지 주목하라. 예수님이 '다 이루었다'고 말씀하셨을 때, 단순히 자신의 인생이나 메시아 직무만을 가리키고 계

---

17. 저자의 번역이다. 영어 번역들은 그 구경꾼이 예수에게 마실 포도주를 제공만 했을 뿐이며 아마도 예수는 그 포도주를 마시지 않았을 것이라는 그릇된 인상을 준다. 요한복음은 예수가 그 포도주를 마셨다고 분명히 말하며, 마 27:48과 막 15:36에서도 헬라어 단어 **포티조**(*potizo*)는 사역동사 형태로, 그 구경꾼이 예수로 하여금 그 포도주를 "마시게 했다"는 의미다. 마태는 사람들이 예수에게 포도주를 "제공"해도 예수가 마시기를 거부했다는 사실을 설명할 때는 다른 헬라어 동사를 사용한다: 그들이 "그에게 마시라고 주었다"(*edokan auto piein*, 마 27:34).

18. RSVCE를 약간 수정했다. 나는 헬라어 단어 **옥소스**(*oxos*)를 RSV의 "식초"(vinegar)가 아닌, 문자 그대로의 의미인 "신 포도주"로 번역했다. "식초"로 번역할 경우 영어권 독자에게 다소간 오해를 일으킬 수 있다.

셨던 게 아니다. 왜냐하면 이 말을 하신 시점이 마실 것을 달라고
한 요청이 받아들여진 후이기 때문이다. 예수님은 '신 포도주를
받고' 나서야 그 말을 하셨다. 이유가 무엇일까? 이게 무슨 의미일
까? 이번에도 마지막 만찬에서 예수님이 하신 맹세와 겟세마네
동산에서 '잔'에 대해 하신 기도를 기억한다면, 예수님의 마지막
말씀이 가진 의미가 명확해진다. 이 행동은 예수님이 실제로 유대
교 유월절의 네 번째 잔을 마시셨다는 의미다. 마지막 만찬을 실
질적으로 마무리하셨다는 의미다. 그런데 이 마지막 순서를 다락
방이 아닌 십자가 위에서 거행하셨다. 죽음을 맞는 바로 그 순간
에 말이다.

새 유월절의 새 제물

이 해석이 맞는다면, 예수님이 자신의 죽음을 어떻게 이해하
셨는지와 관련된 함의가 적어도 세 가지 존재한다.

첫째, 예수님은 마지막 만찬의 마지막 잔을 마시지 않겠다고
선언하심으로써 자신의 마지막 유월절 식사를 **확장시켜** 자신의
고난과 죽음까지 그 식사에 포함시켰다. 그렇기 때문에 마지막 만
찬은 그분이 어떤 방식으로 죽으실지를 보여주는 상징적 구현 정
도에 그치지 않는다. 나아가 이 식사는 그분의 고난과 죽음을 실
질적으로 작동시키는 예언적인 신호로서, 그분의 삶이 종말을 고
하기 전에는 완전히 완성되지 않을 신호였다.

둘째, 예수님은 겟세마네에서 세 번에 걸쳐 그 '잔'을 떠나게

해달라고 기도하심으로써 자신의 죽음을 유월절 제사의 관점에서 이해하셨음을 **드러냈다**. 왜냐하면 그 식사의 마지막 잔을 마셔야 만 자신의 제사가 완료되고 그분의 피가 유월절 어린 양의 피처럼 '부어질' 것이기 때문이다. 확실히 이 새 유월절의 순서는 뒤집혀 있다. 옛 유월절에서는 어린 양 제사가 먼저고 그다음에 고기를 먹었다. 하지만 이 경우에는 예수님이 자신의 죽음에 앞서 새 유월절을 제정해야 하셨기에, 이 식사의 주최자이자 제물로서 이 식사를 미리 실연(實演)하셨다.

마지막으로 가장 중요한 세 번째 내용이다. 예수님은 자신의 죽음이라는 그 순간까지 유월절 네 번째 잔 마시기를 기다리심으로써, 마지막 만찬을 십자가에서의 죽음과 **하나로 묶으셨다**. 그분은 자신의 마지막 숨을 내쉬기 전까지 포도나무 열매 마시는 것을 거부하심으로써, '떡과 포도주의 형태로 자기 자신을 준 행위'를 '갈보리에서 자신을 드린 행위'와 연결하셨다. 두 행동은 모두 같은 내용을 말한다. "이것은 너희를 위하여 주는 내 몸이라"(눅 22:19). 두 행동의 목적은 모두 "죄 사함을 얻게 하려는" 데 있다(마 26:28). 두 행동은 모두 "많은 사람의 대속물"로서 행해진다(막 10:45). 요약하면, **예수님은 마지막 만찬을 통해 십자가를 유월절로 변화시켰고, 십자가를 통해 마지막 만찬을 제사로 변화시키셨다.**

마지막 만찬과 십자가의 연관성, 성목요일과 성금요일의 이 연관성은 따로 묵상할 가치가 있다. 예수님의 십자가 죽음이 '제사'였다는 개념은 대부분의 그리스도인에게 거의 기정사실에 가까운 상식적인 이야기다. 하지만 1세기에 십자가 처형을 목격할 기회가 있었던 유대인 구경꾼에게는 전혀 그렇지 않았을 것이다. 그들이 목도했을 광경은 제사가 아니라 또 하나의 고통스러운 로마 제국의 **처형** 장면이었을 뿐이다. 고대 유대인의 관점에서는, 제사를 드리려면 **제사장**도 있고 **제물**도 있고 정해진 **예식**이 있어야 했다. 하지만 이 중 어느 것도 갈보리에는 없었다.

그렇다면 어떤 이유로 초기 그리스도인들은 십자가 처형을 제사라고 이야기하게 됐을까? 그것은 마지막 만찬 때문이다. 이 모든 요소들, 즉 제사장, 고기와 피로 구성된 제물, 예식이 예수님의 마지막 유월절 식사에 존재했기 때문이다. 개신교 신학자 A. E. J. 롤린슨(Rawlinson)은 마지막 만찬을 분석하면서 이렇게 이야기했다.

> [예수님은] 다가올 자신의 고난이 지닌 의의를 미리 해석하심으로써, 실제로 영원히 그 고난을, 그런 해석이 없었으면 되지 않았을 실체로, 즉 세상의 죄를 위한 제사로 만들고 계셨다. **갈보리를 제사로 변화시킨 것은 마지막 만찬이다.** 우리 주님의 그 제사를 제사되게 한 것은 갈보리의 죽음 자체가 아니라, 마지막 만찬을 통해 해석되고 의미가 부여된 갈보리의 죽음이다.[19]

---

19. A. E. J. Rawlinson, "Corpus Christi," in *Mysterium Christi*, eds. G. K. A. Bell and A. Deissmann (London: Longmans, Green and Co., 1930), 241, 재인용은 Beasley-Murray, *Jesus and the Kingdom of God*, 258. Albert Vanhoye, S.J., *Old Testament Priests and the New Priest*, trans. J. Bernard Orchard,

이것이 바로 마지막 만찬의 위대한 '신비들' 가운데 하나로, 오직 유월절을 자세하게 연구한 뒤에야 풀릴 수 있는 신비다. 그 식사와 십자가를 유대교의 예식이라는 렌즈를 통해서 바라보아야, 예수님 **자신이** 그 두 사건을 단일한 제사로 이해하셨음이 분명해진다. 바로 이런 이유로, 예수님은 다락방에서 자신의 몸과 피를 준 행위를 십자가 나무 위에서 자신의 몸과 피를 드린 행위와 하나로 묶으신 것이다. 바로 이런 이유로, 예수님은 자신의 죽음과 직접 연결되어 있는 새 유월절 예식을 제정하신 것이다.

요약하면, 예수님은 죽음의 순간까지 유월절의 마지막 잔 마시기를 거부하심으로써, 성목요일과 성금요일 사이에 그분에게 일어난 모든 사건, 즉 배신과 만찬, 고뇌와 고난, 죽음을 한데로 모아 자신을 '기념하여' 거행하게 될 새 유월절과 묶고 계셨다. 따라서 예수님의 새 유월절을 기념하는 성만찬은 단순히 다락방에서 하신 행위를 다시 구현하는 정도가 아니라, 갈보리에서 드려진 예수님의 제사를 다시 구현하는 것이다.

O.S.B. (Petersham, Mass.: St. Bede's, 1986), 50, 53-54도 같은 주장을 한다.

제7장
기독교 신앙의 유대적 뿌리

나는 지난 수년 동안 여러 나라를 돌아다니며 이 책에서 다룬 내용을 강연해 왔다. 강연이 끝나면 여러 사람이 대화를 나누러 나를 찾아 왔는데 그들의 반응은 제각각이었다. 말하기 겸연쩍지만, 일부는 감동을 받아 눈물을 보이기도 했다. 성만찬의 유대적 뿌리를 들으면서, 하나님의 손이 정말로 역사에 작용해서 장차 올 메시아의 새 출애굽을 통해 이루실 일을 위한 길을 닦고 준비하셨다는 사실의 증표를 보았기 때문이었다. 어떤 사람은 젊은 시절의 믿음이 강화되고 깊어져 다시 성만찬을 삶의 중심으로 삼아야겠다는 깨달음을 얻었다고 소감을 밝혔다. 하지만 다양한 기독교 교파에서 가끔 드려질 뿐인 상징적인 식사를 뛰어넘는 성만찬의 신비를 제시하는 나의 비전을 큰 도전으로 느끼는 사람도 여전히 있었다.

그런데 거의 항상 만나는 특별한 반응 하나, 특별한 질문 하나가 있다. 사람들은 반복해서 내게 와서 묻는다. **"왜 전에는 이런 이야기를 못 들어 본 걸까요?** 왜 유월절에 대해, 만나에 대해, 진설병에 대해 더 많은 이야기를 듣지 못했을까요? 이 내용은 성경을 이해하는 데 있어 정말로 하나의 돌파구가 되지 않을까요?"

이 질문에 대한 내 답변을 들으면 놀랄지도 모르겠다. 내가 이제껏 해온 이야기 중 거의 대부분은 어느 정도건 이미 과거에 나왔던 이야기들이다. 이 책에 담긴 개념 대부분은 새로운 내용이 아니다. 사실 정말 오래된 내용들이다. 오래된 내용일 뿐만 아니라, 상당히 쉽게 찾아볼 수 있는 내용이기도 하다. 이 내용들은 신약 문헌에서, 초대 교회 교부(1세기에서 7세기)로 알려진 고대 기독교 작가의 작품에서, 그리고 심지어는 가톨릭교회의 공식적인 가르침에서도 확인할 수 있다.

달리 말해, 신학자의 과제 가운데 하나는 선한 도둑이 되는 것이다. 말하자면, 유대교 전통과 기독교 전통이라는 무궁무진한 보물창고에서 보물을 '훔쳐다' 이 부요한 내용을 활용해 성경의 의미를 조명해야 한다. 그래서 나는 이 마지막 장에서, 그동안 예수님과 성만찬의 유대적 뿌리에 관하여 배운 내용을 요약하고 이러한 구약과 신약의 관계가 주해상의 새로운 발견이 아닌, 기독교 신앙에서 전수되어 온 전통에 포함된 내용이라는 사실을 보여주고자 한다.

파스카는 유월절을 뜻한다

내가 이 책을 통해 쭉 주장해 왔듯이, 예수님은 마지막 만찬을 새 유월절로 보셨다. 따라서 예수님의 관점에서 마지막 만찬은 결코 평범한 식사가 아니었고, 심지어 평범한 유월절 식사도 아니었다. 다른 고대 유대인처럼 예수님도 하나님께서 언젠가 새 출애굽을 통해 자기 백성을 다시 한번 구원하실 것이라고 성경이 예언했다는 사실을 알고 계셨다. 그리고 아마도 예수님은 유월절 밤에 메시아가 오실 것이라는 랍비 전승도 아셨을 것이다. 거의 확실히 예수님은 새 출애굽이 일어나려면 새 유월절도 있어야 한다고 믿으셨을 것이다. 그리고 예수님이 마지막 만찬 때 그 성취의 서막으로 행하신 일도 정확히 그것이다.

따라서 예수님은 그날 밤 다락방에서 통상적인 유대교 유월절을 기념하셨던 게 아니다. 예수님은 이스라엘이 오랫동안 기다려 온 메시아로서, '많은 사람'을 위해 자기 생명을 내줄 고난받는 종으로서(사 53:10-12), 자신의 고난에 초점을 맞추어 유월절의 풍경을 개작하고 계셨다. 그분은 십자가에 죽기 전까지 네 번째 잔 마시기를 거절하심으로써, 제물로서의 자신의 죽음과 마지막 만찬을 연결하셨다. 그리고 자신이 다락방에서 하신 행동을 반복하라고 제자들에게 명령함으로써, 의도적으로 이 새 유월절(제사와 식사)을 대대로 지키도록 영속화하신다. 예수님은 이러한 행동을 통해 새 유월절에 시동을 걸고 계셨다. 이제 중요한 것은 애굽에서 도살당했던 유월절 어린 양의 고기가 아닌 십자가에서 제물로 드려질 예수님 자신의 살과 피다. 예수님은 자기 자신을 메시아로 보셨기 때문에, 메시아적 유월절의 주최자 역할을 맡으셨다. 그리고 예수님은 자기 자신을 유월절 어린 양으로 보셨기 때문에, 자신을 제물로 드리셨다.

예수님은 전 생애를 통해 수십 명의 유대인이 로마 제국의 손에 십자가 처형을 당하는 모습을 지켜보셨을 것이다.[1] 그분은 예루살렘 당국과 갈등을 일으킨 사람을 기다리고 있는 죽음이 어떤 종류인지 알고 계셨다. 또한, 봄철마다 수천 마리의 유월절 어린 양이 예루살렘 성전 바깥에서 나무 십자가에 박혀 옮겨지던 광경도 목격하셨을 것이다. 이 유월절이 다른 유월절과 달랐던 요인은 한 어린 양이 제물로 바쳐졌다는 사실이 아니다. 그건 매년 일어나던 일이다. 이 유월절이 달랐던 요인은 심지어 누군가 처형됐다는 사실도 아니다. 이 역시 과거에도 일어났던 일이다. 이 유월절이 특별했던 이유는, 예수님이 **자기 자신을**, 다른 사람을 죽음에서 구출하기 위해 생명을 바칠 '흠 없는 어린 양 수컷'(출 12:1-6)과 동일시하셨다는 사실 때문이다. 그분은 자기 자신을 하나님의 어린 양으로 규정하셨고, 자신의 살이 '세상의 생명을 위해' 드려지고 **먹혀야** 한다고 말씀하셨다(요 6:51).

결국, 예수님이 자신을 새 유월절 어린 양과 동일시하셨다는

1.　Martin Hengel, *Crucifixion* (Philadelphia: Fortress, 1977) [= 『십자가 처형』, 감은사, 2019]을 보라.

설명이야말로 그분이 다락방에서 제자들에게 하신 말씀에 대한 역사적으로 개연성 있는 유일한 설명이다. 왜냐하면 (다른 고대 유대 인과 마찬가지로) 예수님은 유월절 제사가 유월절 어린 양의 죽음으로 완성되는 게 아니라는 사실을 충분히 인식하셨기 때문이다. 그 제사는 신성한 식사를 먹는 것으로 완성된다. 그들은 어린 양을 먹어야 했다. 그저 어린 양의 상징이 아닌, 실제 양의 살을 **먹어야** 했다. 궁극적으로, 유대인이었던 예수님이 그의 열두 제자에게 "받아서 먹으라. 이것은 내 몸이니라"고 말씀하셨다면(마 26:26), 그 말씀은 오직 이런 의미일 수밖에 없다.

고대 기독교에서 새 유월절

(신약 안팎을 막론하고) 가장 초기의 기독교 저자들도 성만찬을 유월절의 관점에서 이야기한다. 이 현상에 대한 최선의 설명은 바로 예수님 자신이 마지막 만찬을 새 유월절로 이해하셨기 때문이라는 것이다. 역사적으로 이 개념의 뿌리는 메시아의 유월절에 대한 유대교의 소망과 예수님 자신의 행위다. 그런데 초대 그리스도인들이 이 개념을 취해 성만찬의 의미와 신비를 설명하는 중심으로 삼은 것이다.

신약에는 이를 보여주는 핵심 사례가 둘 있다. 성경의 마지막 책 요한계시록을 보면 선견자 요한이 천상에 있는 예수님의 환상을 본다. 그런데 요한이 본 것은 사람이 아닌 '죽임을 당한 것처럼 서 있는 **어린 양**'이었다(계 5:6). 이 환상의 상징성은 강력하다. 예수

님의 신비한 정체가 천상의 유월절 어린 양으로 계시되는데, 그분
은 십자가에 못 박히고('죽임을 당한') 또한 부활한('서 있는') 존재다.
이 어린 양의 '피'가 지닌 능력으로 인해 신자들은 '우리 하나님
앞에서 나라와 제사장들'이 된다. 이는 마치 이스라엘 민족이 출
애굽 때 '제사장 나라'로 부름받은 것과 같다(계 5:10; 출 19:6). 이 사
실은 이 어린 양을 중심으로 하는 천상의 예배(요한은 요한계시록 4-5
장에서 이 예배를 굉장히 상세하게 묘사한다)가 단순한 기념 예식이 아닌
천상의 유월절이라는 사실을 강력하게 시사한다.[2]

마찬가지로 이목을 끄는 내용이 있는데, 사도 바울이 유월절
어린 양으로서 그리스도의 제사를, 그리스도인들이 드리는 새로
운 무교병 '축제'로 연결한다는 사실이다.

> 적은 누룩이 온 덩어리에 퍼지는 것을 알지 못하느냐? 너희는 누
> 룩 없는 자인데 새 덩어리가 되기 위하여 묵은 누룩을 내버리라.
> 우리의 유월절 양 곧 그리스도께서 희생되셨느니라. 이러므로 우
> 리가 명절을 지키되, 묵은 누룩으로도 말고 악하고 악의에 찬 누
> 룩으로도 말고 누룩이 없이 오직 순전함과 진실함의 떡으로 하
> 자. (고전 5:6b-8)

유대교 유월절은 오직 **무교병**으로만 기념될 수 있었다는 사실

---

2. Scott Hahn, *The Lamb's Supper: The Mass as Heaven on Earth* (New York:
    Doubleday, 1998)를 보라.

을 기억하라. 바울은 이 사실에 비추어 새 유월절 어린 양이라는
예수님의 정체성으로부터 윤리적 함의를 도출하고 있다. 만약 예
수님이 새 유월절 어린 양이시라면, 그리스도인들은 새 유월절
'축제'인 성만찬 축제를 지키기 위한 준비를 해야 한다. 그 준비란
옛 유월절 예식처럼 누룩을 제거하는 것이 아니라, 누룩이 상징하
던 것, 즉 불결한 죄를 마음에서 제거하는 것이다. 유대인들이 유
월절 식사를 받기 전에 모든 누룩을 제거하고 금식해야 했듯이(미
쉬나, 『페사힘』 10:1), 바울은 그리스도인 청중을 향해 성만찬을 받기
전에 그들의 마음을 정결케 해서 그들의 유월절 양이신 그리스도
의 '몸과 피'에 대하여 죄를 짓지 말라고, 그럼으로써 자기를 '살피
고 그 후에야 이 떡을 먹고 이 잔을 마시라고' 요청한다(고전 11:27-
28).

　　우리는 신약 외부에서도 유월절에 대해 유사한 내용을 이야기
하는 초대 교회 교부들을 확인할 수 있다. 순교자 성 유스티노스
는 주후 2세기에 기독교로 회심한 그리스 철학자다. 유스티노스는
유명한 저서 『트뤼폰과의 대화』에서 이렇게 선언한다. "하나님은
그 어린 양을 유월절 제사로 드리라고 명령하셨는데, 이 **어린 양
의 신비**는 유월절 어린 양이 **진정 그리스도의 모형이었다**는 것이
다. 이제 신자들은 각자 믿음의 분량을 따라 그들의 집에, 즉 그들
자신에게 그리스도의 피를 바른다"(*Dialogue with Trypho*, 40:1-3).[3] 논

3.　St. Justin Martyr, *Dialogue with Trypho*, trans. Thomas B. Falls, ed. Michael
　　Slusser (Washington, D.C.: Catholic University of America Press, 2003),

란의 여지없는 당대 최고의 성경 해설자였던 오리게네스(Origen)는 2세기 후기와 3세기 초기 이집트의 도시 알렉산드리아에 살았던 인물이다. 오리게네스는 그의 저작에서 새 파스카 축제를 기념하는 것에 대해 이렇게 말한다.

> 우리에게도 특정한 날을 지키는 관습이 있다. 이를테면 주의 날, 준비일(the Preparation), 유월절과 오순절 등 …. [그러나] **'우리의 유월절 양 곧 그리스도께서 희생되셨다'**(고전 5:7)**는 사실을 고려하는 사람이라면 그 말씀의 살을 먹음으로 그 축제를 지키는 것이 자신의 의무라는 사실을 알 것이며,** 따라서 그는 빠짐없이 파스카 축제를 지킨다. 왜냐하면 **파스카**의 의미가 유월절이며, 그는 이제껏 자신의 모든 생각과 말과 행동에서 이 세상의 것들을 넘어 하나님께로 가기 위해 분투해 왔기 때문이다. 그는 하나님의 도성을 향해 급히 나아가는 중이다. (Origen, *Against Celsus*, 8:22)[4]

오리게네스는 '**파스카**의 의미가 유월절이다'라는 말로 기독교 성만찬의 신비 한가운데로 곧장 나아간다. 모든 그리스도인은 그것이 하나님의 명령이기 때문에 유월절 '축제를 지킬 의무'가 있다. 그런데 어떻게 지키는가? 어린 양의 살을 먹는 게 아니라, '그 말씀의 살을 먹는다.' 말하자면 성육신하신 신적인 말씀의 살을

61-62의 번역이다.

4.   Aquilina, *The Mass of the Early Christians*, 153에 인용되어 있다.

먹는다(요 1:14). 그리스도인은 성만찬이라는 새 유월절 축제를 통해 이 세상의 것들을 '넘어' 하나님께로 향한다.

따라서 성전 시대의 유대인과 마찬가지로 그리스도인도 예루살렘을 향해 여행하는 순례자다. 하지만 새 유월절의 경우 목적지는 더 이상 이 세상의 땅에 세워진 이 세상의 도시가 아니라, 천상의 하나님의 도시인 새 예루살렘이다.

오늘날의 새 유월절

하지만 초대 교회 교부들의 문헌이 이 이야기의 끝이 아니다. 유대교 유월절과 기독교 성만찬 사이의 이 신비로운 연관성이, 이제는 아무도 읽지 않는 고대 기독교 저작에만 한정된 통찰이 아니라는 말이다. 반대로 이 통찰은 현재 가톨릭교회의 **생생한** 가르침에서도 핵심을 차지하는 내용이다. 가톨릭교회는 기독교의 성경과 사도적 전통을 가톨릭 교리의 직접적인 원천으로 삼는다.

이 가르침은 『가톨릭교회 교리서』(Catechism of the Catholic Church)로 알려진 공식적인 가톨릭 교리 개론서에 주목할 만한 방식으로 수합되어 있다.[5] 이 교리서는 1992년 교황 요한 바오로 2세가 출간하고 반포한 책이다(앞으로는 이 교리서를 CCC라 칭하겠다). 이 귀중한 보물 같은 책은 기독교 신앙 전체를 개괄하고 있는데, 성경과 초대 기독교 교부들에게서 유래한 통찰로 가득하다. 가톨릭교회

---

5. *Catechism of the Catholic Church*, second edition (Washington, D.C.: United States Conference of Catholic Bishops, 1997).

는 이 책 전체에서 성만찬의 신비를 조명하기 위해 기독교 신앙의
뿌리인 성경과 유대교 문헌을 반복해서 활용한다.

이를테면, 이 교리서는 성만찬을 다루면서 예수님이 마지막
만찬에서 고대 유대교 유월절을 단순히 준수하신 정도가 아니라
고 가르친다. 예수님은 자신의 고난과 죽음에서 달성될 새 유월절
을 예상하고 계셨다.

> 예수님은 그분이 가버나움에서 선언하셨던 내용, 즉 제자들에게
> 자기 살과 피를 주겠다는 선언을 성취하기 위해 유월절이라는 시
> 간을 선택하셨다. ··· **예수님은 제자들과의 마지막 만찬을 유월
> 절 식사로 기념함으로써, 유대교 유월절에 최종적 의미를 부여하
> 셨다.** 죽음과 부활을 통해 예수님이 자기 아버지께로 넘어간 것
> (passing over), 즉 **새 유월절**(*the new Passover*)은 마지막 만찬에서 미리
> 선보였고 성만찬에서 기념되는 사건으로, 유대교 유월절을 성취
> 하며 그 나라의 영광 중에 있을 교회의 마지막 유월절을 내다본
> 다. (CCC 1339-1340)

단순하고 명확한 진술이다. 나는 헤아리는 데 몇 년이 걸렸던
그 내용을, 가톨릭교회는 질투를 불러일으킬 정도로 간결한 문장
으로 선언하고 있다. 예수님의 죽음과 부활, 승천이 다름 아닌 '새
유월절'이다. 예수님은 마지막 만찬을 통해 제자들을 "그의 유월
절에 함께 참여하는 자"가 되게 하신다(CCC 1337). 게다가 "성만찬

은 그리스도의 유월절을 기념하는 의식"이기 때문에(CCC 1362), 예
수님의 죽음과 부활을 기릴 뿐 아니라 실은 그 사건을 현재의 실
재로 만든다. "교회가 성만찬 의식을 거행할 때, 교회는 그리스도
의 유월절을 기리고 그것을 현재화한다. 그리스도가 십자가 위에
서 단번에 영원히 드리신 제사는 영원히 현재형이다"(CCC 1364).

광장히 흥미로운 사실은, 이 교리서가 심지어 유대교 유월절
의 세 번째 잔과 마지막 만찬의 잔, 겟세마네의 잔, 그리고 예수님
이 십자가에서 들이키신 '잔' 사이의 연관성도 인식하고 있다는
사실이다.

> 유대교의 유월절 식사에서 마지막에 위치했던 '축복의 잔'은 포
> 도주로 누리는 축제의 기쁨에 종말론적 차원을 더한다. 즉, 메시
> 아가 오셔서 예루살렘을 재건할 것을 기대한다. 예수님이 성만찬
> 을 제정하실 때, 그분은 떡과 잔의 축복에 새로운 최종적 의미를
> 부여하셨다. (CCC 1334)

> 예수님은 마지막 만찬에서 제자들에게 자신을 주시면서 새 언약
> 의 잔을 미리 이야기하셨고, 곧이어 겟세마네 동산에서 고뇌하시
> 며 아버지의 손에서 온 그 잔을 수용하고 스스로 '죽기까지 순종
> 하셨다.' 예수님은 기도하셨다. "내 아버지여, 만일 할 만하시거
> 든 이 잔을 내게서 지나가게 하옵소서." (CCC 612)

아버지는 속량의 사랑을 펼치시려는 계획을 갖고 계셨고, 예수님의 삶 전체에 영감을 불어넣은 것은 아버지의 이 계획을 떠안으려는 욕구였다. 하나님이 성육신하신 진정한 이유가 바로 이 속량의 사랑이었다. 그래서 그분은 물으신다. … "아버지께서 주신 잔을 내가 마시지 않겠느냐?" 그분은 십자가 위에서 "다 이루었다"고 말하기 직전, "내가 목마르다"라고 말씀하셨다. (CCC 608)

분명 교리서의 이 단락은 예수님이 십자가에서 마신 포도주 잔을 유대교 유월절의 네 번째 잔이라고 규정하는 데까지는 나아가지 않았다. 그렇지만 이 단락은 예수님이 겟세마네 동산에서 기도하셨고 마지막 만찬에서 '미리 내다보셨던' 속량의 '잔'을 마시는 행위가 예수님의 마지막 말씀 안에서 완성됐다고 본다.

나는 이 책과 관련된 작업을 시작하기 전인 몇 년 전만 해도, 결코 마지막 만찬을 새 유월절로 생각하지 못했다. **왜** 그런 생각을 못했는지 잘 모르겠다. 그냥 그런 생각을 못했다. 예수님이 유월절 기간에 마지막 만찬을 기념했다는 사실도 알고 있었고, 특정한 의미에서 그 만찬이 첫 '성만찬'이었다는 사실도 알고 있었다. 하지만 이 두 가지 내용을 종합하지 못했다. 두 점을 잇지 못했다. 지금 말할 수 있는 사실은 내 무지의 원인이, 이런 개념이 역사의 흐름 가운데 사라져 버렸기 때문은 아니라는 것이다. 오히려 정반대로, 신약과 초대 교회 교부들, 그리고 현재 가톨릭교회의 가르침은 그 개념을 풍부하고 분명하게 보여주고 있다. 마지막 만찬은

(그리고 확장하면 기독교 성만찬은) 다름 아닌 그리스도의 새 유월절, 메시아의 새 유월절이다.

만나의 그림자

본서의 제4장 '메시아의 만나'에서 확인했듯이, 예수님은 마지막 만찬에서 자신이 주실 선물을 하늘에서 온 새 만나로 설명하셨다. 어떤 의미에서는 만나가 유월절보다 훨씬 더 중요하다. 마지막 만찬의 수수께끼를 정말로 풀고 싶다면, 예수님이 성만찬을 단순히 매우 특별한 유월절 식사로만 본 것이 아니라는 사실을 이해해야 한다. 예수님은 성만찬을 **기적**으로 보셨다. 또한, 초자연적인 식사로 보셨다.

예수님은 1세기 유대인으로서 구약의 만나가 결코 평범한 떡이 아니었다는 사실을 잘 알고 계셨다. 만나는 '하늘에서 온' 기적의 '떡'이었다(출 16:4). 만나는 기적으로 시작됐다. 출애굽 동안 하나님께서 하늘에서 '떡'과 '고기'를 비처럼 내려주신 것이다. 또한, 만나가 그칠 때에도, 이스라엘이 약속의 땅에 도착한 직후에 신비롭게도 기적과 더불어 중단됐다. 달리 말해, 예수님도 다른 고대 유대인처럼 만나가 천상의 실재라는 성경의 가르침을 알고 계셨을 것이다. 만나는 평범한 음식이 아니라, '천사의 떡'이었다(시 78:25).

그리고 예수님이 고대 유대교 전통에 친숙하셨다면, 그보다 훨씬 더 많은 내용을 알고 계셨을 것이다. 만나가 태초 이후로 하늘에 존재해 왔다는 일부 유대인의 믿음도 알고 계셨을 것이다. 천상의 성전에 여전히 만나가 보관되어 있다고 믿는 유대인이 있다는 사실도 알고 계셨을 것이다. 또한 (예수님이 가버나움에서 가르치실 때 동료 유대인들이 이 사실을 상기시켜 주었다는 사실로 볼 때) 예수님은 메시아가 마침내 올 때 다시 한번 '만나의 보고'를 가져올 것이라는 믿음(『바룩2서』 29:8)도 분명히 알고 계셨을 것이다. 메시아의 만나는 모세의 만나를 초월할 것이다.

만약 예수님이 이 모든 내용을 아셨다면, 그분이 성만찬을 하늘에서 온 새 만나로 규정하기로 결정하셨다는 사실은 그분 역시도 성만찬을 기적의 식사로 이해했음을 보여준다. 성만찬은 예수님이 제자들에게 그것을 달라고 매일 간구하라고 가르치셨던 새 출애굽의 '초자연적 떡'일 것이다(마 6:11; 눅 11:3). 옛 만나는 오직 자연적인 생명만을 전달할 수 있었지만, 이 새 만나는 초자연적인 생명을 줄 것이다. "이 떡을 먹는 자는 영원히 살리라"(요 6:58). 옛 만나는 약속된 땅을 기적으로 미리 맛보는 것이었지만, 성만찬의 새 만나는 육체의 부활을 기적으로 미리 맛보는 것이다. 바로 이 이유 때문에 예수님은 제자들에게 마지막 날에 '다시 살림'을 받기 위해서는 성만찬의 떡을 반드시 먹어야 한다고 말씀하신 것이다. 그들이 육체의 부활이라는 '생명'을 얻고자 한다면, 반드시 기적적인 부활의 떡을 먹어야 한다. 그들이 (랍비들이 '장차 올 세상'이라 불렀던) 새 창조라는 새 약속의 땅에 들어가고자 한다면, 반드시 (랍비들이 '장차 올 세상의 떡'이라 불렀던, 『창세기 랍바』 82:8) 새 창조의 음식을 먹어야 한다. 장차 올 세상은 단순한 상징이 아닌 실제였다.

이 내용에 여전히 의구심이 남아 있다면, 예수님이 이전에도 기적을 행하셨다는 사실을 기억할 필요가 있겠다. 예수님의 공생애 동안 상당한 시간을 할애하셨던 일이 바로 기적을 행한 것이다. 예수님은 병자를 고치시고 죽은 자를 살리셨다. 본서 제4장을 기억하라. 한번은 광야에서 기적의 떡으로 5천 명을 먹이셨다. 요한복음에 따르면, 이 일은 예수님의 고난과 죽음보다 거의 1년 전에 일어났다. 그때는 봄이었고 유월절 축제가 가까운 시기였다(요 6:4). 의미심장하게도 광야에서 5천 명을 먹인 기적은 과거 모세의 만나를 돌아볼 뿐만 아니라, 예수님께서 마지막 만찬에서 행하실 일을 내다보기도 한다.[6] 복음서에 나오는 두 사건을 비교해 보자.

---

6. Graham H. Twelftree, *Jesus the Miracle Worker* (Downers Grove, Ill.: Inter-Varsity, 1999), 319; W. D. Davies and Dale C. Allison, Jr., *A Critical and Exegetical Commentary on the Gospel According to Saint Matthew*, 3 volumes (Edinburgh: T. & T. Clark, 1988, 1991, 1997), 2:418을 보라.

5천 명을 먹인 기적(막 6:35-44; 요 6:11)	마지막 만찬(막 14:17-25)
1. 날이 저물 때 일어남	1. 날이 저물 때 일어남
2. 사람들이 '비스듬히 기대앉음'	2. 예수님과 제자들이 '비스듬히 기대앉음'
3. 예수님이 떡 다섯 덩이를 드심	3. 예수님이 떡을 드심
4. 예수님이 축사하심	4. 예수님이 축사하심
5. 예수님이 떡을 떼심	5. 예수님이 떡을 떼심
6. 예수님이 '감사를 드리심'(*eucharistesas*)	6. 예수님이 '감사를 드리심'(*eucharistesas*)
7. 예수님이 떡을 제자들에게 주심	7. 예수님이 떡을 제자들에게 주심

이 중 하나는 기적이고, 다른 하나는 그저 상징적인 행위에 불과한가? 아니면 **둘 다** 기적이고, 하나가 다른 하나를 미리 가리키는가? 나는 후자가 옳다고 본다. 나는 5천 명을 먹이신 사건의 기적적인 '감사 드림'(*eucharistia*, 요 6:11)이 마지막 만찬의 기적적인 '감사 드림'(*eucharistia*, 막 14:23)을 내다본다고 생각한다. 복음서 저자들도 그 사실을 알고 있었다. 그렇기 때문에 그들은 이 두 사건 사이의 유사점을 부각시켰다. 예수님은 5천 명을 먹이신 기적에서 새 만나가 올 것이라는 신호를 보이신 것인데, 마지막 만찬 때 그 새 만나가 실제로 왔다.

요약하면, 유대인이었던 예수님이 성만찬을 하늘에서 온 새 만나로 규정할 수 있었던 데에는 무엇보다도 중요한 한 가지 이유가 있다. 그분의 눈에 마지막 만찬은 유월절 제사 정도가 아니라, 새롭고 더 위대한 출애굽의 기적이었기 때문이다. 예수님은 마지막 만찬 때 떡과 포도주를 기적적으로 자신의 살과 피로 변화시키셨다. 예수님은 그렇게 함으로써 제자들이 그분의 육체적 죽음과 육체적 부활 둘 다에 참여하게 하셨다. 그렇게 함으로써 제자들이 새 창조의 땅, 새 약속의 땅으로 나아가는 여정에서 매일 그들의 삶을 지탱해 줄 '초자연적 떡'을 주고 계셨다. 그 떡은 장차 올 세상의 생명이라는 실재를 미리 맛보는 음식이었다.

고대 기독교에서 새 만나

이 경우에도 신약과 초대 교회 교부들의 저작들로 눈을 돌리면, 그들 역시 성만찬을 하늘에서 온 만나라는 고대의 기적이 성취되는 사건으로 이해했음을 확인할 수 있다.

굉장히 흥미롭게도, (두 번째지만) 이 내용을 뒷받침하는 신약의 두 증인은 사도 바울과 요한계시록이다. 요한계시록의 앞부분을 보면, 하나님의 영이 요한에게 그의 교회 가운데 한 교회를 다음의 말로 격려하라고 말씀하신다. "귀 있는 자는 성령이 교회들에게 하시는 말씀을 들을지어다. 이기는 그에게는 내가 감추었던 만나를 줄 것이다"(계 2:17). 이 구절의 정확한 의미에 대해서는 논란이 계속되고 있지만, 이 구절이 성만찬을 가리킨다고 보는 사람들이 있다.[7] 그들은 요한이 성막 안에 '감추어져 있던' 구약의 만나 이미지를 활용하고 있다고 본다(출 16:32-36).

바울의 고린도전서에는 이러한 애매함이 없다. 바울은 이 편

---

7. Michael Barber, *Coming Soon: Unlocking the Book of Revelation* (Steuben-ville, Ohio: Emmaus Road, 2005), 65; David E. Aune, *Revelation*, 3 volumes (Word Biblical Commentary 52; Dallas: Word Books, 1997), 189 을 보라.

지에서 기독교 성만찬에 대한 긴 논의(11-12장)를 시작하면서, 광야에서 일어났던 만나의 기적을 되돌아본다.

> 형제들아, 나는 너희가 알지 못하기를 원하지 아니하노니, 우리 조상들이 다 구름 아래에 있고 바다 가운데로 지나며, 모세에게 속하여 다 구름과 바다에서 세례를 받고, **다 같은 초자연적 음식을 먹으며, 다 같은 초자연적 음료를 마셨다.** (고전 10:1-4a)

고린도 교회를 향한 바울의 메시지는 분명하다. 출애굽 광야 세대처럼 행동해서는 안 된다는 것이다. 출애굽 세대 중 다수는 만나를 '하찮은 음식'이라며 경멸하고 우상 숭배를 했기 때문에 광야에서 멸망했다(고전 10:6-13; 민 21:4-9을 보라). 그들과 달리 그리스도인들은 성만찬 때 받는 초자연적 음식과 음료의 의미를 알고 존중해야 한다. 바로 이 이유 때문에 바울은 만나에 대한 논의에서 곧장 성만찬과 관련된 권고로 향한다. "우리가 축복하는 바 축복의 잔은 그리스도의 피에 참여함이 아니며, 우리가 떼는 떡은 그리스도의 몸에 참여함이 아니냐?"(고전 10:16) 새 출애굽의 새로운 초자연적 음식은 그리스도의 몸이라는 새 만나다.

고대 기독교 저자들의 글 속에도 이러한 연관성이 그대로 살아 있다. 그들은 성만찬에 현존하는 그리스도가 하늘에서 온 새 만나라는 점을 보여주기 위해 (요한복음 6장에 나오는 예수님의 가버나움 설교 외에도) 이러한 신약의 구절들을 활용했다. 예를 들면, 오리게네스는 이스라엘의 광야 여정을 두고 이렇게 말한다. "그때도 만나가 양식이었지만 외관에 불과했다. 지금은 실체로서 하나님 말씀의 살이 진정한 양식이다. 예수님 자신의 말씀대로, '내 살이 참된 양식이요, 내 피가 참된 음료이다'"(*On Numbers* 7:2).[8]

훨씬 더 명백한 사례로는 티코니우스(Tyconius, 대략 주후 330-390년)의 설명이 있다. 북아프리카의 평신도 신학자이자 성경 해석자였던 그는 요한계시록 주석에서 다음과 같이 말한다.

> "이기는 그에게는 내가 감추었던 만나를 줄 것이다"(계 2:17). 이 만나는 비가시적인 떡으로서 하늘에서 내려왔으며, 실제로 인간이 되셔서 "사람이 천사의 떡을 먹을 수 있게" 하셨다(시 78:25). 이 만나의 형상은 이전에 광야에서 주어졌던 만나에 나타나 있는데, **주님은 그 떡을 먹었던 자들이 모두 죽었다고 말씀하셨다. 왜냐하면 그들은 믿음이 없어서, 그리스도께서 신실한 자들에게 불멸을 부여하시는 수단인 이 감추어진 만나, 독특하게 영적인 만나를 먹지 않았기 때문이다.** 그래서 그는 "인자의 살을 먹지 아니하고 인자의 피를 마시지 아니하면 너희 속에 생명이 없느니라"(요 6:53)고 말씀하셨다. 그리고 그때 당시 영적으로 먹을 수 있었던 이들은 모세를 비롯한 사람과 마찬가지로 동일한 불멸성을 마땅히 얻었을 것이다. 바울의 가르침대로 "그들은 다 같은 영적인 음

---

8.   Aquilina, *The Mass of the Early Christians*, 147-48에 인용되어 있다.

식을 먹었다"(고전 10:3). (Tyconius, *Commentary on the Apocalypse*, 2:17)[9]

이 단락에서 티코니우스는 신약에서 만나가 거론되는 모든 구절을 종합하면서, 기독교 성만찬을 바라보는 굉장히 고상한 관점을 드러낸다. 즉, 성만찬은 요한계시록이 말하는 감추어진 만나이며, '인간이 된' 천상의 떡, 살이라는 것이다. 예수님은 이 감춰진 만나를 통해 그것을 합당하게 받는 사람들에게 다름 아닌 불멸성을 제공하신다.

이러한 증언들에 비추어보면, 4세기 후반과 5세기 초기의 위대한 아프리카의 주교이자 신학자였던 성 아우구스티누스(Saint Augustine)가 요한복음 설교에서 다음과 같은 이야기를 했다는 사실이 놀랍지 않다.

> 만나 역시 하늘에서 내려왔다. 하지만 **만나는 그림자였고, 이것이 진리다.** "누구든지 이 떡을 먹는 사람은 영원히 살 것이다. 내가 줄 그 떡은 세상의 생명을 위한 내 살이다." (*Tractate on John*, 26:13)[10]

아우구스티누스에게 성만찬의 신비는 너무나 실제적이어서

9.   William C. Weinrich, *Revelation* (Ancient Christian Commentary on Scripture, New Testament XII; Downers Grove, Ill.: InterVarsity, 2005), 31-32의 번역.

10.   O'Connor, *The Hidden Manna*, 65의 번역.

그는 그리스도인들에게 하나님께만 합당한 흠모를 성만찬에도 보
내라고 요구했을 정도다. "먼저 그 살을 흠모하지 않는 사람은 그
살을 먹을 수 없다. … 그 살을 흠모하지 않는 것은 죄를 짓는 것이
다"(On the Psalms 98:9).[11]

오늘날의 새 만나

이번에도 현대 가톨릭교회의 가르침으로 눈을 돌리면, 신약성
서 및 초대 교회 교부들의 증언과 연속성을 보여주는 생생한 사례
를 확인할 수 있다.

가톨릭교회 교리서는 기독교 예배의 유대적 근간을 논의하면
서 출애굽 때의 만나가 마지막 만찬의 기적적인 떡을 미리 가리킨
다고 명시적으로 가르친다. **"광야의 만나는 성만찬**, 즉 '하늘에서
온 참된 떡'의 **예형이다**"(CCC 1094). 아나 다를까, 교리서는 이
가르침을 뒷받침하면서 예수님이 가버나움 회당에서 하신 생명의
떡 강화(요 6:32)와 광야 세대가 '초자연적인' 떡과 음료를 마셨다는
사도 바울의 언급(고전 10:1-6)을 인용한다.

실제로 교리서는 더 나아가 예수님이 주기도문에서 제자들에
게 '오늘 우리에게 **에피우시오스**(epiousios) 떡을 주시고'라고 가르
치셨을 때 이 떡이 성만찬의 **초물질적인** 떡을 의도한 것이라고까
지 말한다. 교리서는 예수님의 이 표현에서 다른 의미도 도출될
수 있음을 알고 있지만, 이 간구가 담고 있는 문자 그대로의 의미

---

11.   O'Connor, *The Hidden Manna*, 58의 번역.

를 다음과 같이 설명한다.

> '일용할'(에피우시오스)이라는 단어는 신약의 다른 본문에는 등장하
> 지 않는다. 이 단어를 시간적 의미로 이해하면, 교훈의 목적으로
> 무조건 신뢰하라는 확신을 주기 위해 '오늘'의 의미를 반복하는
> 게 된다. 질적인 의미로 보면, '삶에 필수적인'을 가리킨다. … **문
> 자 그대로의 의미로 보면**(에피-우시오스: '초-물질적인'), **생명의 떡, 그
> 리스도의 몸을 직접 언급하는 표현이 된다. 즉, 이것이 없다면 우
> 리 안에 생명도 없는 '불멸의 약'을 가리킨다.** (CCC 2837)[12]

내가 처음으로 이 단락을 읽었던 때가 아직도 생생하게 기억
난다. 나는 헬라어 단어 **에피우시오스**의 의미를 연구하느라 엄청
난 시간을 할애했고, 최근에야 가장 문자적인 번역이 실은 '초물
질적인'(혹은 '초자연적인')이라는 결론에 도달했다. 나는 중요한 '발
견'을 해냈다고 확신했고, 이 발견 때문에 언젠가 정년 교수직을
확보할 수 있을 것이라는 (혹은 적어도 뛰어난 업적으로 인정받을 것이라
는) 희망에 부풀었다. 나중에 내가 우연히 교리서의 주기도문 설명
을 읽다가 어떤 내용을 발견했을지 추측해 보라. 내 '참신한' 생각

---

12. 이 교리서의 공식 영어 번역에서는 *super-essential*이라는 단어를 사용하지
    만, 원래 라틴어 판은 **에피우시오스**(*epiousios*)를 문자 그대로
    "supersubstantiale"로 번역해서, 고대 교회 교부들과 앞서 내가 제시한 입장
    과 일치한다. *Catechismus Catholicae Ecclesiae* (Città de Vaticano: Libreria
    Editrice Vaticana, 1997), 714를 보라.

이 겨우 스쳐 지나가는 내용 정도로 진술되어 있었다!

군이 언급할 필요도 없겠지만, 나는 이 결론을 결코 글로 발표한 적이 없다. 하지만 여기서 나는 매우 귀중한 교훈을 얻었다. 기독교 전통의 풍성함에 관한 이야기인데, 기독교 전통이 가지고 있는 성경에 대한 가장 심오한 통찰들 다수가 잊히지 않고 보존되어 있지만, 그 내용을 모르는 우리가 무시하고 있었을 뿐이라는 것이다. 그 내용들은 거기 존재하고 있으며, 다시 발견되어 새롭게 인식되기를 기다리고 있다.

나를 기념하여

마지막 만찬의 신비를 풀 세 번째 열쇠도 마찬가지로 중요한 게 틀림없다. 예수님은 자신이 제정한 성만찬을 '새 현존의 떡'(새로운 진설병)으로도 보셨다. 이 마지막 이미지는 셋 중 가장 덜 알려진 내용이지만, 굉장히 중요한 가르침을 담고 있다. 이 가르침을 통해 우리는 예수님이 제자들에게 주실 그 떡을 특정 **내용**, 즉 새 출애굽과 새 유월절, 만나의 기적을 가리키는 신호만이 아니라, 특정 **인물**을 가리키는 신호로도 보셨다는 사실을 알게 된다. 실제로 예수님은 그 떡을 자신의 **개인적인 현존**으로 이해하셨다. 예수님은 이 떡, 새 현존의 떡을 통해 그들과 이스라엘 백성을 향한 그분의 사랑을, 십자가에서 대신해 죽으신 '많은 사람'을 향한 그분의 사랑을 담고 있는 표현을 열두 제자에게 주고 계셨다(막 10:45).

만약 예수님이 성경을 아셨다면(틀림없이 성경을 알고 계셨다), 첫 출애굽에서 현존의 떡이 얼마나 중요했는지도 아셨을 것이다. 현존의 떡이 모세 성막의 언약궤 앞에, 그리고 금메노라 옆에 진설되어 있다는 사실을 아셨을 것이다. 현존의 떡이 떡과 포도주로 구성되며, 피 없는 안식일 제물로 매주 드려졌다는 사실도 아셨을 것이다. 현존의 떡을 제사장들만 먹을 수 있었고, 이것이 모세오경에서 '영원한 언약'으로 언급된 유일한 제사라는 사실도 아셨을 것이다. 그 떡이 단순한 현존의 떡 정도가 아니라, 얼굴의 떡, 즉 하나님의 현존, 하나님의 '얼굴'이 이 땅에 드러난 가시적인 증표라는 사실도 아셨을 것이다.

예수님은 1세기 유대인으로서, 성경에서 최초로 '제사장'으로 불린 인물인 멜기세덱이 현존의 떡과 포도주를 드렸다는 사실도 아마 아셨을 것이다. 그리고 아마도 그 당시 유대인 제사장들이 현존의 떡이 어떤 의미에서 기적의 떡인지 설명해 주는 이야기를 들으셨을 것이다. 하지만 그분은 (그분 자신도 축제 기간에 여러 번 예루살렘을 방문하셨을 것이기에) 성전의 제사장이 유대인 순례자들을 위해 현존의 떡을 높이 들고 '보십시오, 당신을 향한 하나님의 사랑입니다!'라고 외친다는 사실도 아셨을 게 틀림없다. 그리고 이 떡을 통해 1년에 세 번씩 '하나님의 얼굴을 보라'는 명령을 완수하며(출 34:23; 23:17), 현존의 떡과 함께 유향을 주님께 '기념물'로 바친다는 사실(레 24:7)도 알고 계셨을 것이다.

이 모든 내용에 비추어보면, 예수님이 자신의 현존을 가리키는 가시적인 표증을 제자들에게 남기시려 했을 때 포도주와 떡을 선택하셨다는 사실이 자연스럽게 다가온다. 예수님은 자신을 '기념'할 희생제사를 제자들에게 남기려 하셨을 때(고전 11:24-25), 모세 성막에서 제사장들이 사용했던 것과 같은 요소를 사용하셨다. 예수님은 새 출애굽의 '새 언약'을 가리키는 징표(그들을 향한 사랑, 그리고 그가 대신해서 죽으실 '많은 사람'을 향한 그분의 사랑을 표현하는 증표)를 제자들에게 주려 하셨을 때, 자신의 현존을 담은 떡과 포도주를 주셨다. 이렇게 해서 예수님은 그들에게, 또한 그분이 대신해서 죽으신 모든 사람에게, "보십시오, 당신을 향한 하나님의 사랑, 또한 나의 사랑입니다"라고 말씀하시고 있었다.

고대 기독교에서 현존의 떡

현존의 떡은 다소간 신비스러운 특징이 있는데, 신약에서 딱 두 번 언급된다는 사실도 그런 특성과 일치하는 바가 있다. 그 두 사례 중 하나는 우리가 이미 살폈다. 제자들이 안식일에 곡식을 잘라 먹은 사건 때문에 예수님과 바리새인이 논쟁한 사례가 그것이다(마 12:1-8; 막 2:23-28; 눅 6:1-5). 다른 하나는 히브리서에서 지상 성소인 모세 성막을 묘사하면서 잠깐 언급되는 부분이다(히 9:1-3).

하지만 초대 교회 교부들의 저작으로 시선을 돌리면, 현존의 떡을 기독교의 성만찬과, 그리고 예수님이 다락방에서 자신의 죽음을 '기념' 혹은 '기억'하라고 제정하신 예식과 곧장 연결시키는

언급을 몇몇 확인할 수 있다. 이번에도 우리를 실망시키지 않는
인물은 오리게네스다. 그는 구약과 관련된 통찰을 보여주면서, 레
위기 주해에서 이렇게 말한다.

> 끊임없이 열두 개의 떡 덩어리를 주님께서 볼 수 있는 위치에 두
> 어 열두 지파의 기억이 늘 그분 앞에 유지되게 해야 한다는 규정
> 이 주어진다. 이스라엘은 이 의식을 통해 각 지파와 관련된 간청
> 이나 호소를 올린다. … 그런데 이 의식이 위대한 신비로 언급된
> 다는 사실을 생각하면, 이 '기념물'이 위대한 속죄의 효력이 있음
> 을 알 수 있다. "하늘에서 내려 세상에 생명을 주는" 떡(요 6:33),
> "하나님이 그의 피로써 화목제물로 세우신" 그 현존의 떡(롬 3:25)
> 을 돌아본다면, 그리고 주님께서 "이것을 행하여 나를 기념하
> 라"(고전 11:24)고 말씀하신 이 기념물에 관심을 기울인다면, 이것
> 이 하나님을 사람에게 은혜로우신 분으로 만드는 유일한 '기념
> 물'이라는 사실을 알게 될 것이다. 따라서 더 열중해서 교회의 신
> 비를 떠올려보면, 장래에 올 진리의 이미지가 율법에 기록된 이
> 러한 내용 속에 미리 기대되고 있었다는 사실을 알게 될 것이다.
>
> (Origen, *On Leviticus* 13)[13]

오리게네스는 교회의 '신비'(뮈스테리온[*mysterion*])를 이야기하면
서, 현재 그리스도인들이 (라틴어의 영향을 받아) '성례전'(사크라멘툼

---

13.   Aquilina, *The Mass of the Early Christians*, 151-52에 인용되어 있다.

[*sacramentum*])이라 부르는 내용을 가리키던 통상적인 헬라어 표현을 사용하고 있다. 오리게네스는 이러한 표현을 통해 굉장히 중요한 내용을 가르치고 있다. 구약의 예식과 제사는 단순히 하나님께서 이스라엘 백성에게 원하시던 경배의 방식 정도가 아니라, 메시아 시대를 가리키는 이정표, 예수님께서 마지막 만찬에서 제정하실 '장래에 올 진리'의 신비를 담은 '이미지'이기도 했다.

달리 말해, 오리게네스에게 현존의 떡은 일차적으로 이스라엘 열두 지파의 '기념물'이었다. 하지만 그 떡은 그 자체를 넘어서는 다른 실재를 가리키는 신호이기도 했다. 그 떡은 하나님께서 도입하신 이미지로서, 메시아가 자신의 임재를 담은 떡과 포도주를 제정하면서 열두 제자에게 '**나를** 기념하여' 이 떡과 포도주를 드리라고 명령할 때 성취될 '장래에 올 진리'의 이미지였다.

주후 4세기 예루살렘의 주교였던 성 퀴릴로스의 표현은 훨씬 더 강력하다. 그는 (**카테쿠멘스**[*catechumens*]로 알려진) 그리스도인 세례 예비자들에게 주는 가르침에서, 실제라고밖에 말할 수 없는 성만찬의 현존이 가진 신비를 조명하기 위해 구약의 현존의 떡을 동원한다.

구약에는 진설된 떡 덩어리[현존의 떡]가 있지만, 그 떡은 옛 언약의 요소라서 종말을 고했다. 신약에는 영혼과 육체를 깨끗케 하는 하늘에서 온 구원의 떡과 잔이 있다. 왜냐하면 떡이 육체를 위해 존재하듯이, 그 말씀은 영혼과 어울리기 때문이다.

따라서 성만찬을 단순한 떡과 포도주로 여겨서는 안 된다. 왜 냐하면 주님의 선언에 의하면 그것이 진짜 떡이며 진짜 피이기 때문이다. 당신의 오감은 "이건 단순한 떡과 포도주에 불과해"라 고 말할 수도 있지만, 믿음으로 의심을 지우라. 실체를 맛으로 판 단하지 말고, 믿음에서 온전한 확신을 얻어 당신이 그리스도의 진짜 살과 피에 합당한 존재로 판단받았다는 사실을 인식하라. …

이 사실을 알았다면, 눈에 보이는 그 떡이 맛은 그냥 떡 같겠지 만 그냥 떡이 아니라 그리스도의 진짜 몸이며, 눈에 보이는 그 포 도주가 맛은 그냥 포도주 같겠지만 그냥 포도주가 아니라 그리스 도의 진짜 피라는 온전한 확신을 가지게 될 것이다. (Cyril of Jerusa-lem, *Mystagogic Catechesis* 5-6, 9)[14]

퀴릴로스의 말보다 더 명쾌하게 표현할 수 있을까? 이 말 속에 는 예수님이 성만찬에 실제로 현존하신다는 신비 전체가 요약되 어 있다. 옛 언약의 현존의 떡은 성전의 파괴와 함께 종말을 고했 다. 하지만 이제 성만찬에서 제공되는 새 떡과 포도주는 훨씬 더 거대한 실제다. 이 떡과 포도주는 메시아의 살과 피로서, 떡과 포 도주라는 겉모습을 띠고 실제로, 진정으로 현존한다. 퀴릴로스에 게 이러한 변화는 완결된 사태다.[15] 기독교 성만찬이 드려지고 나

---

14. O'Connor, *The Hidden Manna*, 28의 번역.

15. 초대 교회 교부 연구의 대가인 Johannes Quaesten에 따르면, 퀴릴로스에게

면 눈에 보이는 그 떡은 더 이상 그냥 떡이 아니며, 눈에 보이는 포
도주도 더 이상 그냥 포도주가 아니다. 둘 다 예수님의 바로 그 살
과 피가 된다.

오늘날 현존의 떡

우리에게는 불행한 일이지만, 가톨릭교회 교리서는 구약의 현
존의 떡을 성만찬과 명시적으로 연결하지 않는다. 교리서는 현존
의 떡을 이스라엘의 성전 예배에 포함된 요소라고 지나치는 말로
언급할 뿐이다(CCC 2581).

그렇지만 교회가 성만찬의 신비를 설명하면서, 예수님의 진정
한 **현존**이라는 표현을 사용하기로 결정했다는 사실은 의미심장하
다. 실제로 이 가르침은 가톨릭 신앙의 핵심에 자리잡고 있다.

> 가장 복된 성례전인 성만찬에는 "우리 주 예수 그리스도의 영혼
> 과 신성과 더불어 그의 살과 피가, 따라서 그리스도 전체가 진정
> 으로, 실제로, 물질적으로 포함된다." **이 현존은 실제로 불린다.**
> … 말하자면 신이요, 인간이신 그리스도가 자신을 전체로서 온전
> 하게 현존케 하는 물질적인 현존이다. 그리스도가 이 성례전에
> 현존하게 되는 것은 떡과 포도주가 그리스도의 살과 피로 전환되

"이 실제 현존은 이 물질 요소들이 변화됨으로써 일어나며, 따라서 그는 이
변화를 화체설의 의미로 해석한 최초의 인물이다." Johannes Quaesten,
Patrology, 3 volumes (Westminster, Md.: Newman, 1960), 3:375, 재인용은
O'Connor, *The Hidden Manna*, 30 n49을 보라.

는 것을 통해서다. (CCC 1374-75)

가톨릭교회도 예수님과 마찬가지로 첫 성만찬이 (그리고 그 이후의 모든 성만찬이) 단순한 증표가 아닌 기적이었다고 가르친다. 떡과 포도주를 예수님의 살과 피로 변화시킬 힘이 모든 사람에게 있는 것이 아니라 합당하게 안수받은 성직자에게만 있다는 믿음을 가톨릭교회가 고수하는 이유도 성만찬의 기적적인 성격에 대한 믿음 때문이다. 가톨릭교회가 성만찬을 소중하게 여길 뿐만 아니라 성만찬을 오직 하나님께만 합당한 예배로 여기는 이유도 바로 그리스도의 현존, 즉 그의 살과 피, 영혼과 신성의 진정한 현존에 대한 믿음 때문이다(CCC 1378).

하지만 결국 교회에서 성만찬을 우러르는 태도의 뿌리도 고대 유대교의 실천과 신념일 수 있다. 예수님 당시 성전의 제사장들이 현존의 떡을 들어 올려 이스라엘 백성이 하나님의 얼굴의 떡을 '볼' 수 있게 했다는 사실을 떠올려보라. 그렇기 때문에 지금의 교회 또한 성만찬을 들어올리고 우러름으로써 신자들로 하여금 그 떡과 포도주의 겉모습 아래 숨겨진 메시아의 얼굴을 묵상할 수 있게 한다. 마찬가지로 출애굽 당시 이스라엘의 제사장들은 모세의 성막에, 그리고 나중에는 성전에 현존의 떡을 보관했다. 그렇기 때문에 이제 가톨릭교회도 전 세계에 있는 수많은 감실에 예수님의 현존을 나타내는 새 떡을 보관한다.[16]

---

16. CCC 1378-79과 비교해 보라.

요약하면, 가톨릭교회는 예수님이 성만찬에 실제로 현존하신
다는 가르침을 통해, 정통 그리스도인들이 언제나 믿어왔던 내용
을 다시 진술했을 뿐이다. 확실히 초대 교회로 거슬러 올라가면
고대 영지주의처럼 예수님의 실제적 현존에 대한 믿음을 거부하
면서 그리스도인을 자처한 사람도 일부 있었다. 주후 107년경, 가
톨릭의 주교이자 사도 요한의 제자였던 안디옥의 이그나티우스
(Ignatius)는 그리스도인을 자처하지만 예수님의 실제적 현존을 믿
지 않는 사람들을 맹렬히 비난했다. 그는 영지주의자들에 대해 이
렇게 말한다.

> **그들은 성만찬이 우리 구원자 예수 그리스도의 살이라는 사실을
> 인정하지 않기** 때문에 성만찬과 기도를 중단했다. 그분은 우리
> 죄를 위해 고난을 받으셨고 아버지께서 그의 선하심으로 다시 살
> 리신 분 아닌가! (Ignatius of Antioch, *Smyrnaeans* 6:2)[17]

한편으로는, 사도들 이후 교회의 첫 세대부터 성만찬에 예수
님이 현존하신다는 사실을 이미 변호해야 했다는 사실이 놀랍다.
어떻게 그렇게 빨리 상황이 잘못 흘러가게 됐을까? 하지만 다른
한편으로는, 예수님 자신의 제자들 가운데 일부도 이 가르침을 이
해하기 어려워 예수님을 떠났다는 사실을 떠올려보면 사실 그렇

---

17. Michael W. Holmes, *The Apostolic Fathers: Greek Texts and English Transla-
tions*, 3rd ed. (Grand Rapids: Baker Academic, 2007), 255의 번역이다.

게 놀라운 일도 아니다. 중요한 점은 다음과 같다. 사도적 교회의 교부들과 그 계승자들은 예수님이 성만찬에 실제로 현존한다는 사실을 믿었을 뿐만 아니라, 그런 면이 유월절과 만나, 현존의 떡을 통해 구약에 미리 나타나 있었다는 사실도 인식하고 있었다는 점에서 영지주의자들과 확연하게 대조된다.

따라서 당신이 이전에는 다른 사람들처럼 성만찬의 유대적 뿌리에 대해 많은 이야기를 듣지 못했더라도, 그 이유는 그게 새로운 내용이어서가 아니다. 신약 저자들과 다른 고대 그리스도인들이 그 사실을 몰랐기 때문에 그런 것이 아니다. 그들은 알고 있었다. 또한, 오늘날의 교회들이 그런 내용을 가르치지 않아서 그런 것도 아닌 게 확실하다. 최소한 한 교회는 그 내용을 가르치고 있다. 로마 가톨릭교회 말이다. 우리는 잊었을지 몰라도, 가톨릭교회는 기억하고 있으며, 성만찬의 신비라는 좋은 소식을 계속해서 선포하고 있다.

그리고 가톨릭교회는 심지어 이보다 더 많은 내용을 말한다. 이 모든 내용이 사실이라면, 말하자면 하나님께서 진정 태초부터 구원 역사를 인도해 오셨다면, 그리고 예수님이 진정 기다림의 대상인 메시아였고 성만찬이 진정 그분의 살과 피이며 영혼과 신성이라면, 우리는 가톨릭교회와 더불어 성만찬이 다름 아닌 **"그리스도인 삶의 원천이자 정수"**라고 말해야 할 것이다(CCC 1324). 성만찬은 인간이 되신 하나님의 신비요, 육신이 된 그 말씀의 신비로서, 지금 당장 우리에게 주어지는 신비요, 그분의 신성뿐만 아니라

인성 안에서 주어진 신비다. 성 토마스 아퀴나스(Saint Thomas Aquinas)의 성만찬 찬양에 있는 이 아름다운 표현을 보라.

> 그림자와 형상에 가려
> 여기 숨어 계신 하나님, 나 그분을 흠모하네.
> 주님, 전심으로 엎드려 당신을 경배하오니
> 하나님의 모습 앞에 넋을 잃습니다.
>
> 보고 만지고 맛보는 것은 당신에게 기만당할 뿐이니,
> 오직 믿음으로만 진리를 듣습니다.
> 하나님의 아들이 하신 말씀을 내가 진리로 받아들이오니,
> 진리는 오직 진리이신 그분의 진실하신 말씀뿐입니다.[18]

---

18. St. Thomas Aquinas, *Adoro te devote*, trans. by Gerard Manley Hopkins, 재인용은 the *Catechism of the Catholic Church*, no. 1381.

제8장
엠마오로 가는 길에서

이 모든 내용을 숙지한 상태에서 이제 마지막 질문 하나를 던지며 이 여행을 마치도록 하자. 이 질문은 성만찬의 신비를 푸는 마지막 열쇠를 품고 있다. "예수님이 마지막 만찬에서 제자들에게 실제 자신의 살과 피를 준다고 믿으셨다 해도, 어떻게 그 외의 모든 사람에게까지 자신의 살과 피를 줄 것으로 생각하셨을까?" 결국 그 다락방에 참여했던 것은 열두 제자뿐이지 않은가? 하지만 예수님은 그분의 피가 **많은 사람을 위해** 부어질 것이라고 말씀하셨다(마 26:28). 예수님은 이 '많은 사람'이 어떤 식으로 성만찬에 참여할 것으로 생각하셨을까?

유대교의 부활 소망
답변은 자신의 임박한 죽음의 그림자 너머로 예수님이 보셨던 미래의 소망 속에 있을 것이다. 복음서가 풍부한 내용으로 분명하게 보여주듯이, 예수님은 십자가 처형만을 예상하셨던 것이 아니라, 자신이 **죽은 자 가운데서 다시 살아날 것도** 기대하셨다. 예수님은 다른 고대 유대인과 마찬가지로 몸의 부활을 믿으셨다.[1] 예수님은 몇몇 상황에서 제자들에게 "인자가 사람들의 손에 넘겨져 죽임을 당하고, 죽은 지 삼 일만에 살아나리라"고 가르치셨다(막 9:31).

게다가 본서 제4장에서 확인했듯이, 또한 예수님은 드러내놓고 성만찬의 신비를 자신의 육체적 부활의 신비와 연결하셨다. 그의 살을 먹고 그의 피를 마셔야 한다는 말씀을 듣고 제자들이 수군거릴 때, 예수님은 "이 말이 너희에게 걸림이 되느냐? 그러면 너희는 인자가 이전에 있던 곳으로 올라가는 것을 본다면 어떻게 하겠느냐?"(요 6:61-62)고 말씀하셨다.

달리 말해, 예수님은 성만찬을 십자가에서 당할 자신의 육체적 **죽음**만이 아니라, 자신의 육체적 **부활**에도 동참하는 것으로 보셨다. 예수님이 자신의 살과 피를 제자들만이 아닌 '많은 사람'에게 주실 수 있는 이유는, 그분이 메시아인 인자로서 죽임을 당하는 데 그치지 않고 다시 살아나 과거에 그가 계셨던 곳, 즉 하늘로 올라가실 것이기 때문이다. 그분은 이 천상의 보좌에서 세상의 제

---

1.   이 주제는 N. T. Wright의 탁월한 작품인 *The Resurrection of the Son of God* (Christian Origins and the Question of God 3; Minneapolis: Fortress, 2003)에 완전하게 정리되어 있다.

단들에 자신을 부어 주심으로써, 십자가에 못 박혔다**가 다시 살아
난** 자신의 살과 피를 모든 사람에게 주실 것이다. 그러면 사도들
에게 주신 그의 약속, 즉 그들이 "내 나라에 있어 내 상에서 먹고
마실 것"이라는 약속이 성취될 것이다(눅 22:30).

　나는 이 내용이 퍼즐의 마지막 조각이라고 생각한다. 마지막
만찬의 비밀을 푸는 최종 열쇠라는 말이다. 영생을 얻기 위해서는
자신의 살을 먹고 자신의 피를 마셔야 한다고 예수님이 가르치신
이유는, 영생을 고대 그리스인처럼 이해하지 않으셨기 때문이다.
그분은 영생을 단순한 영혼의 불멸로 보시지 않았다. 1세기 유대
인이었던 예수님은 영생을 '영혼의 불멸' **더하기 '육체의 부활'**로
보셨다. 그렇기 때문에, 이런 생명을 얻을 사람이라면 반드시 예수
님 자신의 육체로부터 그 생명을 얻어야 한다. 그것은 예수님이
가버나움 설교에서 말씀하신 바와 같다. "내가 진실로 진실로 너
희에게 이르노니, 인자의 살을 먹지 아니하고 인자의 피를 마시지
아니하면 너희 속에 생명이 없느니라. 내 살을 먹고 내 피를 마시
는 자는 **영생을** 가졌고 **마지막 날에 내가 그를 다시 살릴 것이
다**"(요 6:53-54).

나와 함께 거하라

　생명의 떡 담화 이후로 성만찬과 육체적 부활의 이러한 관계
를 가장 잘 보여주는 복음서 본문은 엠마오로 가는 제자에게 예수
님이 나타나신 사건이다.

이 이야기는 유명하다. 이 일은 '안식 후 첫날'(눅 24:1)에 일어났는데, 예수님이 예루살렘 성벽 밖에서 십자가 고난과 처형을 받고 난 후의 일요일이었다. 누가는 누가복음의 마지막 장에서 다음과 같은 이야기를 들려준다.

그날에 그들 중 둘이 예루살렘에서 이십오 리 되는 엠마오라 하는 마을로 가면서 이 모든 된 일을 서로 이야기하더라. 그들이 서로 이야기하며 문의할 때에 **예수께서 가까이 이르러 그들과 동행하시나, 그들의 눈이 가려져서 그인 줄 알아보지 못하거늘,** 예수께서 이르시되, "너희가 길 가면서 서로 주고받고 하는 이야기가 무엇이냐?" 하시니, 두 사람이 슬픈 빛을 띠고 머물러 서더라. 그 한 사람인 글로바라 하는 자가 대답하여 이르되, "당신이 예루살렘에 체류하면서도 요즘 거기서 된 일을 혼자만 알지 못하느냐?" 이르시되, "무슨 일이냐?" 이르되, "나사렛 예수의 일이니, 그는 하나님과 모든 백성 앞에서 말과 일에 능하신 예언자이거늘, 우리 대제사장들과 관리들이 사형 판결에 넘겨 주어 십자가에 못박았느니라. 우리는 이 사람이 이스라엘을 속량할 자라고 바랐노라. 이뿐 아니라 이 일이 일어난 지가 사흘째요, 또한 우리 중에 어떤 여자들이 우리로 놀라게 했으니, 이는 그들이 새벽에 무덤에 갔다가 그의 시체는 보지 못하고 와서 그가 살아나셨다 하는 천사들의 나타남을 보았다 함이라. 또 우리와 함께한 자 중에 두어 사람이 무덤에 가 과연 여자들이 말한 바와 같음을 보았으나,

예수는 보지 못했느니라." (눅 24:13-24)

두 가지 사실에 주목하라. 첫째, 제자들이 그저 예수님을 알아보지 못한 것일 뿐이라고 생각하는 독자가 종종 있다. 하지만 그럴 가능성은 낮다. 이 사건이 일어난 것은 그들이 예수님을 마지막으로 본 지 고작 3일밖에 지나지 않은 때였다. 주님의 모습을 그렇게 빨리 잊었을 리가 없다. 더 중요한 사실은 누가가 그런 식으로 이야기하지 않는다는 사실이다. 누가는 "그들의 눈이 **가려져서** 그인 줄 알아보지 못했다"고 말한다. 예수님은 부활한 육체를 입고 원하는 대로 어떤 형태로든 나타나실 수 있었다. 그분은 부활한 몸으로 자신을 숨기실 수도 있었다.

둘째, 제자들의 신앙 상태에 주목하라. 그들이 아직도 예수님을 믿고 있었는가? 그런 것 같지 않다. 그들은 예수님에게 벌어진 일 때문에 슬펐을 뿐만 아니라, 그를 메시아라고 언급하지도 않는다. 대신 그들은 예수님을 단순한 '예언자'로 낮추어 부른다. 말과 행동의 능력 면에서 그저 예언자에 불과했다고 언급한 것이 틀림없다. 그들의 기대에 따르면, 메시아는 로마 제국의 십자가에서 죽는 것으로 끝나서는 안 된다. 그리고 그들은 부활에 관한 이야기를 들었음에도 그 말을 믿지 않았다. 그들 자신의 말대로 "우리는 이 사람이 이스라엘을 속량할 자라고 바랐**었다**."

그래서 예수님은 그들의 믿음 부족에 어떤 반응을 보이셨는가? 어떤 행동을 하셨는가? 그분이 하신 일은 정확히 우리가 본서 전체에서 했던 그 작업이다. 즉, **유대교 성경**으로 되돌아가셨다. 두 제자가 예수님의 고난과 죽음, 부활의 신비를 풀기 위한 열쇠를 이미 가지고 있음을 설명해 주셨다. 그가 이르시되 "… 그리스도가 이런 고난을 받고 자기의 영광에 들어가야 할 것이 아니냐" 하시고, 이에 "모세와 모든 예언자의 글로 시작하여 모든 성경에 쓴 바 자기에 관한 것을 자세히 설명하시니라"(눅 24:26-27).

하지만 거기서 끝이 아니다. 사실 예수님의 이 모든 작업은 그 다음에 일어날 일을 위한 준비 단계에 불과했다.

> 그들이 가는 마을에 가까이 가매 예수는 더 가려 하는 것같이 하시니, 그들이 강권하여 이르되 "우리와 함께 유하사이다. 때가 저물어가고 날이 이미 기울었나이다" 하니, 이에 그들과 함께 유하러 들어가시니라. **그들과 함께 음식 잡수실 때에 떡을 가지사 축사하시고 떼어 그들에게 주시니, 그들의 눈이 밝아져 그인 줄 알아보더니, 예수는 그들에게 보이지 아니하시는지라.** 그들이 서로 말하되, "길에서 우리에게 말씀하시고 우리에게 성경을 풀어 주실 때에 우리 속에서 마음이 뜨겁지 아니하더냐?" 하고, 곧 그때로 일어나 예루살렘에 돌아가 보니 열한 제자 및 그들과 함께한 자들이 모여 있어 말하기를 "주께서 과연 살아나시고 시몬에게 보이셨다!" 하는지라. 두 사람도 길에서 된 일과 **예수께서 떡을 떼심으로 자기들에게 알려지신 것을** 말하더라. (눅 24:28-35)

이 신비한 사건의 의미는 무엇일까? 예수님이 이 제자들과 함께 식탁에 앉아 떡을 떼신 후에야 비로소 그들이 예수님을 알아볼 수 있었던 이유는 무엇일까? 그리고 그들이 예수님을 보자마자 그분이 시야에서 사라지신 이유는 무엇일까?

그 대답은 '떡을 떼심'에 있다. 예수님이 그 제자들과 함께 앉아 **마지막 만찬에서 하셨던 행동을 반복하시기** 전에는, 그들의 눈이 가려 그분을 알아보지 못했다. 그분이 떡을 가져 축사하고 떼시기 전까지는(이번에도 정확히 마지막 만찬에서 하셨던 행동이다. 마 26:26), 그들은 그분을 알아채지 못했다.

떡을 떼는 일과 더불어서야 비로소 부활하신 예수님이 그들에 알려졌다. 그런데 그들이 예수님을 알아보자마자 그분은 사라지셨다. 왜 그러셨을까? **예수님은 그때로부터 그분이 그들 곁에 현존하실 방식을 알려주고 계셨다.** 그분이 하늘로 올라가신 후로는 더 이상 인간의 외양으로 그들 곁에 계시지 않을 것이다. 그때로부터 (다메섹 도상에서 바울에게 나타나신 한 번의 예외를 제외하면) 예수님은 오직 성만찬 떡의 모습으로만 현존하실 것이다. 예수님은 엠마오로 가는 길에서 기적적으로 나타나신 이 사건을 통해, 성만찬의 떡이 십자가에 못 박히고 부활하신 그분의 몸이라는 사실을 보여주고 계셨다. 그리고 부활한 육체를 입은 그분은 더 이상 시간과 공간, 심지어는 겉모습에도 제한을 받지 않으신다. 부활하신 예수님은 자신이 의도한 때, 의도한 장소에, 의도한 방식으로, 또 의도한 어떤 형태로든 나타나실 수 있다. 엠마오로 가는 길에서 자취를 감추셨듯이 자신을 숨기실 수도 있다. 부활하고 승천하신 이후로 예수님이 제자들에게 나타나시는 통상적인 방식은 인간의 모습이 아니다. 그분은 이제 성만찬이라는 베일 아래 나타나신다. 바로 이런 이유 때문에 그 제자들도 "예수께서 떡을 떼심으로 자기들에게 알려지신 것"을 기뻐한 것이다(눅 24:35).

요약하면, 예수님은 마지막 만찬에서 천명하셨던 약속을 엠마오로 가는 길에서 성취하셨다. 그 일요일은 부활 후 첫 성만찬이었고, 예수님이 그 성만찬의 집전자셨다. 그날 예수님은 그분의 나라가 주는 기쁨을 누리며 제자들과 먹고 마셨다. 그날 예수님은 십자가에 못 박히고 부활한 자신의 살과 피를 제자들에게 주셨다. 제자들이 그날 그 당시에는 깨닫지 못했을 수 있지만, 예수님은 그들이 예수님께 **"우리와 함께 묵으시지요"**(눅 24:29)라고 말했던 엠마오 외곽에서 그들의 기도에 응답하신 것이다. 예수님은 제자들이 성만찬을 하며 '떡을 뗄' 때마다 그들의 기도에 응답하시면서 그들에게, 또한 우리 모두에게 "나는 세상 끝날 때까지 항상 너희와 함께 있다"고 말씀하신다.

감사의 말

5년도 더 지난 일인데, 지금은 뉴올리언스의 노터데임신학대학원에 있는 내 친구이자 동료인 크리스 버글로우 박사(Dr. Chris Baglow)가 나에게 가톨릭 사제들을 대상으로 성만찬을 주제로 한 강의를 해 달라고 부탁했다. 그 당시 나는 고대 유대교의 관습과 신앙에 대해 상당한 연구를 진행한 터였지만, 성만찬에 대한 연구는 전무한 실정이었다. 과장하지 않고 말해 나는 약간 겁을 먹었다. 그 주제에 대해 비전문가인 내가, 일생을 성만찬에 바쳐 온 백 명이 넘는 사제를 대상으로 무슨 말을 할 수 있겠는가? 내 기억이 맞는다면, 그때 크리스가 해 준 충고는 대충 이런 내용이었다. "걱정하지 말게. 그냥 성만찬의 성경적 뿌리에 대한 이야기를 해 주면 돼." 정말 훌륭한 조언이었다. 그의 제안을 듣고 나온 강의의 제목이 "예수와 성만찬의 유대적 뿌리"였다. 그때 이후로 나는 같은 강의를 미국 전역에서 셀 수 없이 해 왔다. 흥미로운 사실은 그 사이에, 수년 전 코빙턴 소재 세인트조셉신학대학교의 베네딕트 수도원도서관(내가 지금 이 글을 쓰고 있는 장소이기도 하다)에서 구상했던 강의안에서 본질적인 변화는 없었다는 사실이다. 따라서 내가 가장 먼저 고마움을 표해야 할 사람은 그 조언을 해 준 크리스다. "크리스, 조언을 해 주어서 고맙네. 그 조언이 정말 큰 효과를 발휘했어."

마찬가지로 감사의 마음을 전해야 할 수많은 사람이 있다. 그 누구보다 먼저 부모님께 감사를 전한다. 나에게 믿음을 전수해 주셨고, 첫 성만찬에 나를 데려다 주셨고, 언제나 변함없이 미사에 참여하도록 도와주셨다. 친한 친구요, 성경 연구의 대화 상대가 되어 준 친구들도 있는데, 특별히 마이클 바버(Michael Barber)는 이 영역에 대한 연구를 주제로 수없이 많은 대화를 나눈 친구다. 그리고 성십자가의 성모(Our Lady of Holy Cross)와 노터데임신학대학원의 학생들은 성만찬에 대한 나의 끝없는 강의를 수년 동안 견뎌주었다. 브라이언 버틀러(Brian Butler)는 그 강의를 사람들이 정말로 읽고 싶을 만한 책으로 만들어보자는 아이디어를 처음으로 나에게 제안했다. 지난 5년 동안 직장도 집도 계속 바뀌었고 네 명의 새로운 아이도 태어났다. 굉장히 치열했던 그 기간을 내가 통과할 수 있었던 것은 나를 위해 기꺼이 기도하고 뒷받침해 준 모든 분들 때문이다.

그리고 더블데이(Doubleday)의 게리 젠슨(Gary Jansen)에게도 특별한 감사를 전하고 싶다. 그는 이 기획에 큰 열정을 보여주었고, 훌륭하게 편집해 주었다. 그리고 내 훌륭한 친구 스콧 한(Scott Hahn)은 게리와 나를 연결해 주었고, 기꺼이 추천사를 써 주었다. 이 두 사람에게 정말 큰 빚을 졌다.

　마지막이지만 마찬가지로 중요한 사람들이 있다. 이 책이 빛을 볼 수 있었던 것은 아름다운 아내 엘리자베스와 자녀들(모르겐, 아이단, 한나, 메리베스, 그리고 아직 태어나지 않은 막내)의 인내와 사랑, 뒷받침 덕이다. (나보다 훨씬 더 뛰어난 작가인) 엘리자베스는 이 책의 초고를 처음 읽은 사람이다. 그녀의 인도와 뒷받침이 없었다면 이 책은 지금보다 형편없는 책이 됐을 것이다. 그녀가 내 동반자로 헌신해 주지 않았다면, 나는 지금보다 형편없는 사람이 됐을 것이다. 나는 이 책을 내 아내에게 헌정한다. 우리 가족이 약속된 천상의 땅에 함께 모여 (그때는 새 만나도 그치겠지만) 참 생명의 떡이신 분을 더 이상 거울을 통해 희미하게 보지 않고 그분의 모습 그대로 대면하여 보게 될 그날을 기대한다.